FUNDAMENTOS DE FILOSOFIA DO DIREITO

O Jurídico e o Político da Antiguidade a Nossos Dias

José Manuel de Sacadura Rocha

FUNDAMENTOS DE FILOSOFIA DO DIREITO

O Jurídico e o Político da Antiguidade a Nossos Dias

7ª edição
revista, atualizada
e ampliada

2020

EDITORA JusPODIVM
www.editorajuspodivm.com.br

EDITORA *Jus*PODIVM
www.editorajuspodivm.com.br

Rua Território Rio Branco, 87 – Pituba – CEP: 41830-530 – Salvador – Bahia
Tel: (71) 3045.9051
• Contato: https://www.editorajuspodivm.com.br/sac

Capa: Ana Caquetti

• A Editora *JusPODIVM* passou a publicar esta obra a partir da 6.ª edição.

R672f Rocha, José Manuel de Sacadura.
Fundamentos de filosofia do direito: o jurídico e o político da antiguidade a nossos dias / José Manuel de Sacadura Rocha – 7. ed. rev. atual. e ampl., – Salvador: Editora JusPodivm, 2020.
320 p.

ISBN 978-85-442-3523-2.

1. Filosofia do Direito. 2. Direito Natural. 3. Direito ideal. 4. Direito racional. I. Rocha, José Manuel de Sacadura. II. Título.

CDD 340.1

"A virtude requer que a verdade seja honrada por nós até acima de nossos amigos."

(Aristóteles, Ética a Nicômaco)

"Faça as coisas de maneira tal que o motivo que o levou a agir possa tornar-se uma lei universal."

(Kant, Crítica da Razão Pura)

"A tradição de todas as gerações mortas oprime como um pesadelo o cérebro dos vivos."

(Marx, O 18 Brumário de Luís Bonaparte)

"Neste caso, ocorre que quem interroga é precisamente o interrogado ou, se se prefere, a realidade humana é o existente cujo ser está em questão em seu próprio ser."

(Sartre, Questão de Método)

Para Daiene,

com quem o tempo adquire máxima importância e, ao mesmo tempo, representa tão pouco.

PREFÁCIO À 6ª EDIÇÃO

Nos tempos atuais, mais do que nunca, é necessário pensar!

Embora esta seja uma atividade natural do homem, pensar nem sempre é uma tarefa fácil, quer dizer, o pensar *corretamente* exige uma dedicação e uma intenção que poucas vezes encontramos à nossa disposição no cotidiano. Não é por acaso que os filósofos gregos identificavam o tempo dedicado a *um certo* tipo de pensar tão ou mais importante que o tempo que dedicavam às leis e à política. Esse pensar compenetrado e dedicado, a elucidar problemas colocados *para o espírito humano* (por ele mesmo!), portanto permeado de perguntas e respostas - que levam a outras perguntas e a outras respostas! -, chama-se Filosofia (do grego *philía* - amor, viva afeição + *sophia* - sabedoria). Os problemas, que sempre vêm acompanhados de muitas dúvidas e perguntas, sejam voltados a interesses práticos ou puramente espirituais, constituem um tipo de "ente" que só pode ser "decifrado" e "resolvido" mediante a identificação de suas *causas* e, em seguida, de uma *escolha* entre várias opções - lembre-se sempre que, para o espírito reflexivo, não escolher algo também é escolher algo (escolher não escolher é uma escolha!).

Descobrir as causas de um problema, se o mesmo for um problema de ordem natural (físico, químico, orgânico, astrológico), pode ser realizado pela assim chamada Ciência, por exemplo, através do experimento laboratorial, em um laboratório de física aplicada, um laboratório de química, um laboratório de biologia, de farmácia, de astrologia etc. A Ciência não trabalha filosoficamente quando, uma vez identificadas as causas do problema ou fenômeno que investiga, apenas se dedica a promover a explicação ou a solução prática do objeto que investigou. Ou seja, não existe aqui uma reflexão que provoque no *espírito humano* uma *fruição* a procurar outras causas e respostas que estejam ligadas à parte espiritual do homem - por exemplo, quando o homem pensa o que é melhor para os seus semelhantes, quando pensa se a solução achada pela Ciência é a mais adequada do ponto de vista ecológico e de preservação do planeta, se a própria pesquisa está de acordo com o código de ética da atividade científica, se as descobertas são pertinentes e adequadas com relação aos preceitos morais, ou à preservação da cultura de uma determinada sociedade como nos diria a Jurisprudência de **Ihering**.

Para os gregos e para **Aristóteles**, a *causa* era responsável por toda a realidade de uma coisa, mas para eles, e foi assim por muitos séculos (até pelo menos o Renascimento, no século XVI), Filosofia e Ciência sempre andavam juntas, ou seja, o questionamento sobre um problema ou fenômeno, mesmo que natural, sempre era colocado de forma a que fosse o *espírito humano*, e não somente o experimento prático, aquele que deveria se *satisfazer* com as *causas* identificadas (aquelas e não outras) após esgotar as premissas e as consequências das soluções determinadas pelo contraditório e pela lógica em favor do coletivo.

Então, com o desenvolvimento da Ciência e as tecnologias, a partir do século XVI, os conhecimentos se especializaram, e a especialidade separou a ação reflexiva, por excelência da Filosofia, das atividades do fazer cotidiano, em grande parte por causa da expansão das atividades mercantis. Este processo atingiu seu ápice, e não parou mais, com a extrema divisão e especialização do trabalho na Revolução Industrial (final do século XVIII), que separou o *pensar* criativo do *fazer* produtivo, unidade que havia nos mantido na totalidade ontocriativa por milhares de anos (para o Jusnaturalismo – **Grócio**, **Pufendorf**), na verdade, os homens que viviam nas cavernas *pensavam* muito mais do que supomos, e também desenvolveram um conjunto de valores e regras que os orientavam e os mantiveram vivos até a confecção dos primeiros códigos escritos por volta do século XXI a.C. (Código de UR-NAMMU).

Acontece, porém, que se para os homens existe a fatalidade de *voltar a si mesmo* como pensamento refletivo, existe igualmente a condição de que o fazemos sob as condições concretas de nosso fazer, ou dizendo de outro modo, a consciência de cada um de nós *está para* a forma determinada de nosso trabalho – pensamos *conforme* fazemos e não o contrário (apesar do dito por **Descartes** *aparentemente* em contrário: "penso logo existo", pois o que o filósofo quis dizer foi que o próprio existir precisa ser reconhecido por mim, ser pensante, e tem pouco a ver com a relação entre trabalho e consciência conforme o cogito de **Karl Marx**).

Ao separarmos para instâncias especiais e para uma disciplina própria o pensar, a reflexão filosófica *deixou de ser crítica*, em virtude do fato que, nos modos de viver modernos até hoje, a produção dos bens e víveres necessários para nossa sobrevivência material acabou por condicionar fortemente nossas consciências e, em consequência, moldar nossos gostos e qualidades críticas e inovadoras (diríamos poéticas, artísticas!). Devemos admitir que para a maioria dos indivíduos a Filosofia é um pensamento distante de seu Senso Comum: precisamente porque o Senso Comum é voltado para a produção incessante de objetos (o que retira aquele *tempo* de "suspensão" inerente à reflexão aprofundada e crítica, como a reflexão de uma obra de arte!), padronização das atividades imediatas ligadas à execução das práticas repetitivas cotidianas como a produção de coisas (o que nos retira aquele *espaço* "vazio" a ser preenchido pela reflexão aprofundada e crítica!): este é um tipo de conhecimento que não busca as *causas* e exige exíguas situações de *escolha* para um reproduzir incessante de materiais. Lembre-se, então, de que em um mundo cujo valor moral é medido pela quantidade de bens e dinheiro (o capital!), pouco *espaço* e *tempo* haverá de fato nas consciências dos homens para a Filosofia!

É neste caso que intervém **Lacan** com sua filosofia psicanalítica, introduzindo um outro tipo de conhecimento, a Religião. A Religião (para ele só existe uma verdadeira!) é o tipo de conhecimento que pode ser alcançado toda vez que a Ciência e a Filosofia "fracassaram" diante do *real*. O real é o lugar onde os indivíduos *põem à prova*, digamos assim, onde testam suas convicções - morais, culturais, ideológicas - e onde colecionam (adquirem para si!) o sucesso ou o fracasso a reforçar suas condutas e comportamentos.

Diante do *real* que a Modernidade (principalmente a partir do século XIX) proporcionou aos sujeitos, diante da brutalização das tecnociências, da desconsideração da personalidade pelos sistemas de concorrência mercantil e da existência permeada pelo espetáculo midiático onde o falso e o verdadeiro fazem pouca diferença para a vida, e uma vez que a Filosofia já colapsou em sua reflexão crítica e poética espaço-temporal, Lacan afirma que os indivíduos só podem recorrer à Psicanálise ou refugiar-se na Religião. Por isso o autor acredita que no futuro saber-se-á qual das duas áreas (Lacan recusaria chamar a Psicanálise de "conhecimento" formal ou disciplina acadêmica!), Psicanálise ou Religião, triunfaram e, portanto, qual a *opção* que verdadeiramente a humanidade fez para si mesma - o autoconhecimento ou a barbárie do fanatismo.

E então estamos de volta à fundamental questão humana: o homem é obrigado a escolher, é na escolha que ele sabe que existe, que dá razão à existência, que toma consciência de sua vontade e de sua liberdade, ou falta dela. Seja como for, o homem, que vem depois do "verbo" (ou por vontade dele!, diriam **Sto. Agostinho** e **Sto. Tomás de Aquino**), quando se põe a pensar corretamente, é sempre para procurar um porto seguro para sua existência – dado que a ele não pertence a certeza nem a explicação de "nada", esse pensar, por mais longe que esteja das artimanhas do poder ou do fanatismo, é sempre e apenas uma possibilidade de se "enganar", de amenizar sua insegurança, de aportar a algo que lhe parece mais seguro. Mas nunca saberemos de antemão qual o caminho melhor, portanto, qual a escolha correta. É assim que diante do infortúnio da escolha incerta, do resultado obscuro, que nossa angústia cresce e procura a decisão que se apresenta de menor sofrimento. Por isso **Sartre** podia afirmar que para os homens é normal esperar o erro, e que o acerto de uma escolha, descartando tantas outras opções, era humanamente improvável, posto que não somos o "verbo", não "estamos" antes do viver, do fazer, do viver fazendo e a escolher.

Imagine-se então a condição existencial humana diante da soberania da produção mercantil e da opressão política e jurídica que dela emanam (tais como "propriedade privada" ou "prevenção geral")?! Do que trata afinal um livro de filosofia do direito? Trata de pensar e explicar o motivo pelo qual o direito é de uma forma e não de outra, alimenta certas crenças em detrimento de outras, justifica-se por elementos de linguagem adequados a seus atos normativos e processuais, e não por outros tantos possíveis (como em **Kelsen** ou **Carlos Cossio**).

Do ponto de vista das escolas filosóficas, o direito sempre procurou, nas sociedades de livre mercado, justificar suas políticas e sistemas de justiça pelo pragmatismo da produção de mercadorias. Os resultados civilizatórios desta pretensão são bastante óbvios para continuarem a ser cultuados. Temos muito a aprender e muito mais a mudar. Mas antes é necessário alcançar as noções de justiça, de ética, de verdade, de igualdade, de liberdade, de beleza e de felicidade. Estas não são meras expressões do cotidiano, mas conceitos cujos conteúdos não podem ser tratados de forma simples e nem relativizados sem se considerar sua importância para a ciência jurídica, e para a "verdade", conforme nos diria **Kant**. As escolas filosóficas, desde os pensadores pré-socráticos, sempre se digladiam para harmonizar a vida humana a estas noções, que como arquétipos povoam nossos espíritos, nos fazem refletir assim que podemos elevar nossos fazeres à plenitude do pensamento.

Existem muitas formas de explicar o direito, de o entender e o justificar ou o criticar. O direito é uma disciplina, e uma prática, de conhecimento *interdisciplinar*. Entre muitas imbricações possíveis estão as sobreposições do direito com a política (isso fica claro quando pensamos em garantia dos direitos dos cidadãos!). Lembre-se de que a política refere-se a todos os atos dos cidadãos para realizar a governabilidade da vida coletiva: a *pólis*, para os gregos, era o centro de todo o pensar e realizar que interessava aos homens, conforme **Hannah Arendt**.

O direito e a política são formas de pensar filosoficamente em seus termos a causalidade e os efeitos para a vida humana coletiva. Foi a isto que nos propusemos fazer neste livro desde o início: *Fundamentos de Filosofia do Direito: o jurídico e o político da Antiguidade a nossos dias* estuda o direito e a política e suas conexões sempre do ponto de vista da vida social e da ética coletiva. Mas o fizemos de uma forma o mais didática possível, de forma que o direito não fosse alçado apenas ao entendimento privilegiado de alguns, mas que pudesse em seu interior (em seus fundamentos) ser compreendido por muitos (por exemplo, através do Glossário que o livro contém!), mesmo aqueles que o sistema mercantil retira o tempo e o espaço de reflexão e estudo.

Cada pensador ou escola que este livro aborda tem algo de importante e único para fazer do direito uma pérola rara e brilhante, ou de beleza aparente, como o quadro de Dorian Gray. Ao final de cada capítulo existe um quadro resumo precioso que facilita o entendimento do direito do ponto de vista de cada autor ou escola filosófica.

Em muitos sentidos, a escolha do que a Filosofia pode emprestar ao direito, portanto, o que o direito pode ser na prática para seus especialistas, depende das escolhas de cada um que de alguma forma dedica-se a ele. Uma coisa é certa: se o pensamento só encontra a sua melhor razão na prática, uma prática que procura fazer a justiça deve encontrar-se na melhor razão – para ser efetivo, o direito só pode fazer seriamente a justiça com muita dedicação da razão crítica voltada para a ética.

José Manuel de Sacadura Rocha
Inverno de 2019.

PREFÁCIO À 4ª EDIÇÃO

FUNDAMENTOS DE FILOSOFIA DO DIREITO

Por que um livro de Filosofia?

Um dia desses, um aluno me fez publicamente a seguinte pergunta: "Diante da violência dos marginais, o que o senhor e a Filosofia têm a dizer e como a Filosofia pode nos ajudar?". Eu respondi: "A Filosofia não tem nada a dizer e a ajudar. Ela o disse, o diz, e procura ajudar há pelo menos 3.000 anos. É puro cinismo o discurso retórico da sociedade que, apenas nos momentos de máxima intranquilidade e barbárie, os indivíduos perguntem à Filosofia, e aos filósofos, o que se deve fazer, para logo em seguida, assim que a violência e a vingança, a irracionalidade e a bestialidade recuam um pouco, voltarem aos mesmos discursos e condutas vãs, embasadas nos mesmos conceitos e enunciados de sempre. Em 2005, a maioria do povo brasileiro, através de referendo, decidiu pela permanência de posse de armas nas mãos de civis. Na época, poucos se insurgiram contra tal opinião e uso, e os que se insurgiram não foram repudiados pela maioria? Mas de que serviu a Filosofia e os filósofos na época? Será que algo dos nossos problemas atuais de violência não estão relacionados com essa decisão?". No século VIII a.C., Homero dizia: "À sua estultícia o homem chama destino". Calar pode ser, às vezes, o mais sensato. Todo ser humano tem direito a uma "pausa". Diante da bestialidade e truculência de uns, e a oficial de outros, a solidão é uma prece.

Por que um livro de Filosofia?

Tenho para mim que a escola não existe para educar, mas para formar o cidadão. Eis porque um livro de Filosofia: formar cidadãos. No momento desta 4ª. edição muitas pessoas se perguntariam, mais do que nunca, sobre a utilidade da Filosofia. E o Direito? A esmagadora maioria dos cidadãos tem razões de sobra para descrer, de forma que apregoar, por exemplo, boa-fé, razoabilidade, isonomia e tolerância lhes aparecerá como discurso de um "bom cristão", bom para a alma, mas sem efeitos práticos para a vida. Como se viver não devesse alcançar a alma, como se existir não exigisse o sonho, como se a sabedoria não se nutrisse do engajamento.

"O contrário de fé não é a descrença, mas a dúvida" (Salmon Rushdie). Filosofar é se postar irredutivelmente diante da dúvida. Aquele que não duvida não constrói. Será que posso colocar toda a situação nos seguintes moldes? A violência não é o excesso de dúvidas, mas a mais completa ausência delas! Desde a primeira edição deste livro eu digo: "Filosofia sem prática é inócua, ao passo que a prática sem filosofia é monstruosidade". Quando os homens ocupam seu intelecto em busca de respostas às suas dúvidas, normalmente chegam à conclusão de que qualquer outro aspecto da vida prática tem todo um sentido a ser sentido, vivido, explorado e construído.

Aos que sempre desprezaram e desprezam a sabedoria de refletir, questionar, propor, a vida por si mesma dá as respostas, não sei se as que gostariam. Mas a apatia é mais destruidora que a ação! O ser apático é um ser que se defende no atavismo: o conservadorismo não cria apenas a barbárie, mas, paradoxalmente, a felicidade. O engajamento, ao contrário, punge-nos, mas liberta-nos: a dor é legítima quando é uma opção que começa e termina em nós. Essa dor é grandiosa quando por ela libertamos mais pessoas do jugo do poder e da comatosidade. Filosofar é tomar consciência dessa dor libertadora.

Como mariposas ensandecidas pela luz do lustre, passamos a vida inteira em torno dos outros; passamos a vida inteira preocupados com nossa reputação e descuidamos do nosso olhar sobre nós mesmos. A Filosofia, pelo menos aquela que se percebe neste livro, não teme para não condescender, não massifica para não agredir, anarquiza para refletir sobre a responsabilidade de ser livre, liberta para engrandecer cada homem no prazer e na felicidade de ser ele mesmo, Único. Umberto Eco diz que "No mundo atual, qualquer indivíduo medianamente letrado, não pode ser feliz". A felicidade e a liberdade não são coisas *per se*, mas condições *ad hoc* a instrumentalizar o aprendizado sobre si mesmo.

Infelizmente (ou felizmente?), cada ato nosso está ligado, por liames tênues e invisíveis, à vida de outro indivíduo. Quando escolho, escolho dentro de um repertório que envolve muitas coisas e muitos outros seres. Por exemplo, um indivíduo sem ética não toma suas decisões pensando exclusivamente em si, mas em como obter à revelia dos outros benefícios exclusivos. Sou ou deixo de ser ético, não em função desse repertório, não em função da lei, mas em vista deles, para me sentir bem, para ter uma vida boa (Agnes Heller). Quando Aristóteles defendeu que apenas o justo total coletivo, ou direito público, deveria estar codificado, acreditava que a educação política seria bastante para limitar os excessos de ganância e poder dos indivíduos. Quando Aristóteles falava de *poiesis*, referia-se também à política como a arte de conviver com os outros e alcançar a felicidade dedicando-se à cidade. Assim, a poesia, o sonho, o devaneio, vira engajamento e estabelece de forma profícua a ponte entre a Filosofia e a Política, entre o Ser e o *Nomos*. A formação do cidadão é, mais do que tudo, "educação sentimental": de fato não existe ética sem sentimento, dignidade sem sensibilidade, Direito sem fraternidade.

Mas o mundo é tão circunstância: tudo deságua nela, como início e como fim. Como início, em farsa, como fim, em fatalidade. É necessário que os indivíduos não justifiquem suas escolhas pelas circunstâncias, ainda que as mesmas possam nos sacrificar quanto a essas escolhas. Somos livres só no momento em que escolhemos, entre outras coisas, segundo Kant, porque naquele momento solitário a escolha precisa ser exemplo universal, para mim mesmo, protegendo-me inclusive contra futuras escolhas, e que os demais não escolham sobre mim o que eu não escolhi sobre eles. O estar só, na hora mais sombria e mais livre, é para o ser a própria escolha ética; a escolha de si para si mesmo é a escolha ética. A Filosofia trouxe ao Direito a circunstância, ou melhor, o "Ser e a sua Circunstância" (Ortega Y Gasset). Não como desculpa, mas como desconforto, como consciência da fragilidade humana diante do existir. Os sistemas jurídicos humanos deveriam ter aprimorado com a Filosofia a arte da tolerância em vez da invictividade.

Segundo estas coisas, se, por um lado, não podemos deixar de fazer para ser, por outro lado, a censura e os comentários são elementares e inexoráveis. Por isso Marco Aurélio aconselhava: "Considera-te digno de toda a palavra e ação conforme a natureza. Não te distraiam a censura ou os comentários por elas suscitados; se agistes e falastes com acerto, não te consideres indigno". Sempre afirmo para meus alunos que a Filosofia não exige compreensão, mas entendimento; de fato o entendimento ultrapassa o mero conhecimento porque vem de dentro e não do exterior. O homem contemporâneo precisa mais de sabedoria do que conhecimento, e mais sensibilidade do que provas materiais. Grande parte das aflições humanas parte do pressuposto errado, do poder das coisas e dos fatos sobre nossas escolhas e decisões, atitudes e comportamentos.

Mas a verdade insofismável é que nada nem ninguém pode mudar ou impedir a determinação de um indivíduo e suas opções. O mundo exterior pode julgar e condenar, ou, menos frequentemente, prestar solidariedade e absolver, mas não tem poder de evitar e acabrunhar o ser livre. Da mesma forma que não é a lei que possibilita ou impede qualquer ato humano. Ainda, da mesma forma que nenhum tribunal jamais pode e poderá arcar com toda a responsabilidade existencial humana em sua complexidade interativa, não fosse a verdadeira capacidade dos indivíduos de se autocomporem na concórdia e na discórdia. O Direito Positivo só pode existir pela intersubjetividade humana, o Estado pela soberania popular. Os pais não educam seus filhos com base em leis, a legalidade não se confunde jamais com a legitimidade. Jean-Paul Sartre disse que "nenhum homem é verdadeiramente adulto até o momento em que estiver disposto a sustentar uma escolha até a morte".

Existe uma parte da academia que tem recentemente se preocupado em não se dirigir aos profissionais de Direito como "operadores do Direito". A justificativa é plausível: dizem que a expressão "operadores" tem a conotação de indivíduos que fazem um Direito tecnicista e mecânico. Em uma abordagem "abolicionista acadêmica", como a apregoada por Louk Hulsman, esta não deixa de ser uma abordagem importante. No entanto, qual a diferença fundamental entre "operador", "desenvolvedor", "doutor"? Nenhuma! A diferença está no coração de cada um! A Filosofia, mesmo as escolas mais materialistas como as epicurianas, as utilitaristas ou as existencialistas laicas, nunca descurou da relação entre a *Physis* e a *Arete*. Parmênides disse que "Pensar e o ser são a mesma coisa". A metafísica pode, afinal, não ter chegado ao fim, como afirmou Jüngen Habermas. Autores como Platão, Sto. Tomás, Kant, Hegel, Cossio, entre outros presentes neste livro, têm tanto a nos oferecer quanto os mais adeptos da dogmática jurídica. Neste sentido, ousamos nesta 4ª. edição dedicar aos filósofos pré-socráticos, e suas respectivas escolas, um capítulo.

Por quê um livro de Filosofia?

Afinal, talvez, apenas para responder à seguinte questão: *Qual o grau de ignorância que devo ter para ser feliz?* Acho que esta é a verdadeira e a única questão que à Filosofia interessa responder. Por isso os filósofos escrevem livros e os seus semelhantes os leem.

José Manuel de Sacadura Rocha

Primavera de 2012.

PREFÁCIO À 2.ª EDIÇÃO

NORBERTO BOBBIO dizia em um de seus últimos livros, *O tempo da memória*, que sempre teve "como meta ideal uma teoria geral do direito e da política". A segunda edição de *Fundamentos de filosofia do direito*, que ora é colocado à disposição do público, inspira-se um pouco na ideia do professor turinense: mesclar a Política com o Direito. Sem perder seu caráter essencialmente didático, a segunda edição desta obra pretende avançar na percepção de que o Jurídico pode ser entendido melhor quando nele se observa a contribuição da Filosofia Política.

Tanto a Filosofia do Direito como a Filosofia Política encontram no Estado moderno a síntese de incontáveis contribuições que vieram das mais diversas áreas do conhecimento, contribuições essas que devem ser buscadas desde a Antiguidade greco-romana e entendidas no espírito histórico de cada época, como na Patrística e Escolástica medieval, nas formulações revolucionárias do período renascentista, no iluminismo do século XVIII, afinal, nas proposições antagônicas entre as ideologias libertárias de esquerda e as conservadoras de direita, então elaboradas no século XIX. O Estado moderno, seu pensamento e sua prática, são produto de todas essas visões e propostas, emaranhadas em uma trama de manutenção e melhoramento do Poder. Daí o subtítulo que ousamos atualizar nesta segunda edição: "O Jurídico e o Político da Antiguidade a Nossos Dias".

Tanto as atrocidades e perversões socioeconômicas e políticas do século XX como as que ainda por aqui resistem depois de transcorrida uma dezena de anos no novo milênio apontam de forma recalcitrante que se, de um lado, é fato que os grandes conglomerados econômicos continuam ditando as regras de conveniência social, não é menos verdade que o Estado e os governantes permanecem apáticos e coniventes na ânsia de preservar a máxima – longe de se enxergarem como consequência da soberania popular – de que sua função é o autoperpetuar do poder, governar por si e para si mesmos. Entender as formas e os meios pelos quais o Direito e a Política se encontram é abrir a possibilidade para se entender melhor o que é esse Direito hoje, e o que poderia ser dentro da necessidade de governabilidade do mundo moderno.

A presente edição nada perdeu em relação à anterior. Acrescentaram-se três novos capítulos: Nicolau Maquiavel, Montesquieu e Stuart Mill. Enriqueceram-se os capítulos de Aristóteles e Epicuro, no sentido de se agregar a contribuição política dos autores. No final, com o intuito de simplificar a compreensão do aluno e leitor, também se acrescentaram nesta edição dois quadros-resumos: Concepções Políticas na Antiguidade Greco-romana e Correntes Ético-filosóficas: Período Clássico.

Ademais, só gostaríamos de dizer a todos quantos nos leram, e aos que enviaram seus comentários, e aos que ainda nos lerão, que estamos certos de que um dia a humanidade encontrará o governo e o jurídico do qual se orgulhará. Até lá a contribuição de todos é imprescindível.

José Manuel de Sacadura Rocha

Primavera de 2009.

PREFÁCIO

A Filosofia é a ciência do pensamento. Ela provoca, instiga e alimenta a formação de pensadores. Há milênios ela existe e pode parecer velha e ultrapassada, mas, ao contrário, sempre se mostra atualizada pela constante propagação das modernas ideias formuladas pelos novos filósofos.

Mesmo nos dias atuais, quando se tornou evidente a popularização da Internet pelo mundo afora, fenômeno este que provocou nas nações civilizadas o impacto de uma incrível transformação social, no qual está localizado o berço da chamada Sociedade da Informação, a Filosofia não perde a sua importância na formação universitária.

O próprio significado da expressão *Sociedade da Informação*, estruturalmente alicerçada sobre tecnologias contemporâneas modernas, bem como o fenômeno da globalização e a consequente necessidade de manter o domínio sobre o conhecimento produzido em larga escala, tudo isto forma um conjunto que passou a ser compreendido como resultado natural de um processo social revolucionário, do qual não se alheia o estudo filosófico.

Mas, as duas estrelas desse sistema - informação e conhecimento - não respeitam o transcurso do tempo que é necessário para se proporcionar o amadurecimento normal de novas teses e fundamentos. É por isso que hoje o homem procura um espaço para pensar. E a carência desse espaço apropriado para ensejar a formulação de um pensamento coerente também se verifica na área jurídica. Por esta razão é que os estudiosos do Direito não deixam de buscar auxílio e respostas na Filosofia.

Peço licença para citar um exemplo. Sustentei uma tese de doutorado na USP, denominada "A busca da verdade no processo penal". Durante longo período de pesquisas sobre esse trabalho senti a necessidade de encontrar a definição do termo *verdade*. Não a encontrei no Direito positivo, e sim na doutrina filosófica clássica. E só depois de compreendê-la em pensamento é que consegui transportá-la para a realidade do processo.

De fato, não existe melhor espaço para exercitar o pensamento que não seja o do vasto campo da Filosofia. E foram situações como esta que acabo de exemplificar que provocaram o surgimento de uma nova disciplina no ensino jurídico, qual seja, a Filosofia do Direito.

A relevância desta matéria foi percebida de forma perspicaz pelo professor José Manuel de Sacadura Rocha, português com cidadania brasileira que, sendo bacharel e doutorando em Ciências Sociais, soube habilmente equilibrar a narrativa – mais didática do que abstrata –, valendo-se também de sua experiência como docente há mais de uma década na Faculdade de Direito.

Neste livro o leitor encontrará referências aos pensamentos ditados por gênios históricos como Sócrates, Platão, Aristóteles, Cícero, Santo Agostinho, São Tomás de Aquino e Gandhi. Além disto, conseguiu o autor sintetizar várias correntes filosóficas sustentadas por outros grandes nomes da literatura, tais como Kant, Hegel, Rousseau, Descartes, Karl Marx, Hobbes, Locke, Adam Smith e Miguel Reale.

Sinto-me honrado pela oportunidade de prefaciar esta obra, a qual vem contribuir para o aperfeiçoamento cultural dos estudantes e profissionais que atuam na área jurídica. A todos eu recomendo a sua leitura.

Marco Antonio de Barros

Doutor em Processo Penal pela USP.

Professor da Faculdade de Direito da Universidade Presbiteriana Mackenzie.

Procurador de Justiça do Ministério Público de São Paulo (aposentado).

Autor das obras: *Lavagem de capitais e obrigações civis correlatas*, Editora Revista dos Tribunais, 3. ed., 2012.

A busca da verdade no processo penal, Editora Revista dos Tribunais, 3. ed., 2011.

SUMÁRIO

INTRODUÇÃO
(Conhecimento, Filosofia e Conceitos do Direito)

Nunca a Filosofia foi tão importante como nos dias atuais, em todas as atividades humanas e nos mais diversos momentos da vida. A irracionalidade, a insensatez, o pérfido cotidiano de um lado e o medo que, de outro, incrustou-se em nossas almas são prova cabal disso. Ainda que, obviamente, correntes e escolas filosóficas tenham se sucedido umas às outras, ora aprimorando pensamentos, ora inovando em direção a outras dimensões, o fato é que princípios e ideias fundamentais escritos por pensadores há mais de 2.500 anos (para ficarmos no escopo deste trabalho) permanecem tão ou mais atuais do que quando foram elaborados. A Filosofia é uma ciência eterna e infinita!

CONHECIMENTO E FILOSOFIA

Inicialmente, deve-se afirmar que a Filosofia é uma parte especial do conhecimento humano. A ela se juntam a Ciência tradicional propriamente dita e o Senso Comum. Ciência, Filosofia e Senso Comum formam uma totalidade de saberes que possibilitam a aventura da existência humana. Neste sentido, de totalidade e saberes complementares, nenhum dos ramos do conhecimento é mais ou menos importante, pois cada um define uma dimensão e utilidade para o homem. É bem verdade que, ao longo da história, a complementaridade entre Ciência e Filosofia não se verificou de forma harmoniosa.

De forma geral, pode-se perceber o quanto estes dois ramos do conhecimento se separam e aproximam, no seguinte quadro:

Quadro 1 *Paradigmas, teorias e Ciência × Filosofia.*[1]

Época	Paradigmas Técnico-Científicos	Teorias Epistemológicas	Ciência e Filosofia
8 mil a.C.	Neolítico – Pensamento Mágico	Fetichismo Misticismo	Mitos
Séc. IV a.C.	Revolução Racional	Idealismo Materialismo Indutivismo Holismo	A Ciência faz parte da Filosofia
Idade Média	Patrística e Escolástica	Idealismo Cristianismo	A Ciência e a Filosofia fazem parte da Teologia
Séc. XVI e XVII	Revolução Científica (Heliocentrismo e Mecânica de Newton)	Realismo Empirismo Racionalismo Criticismo	A Ciência separa-se da Filosofia
Séc. XIX	Revolução Industrial (Eletromagnetismo e teoria do Caos – Entropia)	Materialismo Dialético Jusnaturalismo Positivismo	A Filosofia imita a Ciência
Séc. XX	Revolução Informacional (Relatividade e Mecânica Quântica; Unificação Tempo e Espaço; Incerteza)	Neopositivismo Neorrealismo Culturalismo Probabilismo Fenomenologia Neo-holismo	A Filosofia critica a Ciência

Destarte, nessa disputa por certa predominância entre os ramos do conhecimento humano, disputa marcada pelo progresso do saber humano e pelo domínio sobre as forças que comandam a natureza em nosso redor, a verdade é que parece mais sensato procurar a complementaridade entre esses saberes específicos. A Ciência tradicional (chamamo-la assim para distingui-la da Filosofia, que também é uma ciência) prima por duas características fundamentais: (1) ela busca sempre estabelecer uma única verdade, o paradigma – por isso, é conclusiva e convergente; (2) sua metodologia é a experimentação, o empirismo metodológico que lhe confere o *status* de ciência e avaliza suas

1. Adaptado de ROSA, Luiz Pinguelli. *Tecnociências e humanidades*: novos paradigmas, velhas questões. São Paulo: Paz e Terra, 2005. v. 1.

descobertas e afirmações. Já a Filosofia, de forma antagônica, fundamenta-se em outros dois princípios: (1) procura desconstruir sempre a verdade, o paradigma existente – por isso, é compulsoriamente inconclusiva e divergente; (2) sua metodologia é a iconoclastia, a utopia como forma de percorrer outros caminhos e alcançar outros olhares e dimensões inexploradas.

Entre estes dois ramos do conhecimento, ainda devemos acrescentar outra dimensão, própria do saber prático, nem Ciência nem Filosofia: o Senso Comum. Não erramos se dissermos que a esmagadora parte das atividades diárias dos homens é feita a partir de saberes que não passaram pelo crivo da experiência laboratorial da Ciência paradigmática e da reflexão mais específica da Filosofia. E ainda assim dão conta da arte de viver e possibilitam a subsistência dos homens. Muitas das ideias que o Senso Comum produz de forma superficial são matérias-primas para que a Ciência e a Filosofia se dediquem a pesquisar e a refletir. Da mesma forma, os paradigmas científicos e filosóficos elaborados e "aprovados" pela comunidade científica e pela sociedade passam a se incorporar ao cotidiano.

Por outro lado, a dinâmica entre Ciência tradicional e Filosofia pode ser entendida melhor se se imaginar um dinamismo em que aquilo que a Ciência repassa como verdade pode ser imediatamente questionado e, consequentemente, levar a novas descobertas e verdades, e assim sucessivamente. Então, este efeito "sanfona" – convergente pela Ciência paradigmática e divergente pela iconoclastia da Filosofia – é que possibilita todo o movimento rumo ao desconhecido e ao desenvolvimento do saber humano. Se os homens puderem harmonizar e aproveitar todo o potencial deste dinamismo, poderão efetivamente alcançar seu bem-estar.

Razão e Filosofia

A Filosofia é "a ciência que produz conceitos" (Deleuze). Isto quer dizer que, antes de tudo, o que preocupa o filósofo é a produção de novos enunciados e teorias a partir de elementos (díades) que propõem ao real e normal, olhares e entendimentos diferentes, possibilidades diversas, questões inusitadas. Não é *cogito* filosófico repetir conceitos e aplicá-los de forma comum, linear e literalmente, ou responder necessariamente às aflições humanas. Preferencialmente, a Filosofia é mais profícua e autêntica quando desvenda, desvela, desnuda, critica, problematiza. Daí nasce a possibilidade de novas verdades e paradigmas. Uma verdade, um paradigma são, no mais das vezes, convenções estabelecidas no senso comum, com mais ou menos penetração e auxílio da Ciência experimental. Essas convenções dão aos homens a sensação de estabilidade, harmonia e ordem. Para o ser humano é difícil viver as experiências de sua existência sem essa sensação de quietude, beatitude das coisas no espaço e no tempo. Mas o que faz com que um conceito, uma indagação, uma conjectura filosófica adquira o *status* de convenção, de verdade paradigmática? De forma imediata, a utilidade (Hume). Se for útil à reprodução da vida social, política e econômica de determinado grupo humano, então existem boas possibilidades de conceitos e discursos filosóficos virem a ser convenções. Caso contrário, o novo discurso e enunciado tendem a desaparecer.

Contudo, existem conceitos e enunciados que possuem um conteúdo moral que pode se opor à realidade social em determinado momento, por serem inaplicáveis por contingências técnicas, legislativas ou políticas. Mas conceitos e enunciados de validade moral costumam ser respeitados e preservados mesmo diante da sua ineficácia imediata. Isto acontece quando, por exemplo, uma lei estabelece algum princípio de comportamento jurídico aceitável e desejável, mas cuja aplicabilidade é inexequível (p.ex., a ressocialização do apenado é irrealizável dentro das condições do sistema penitenciário brasileiro, apesar das garantias constitucionais e da Lei de Execução Penal – Lei Complementar nº 7.210).

Isto remete a Filosofia a outro conceito, normalmente presente na doutrina jurídica como Princípio da Razoabilidade. De forma simples, razoabilidade significa "razão com aplicabilidade". Ora, o que é aplicável deve ser razoável, ou seja, a razão deve se preparar para encontrar soluções com bom-senso. Portanto, bom-senso não é senso comum. A razão usa: Senso + Ciência + Filosofia para obter bom-senso ou razoabilidade. De muitas formas a Filosofia do Direito se preocupa em propor questionamentos no sentido de que o Direito aplique o bom-senso aos fatos sociais em sua recepção jurídica, por exemplo, quando o magistrado opera o seu julgamento.

Fontes do Direito e a Filosofia

O Direito utiliza determinadas ferramentas de auxílio à sua competência, divididas em Fontes do Direito e Princípios do Direito. A Filosofia do Direito debruça-se sobre estes elementos e fatores, entre outros, presentes na elaboração e execução do Direito e procura confrontá-los com o entendimento mais abstrato, a realidade existencial humana e seus pensadores. Veja-se como a Filosofia (do Direito) se debruça sobre o ambiente do Direito e aplica seu conhecimento e criticismo ao jurídico.

São Fontes do Direito a Norma, a Jurisprudência, os Valores, os Costumes e a Doutrina.

O Direito não é apenas *Norma*, ainda que esta seja a essência da Ciência Jurídica. O Conjunto de Normas, ou legislação, aponta as possibilidades de: (1) transformar um fato, fenômeno, acontecimento ou comportamento social em realidade jurídica - chama-se esta inferência norma-fato de "subsunção"; (2) se ela (Norma) não existir ou se mostrar bastante inócua, defasada, contraditória ou entrópica em relação ao acontecimento em pauta, ela provoca o Poder Legislativo - por elaboração (Norma nova), ab-rogação (revogação completa) ou derrogação (revogação parcial), os códigos devem ser atualizados; e (3) se ela (Norma) se mostrar suficiente, adequada, coerente e flexível em relação ao acontecimento em pauta, existe a possibilidade de o sujeito provocar o Poder Judiciário, que, contudo, poderá dar procedência ou rechaçar a ação em parte e, por jurisprudência, proferir sentença ou acórdão sobre a contenda.

Portanto, a *Jurisprudência* deve ser entendida, primordialmente, como a autonomia que o juiz tem de proferir sentença em relação à Norma. Várias escolas e tipos de jurisprudência foram desenvolvidos pelos juristas e doutrinadores desde o século XIX, das mais exegéticas (foco na norma) às de livre interpretação (foco no caso). Em certo sentido, os magistrados ao proferirem suas sentenças - de forma monocrática -, ou acórdãos - através de colegiado-, não deixam de, a um tempo, frequentar o ambiente normativo (lei material) e o ambiente interpretativo-doutrinário (hermenêutica dos valores, sentidos e significados), misturando as esferas dos Poderes Legislativo e Judiciário. Note-se que as sentenças e acórdãos proferidos pelos magistrados são fontes do Direito para novos casos.

Obviamente que nas suas análises e decisões os magistrados, assim como demais juristas envolvidos, levam em consideração, além da Jurisprudência, a Norma, os Valores e os Costumes da sociedade.

Valores, normalmente, estão associados à moral e avalizam sobremaneira o comportamento dos indivíduos, qualificando-o (agravado) ou privilegiando-o (atenuado) do ponto de vista da ética, da decência, da correta atitude, da solidariedade, da amizade, do amor etc. Da mesma forma, *Costumes*, tradições e hábitos arraigados interferem fortemente sobre os processos jurídicos, agravando ou atenuando a lide (processo civil) ou o delito (processo penal: contravenção ou crime). No inquérito, na denúncia, na apreciação e procedência do caso pelo magistrado, na decisão sentencial, Valores e Costumes estão presentes e muitas vezes definem, à parte da Norma, as condutas e as decisões judiciais, revelando o poder de tais fatores dentro da Jurisprudência.

De certa forma, também, as decisões jurisprudenciais são doutrinárias, haja vista que, se a norma foi menos eficiente em dar conta dos acontecimentos em pauta, toda a sentença ou acórdão irá pressupor um novo entendimento, uma nova argumentação, uma nova aplicação de princípios e interpretações normativas em subsunção ao caso. Dentro dos procedimentos que os códigos processuais prescrevem, os profissionais do Direito, em um jogo de argumentações e contra-argumentações, revelam a qualquer tempo a possibilidade de entendimento e aplicabilidade razoável do Direito material. Essa hermenêutica possibilita de fato ao doutrinador e jurista debruçar-se sobre a congruência e adequação do mundo jurídico à realidade fática – não apenas a Norma, porque a *Doutrina* se estende da Norma ao procedimento e à Jurisprudência. Assim, pode-se dizer que a doutrina faz a relação entre as várias fontes do Direito através de princípios, conceitos e nomenclatura, procurando, fundamentalmente, preservar os direitos e garantias legais dos cidadãos (a partir da Constituição).

Princípios do Direito e a Filosofia

Os Princípios do Direito mais importantes são: (1) Proporcionalidade, (2) Comutatividade, (3) Razoabilidade, (4) Boa-Fé, (5) Liberdade, (6) Dignidade Humana, (7) Presunção de Inocência, (8) Ressocialização, (9) Taxatividade. A Filosofia do Direito quer ver nestes princípios a adequação mais humana do Direito aos direitos e soberania das gentes e dos indivíduos.

Por *Proporcionalidade* entende-se: (a) contribuição para a sociedade de acordo com a sua capacidade (Aristóteles – justiça distributiva); (b) a pena – regime e dosimetria – de acordo com a injustiça ou delito cometido (Beccaria – punição jurídica). Muitas vezes se usa no sentido de isonomia, igualdade, equidistância entre as partes, mas neste caso seria melhor referir-se ao princípio da comutatividade (Aristóteles).

O sentido do princípio da *Comutatividade* é que as trocas, os interesses particulares e os contraditórios não devem impor a preponderância de uma das partes, quer dizer, a justiça se prende ao fato de que os iguais devem ser julgados como iguais e os desiguais como desiguais na medida em que se desigualam.

A *Razoabilidade* é o exercício da razão de forma que a lógica, a harmonia, a coerência façam jus ao esforço da promulgação do bom-senso, ao invés do senso comum, considerando-se os ditames dos costumes, tradições e hábitos.

Hugo Grócio, um dos defensores do Direito Natural, usava a expressão "Reta-razão" quando se referia à autonomia do Direito laico.

Por *Boa-Fé* entende-se que o indivíduo não premeditou, não agiu com segundas intenções, não cometeu ação voluntária ou não teve condições de avaliar o dano consequência de seu ato – neste sentido houve um infortúnio, não má-fé. O princípio da Boa-Fé pressupõe que as partes sejam capazes de se autocomporem pela autonomia da vontade (*pacta sunt servanda*), o que implica em cooperação, ética e transparência.

Por *Liberdade* entende-se que o indivíduo não é coagido a proceder de determinada forma, o faz de livre e espontânea vontade – juridicamente este princípio está ligado à vontade e consciência do indivíduo, de forma que se liberdade não houver, não se pode falar tranquilamente de vontade e de consciência. Como mediar e conciliar conflitos entre indivíduos sem liberdade, e como lhes imputar pena? A Constituição Federal do Brasil prevê ainda que, além da autonomia da vontade, estende-se à liberdade a autodeterminação do indivíduo, por exemplo, o direito de ir, vir, ficar, permanecer a qualquer tempo no território nacional em tempos de paz.

A *Dignidade Humana* está recepcionada pelos textos constitucionais dos Estados modernos, nomeadamente pela Constituição Pátria de 1988. Consagrada na carta da ONU – Declaração Universal dos Direitos Humanos, este princípio pode ser o divisor de águas entre o arbítrio do poder e o cidadão, ou retirar a aridez do texto legal, que nem sempre se faz preponderante, apesar da jurisdição estatal, em relação à dignidade, respeito, fraternidade e solidariedade que todo homem tem de direito (não necessariamente do Direito). Este princípio deve ser entendido como "valor nuclear" do ordenamento jurídico, neste sentido um supraprincípio.

O princípio da *Presunção de Inocência* é uma conquista presente no Direito moderno, a ver, que toda a pessoa é inocente até que se prove o contrário, amparada pelo devido processo legal, ampla defesa e contraditório, cabendo o ônus da prova ao denunciante, acusador que perpetra o agravo. Não se deve confundir a Presunção de Inocência com a Boa-Fé, pois não tem a Presunção de Inocência relação com a vontade e consciência da ação, mas com a apresentação de provas relacionadas à ação acusatória. No caso do Código de Defesa do Consumidor e no Direito do Trabalho, no entanto, a legislação e doutrinação nacional preveem que o ônus da prova se inverte.

A *Ressocialização* faz parte da observância principiológica que não entende o delito ou a injustiça cometida como fator de exclusão social, mesmo nos casos em que a pena é privativa de liberdade (ou de prisão pelo Projeto do Novo Código Penal). Na filosofia humanista, a proporcionalidade e razoabilidade da sentença condenatória, pelo menos desde o século XIX, defende a reeducação e a restauração do preso para seu retorno pacífico ao convívio social – família, trabalho, estudo, consumo.

O princípio da *Taxatividade* refere-se propriamente à lei, no sentido em que a mesma deve ser clara, objetiva, compreensível, explícita, declarativa. Pressupõe que a transparência e o entendimento normativo, quanto mais aderentes à linguagem média do cidadão, mais este poderá manusear o texto jurídico com fortes repercussões em reivindicar seus direitos e as garantias que a lei lhe oferta, bem como, logo se vê, que este princípio contribui fortemente para a segurança jurídica e a paz social.

Direito Subjetivo e Direito Objetivo

Também faz parte da reflexão filosófica deste livro o quanto o Direito varia como um pêndulo entre o Subjetivo e o Objetivo. Muitas vezes o Direito se apresenta, de forma concomitante, tanto subjetivamente como objetivamente.

Grosso modo, pode-se dizer que o *Direito Subjetivo* existe quando e nas situações em que o foco está no sujeito, em sua vontade, em sua autonomia, na ação do agente, nas decisões por ele tomadas. Diz-se *Direito Objetivo* quando o foco recai primordialmente na lei, no que esta prediz, prescreve, na dogmática jurídica, nas circunstâncias e causalidade exteriores aos agentes da ação, às provas e aos ritos processuais até a definição de sentença, acórdão ou súmula.

Neste sentido que se pode falar de *Verdade Real* e *Verdade Formal.* A verdade real é o "fato social", o que efetivamente aconteceu por ação de um ou mais agentes. A verdade formal é a coleta de provas, identificação de nexo causal (muitas vezes a superveniência causal), as motivações e o *modus operandis* que consumou o fato. Da verdade real, e da investigação e termo circunstanciado dos fatos, e da produção de provas no processo, que compõem a verdade formal, haverá a Justiça de se pronunciar e decidir sobre o desfecho da lide ou do contraditório. O resultado do processo jurídico, a *Verdade Jurídica*, é, pois, um misto de elementos subjetivos e objetivos.

Efetivamente, sem a concorrência do agente, figura personalíssima no processo legal, não se pode instigar qualquer processo, de duas formas: (1) Na ação do agente solitariamente ou em concorrência de pessoas, que dá origem ao fato; (2) Também na iniciativa de levar ao Direito sua lide, seu controverso, sua demanda. No entanto, existem demandas no âmbito jurídico que não dependem de iniciativa subjetiva, pelo menos quanto ao item 2, de provocar o jurídico, o que acontece, por exemplo, quando o Ministério Público (MP), por iniciativa própria, inicia tratativas que culminam com denúncia à Justiça, por iniciativa prevista em lei. É o caso do entendimento sobre a Lei nº 11.340/06, denominada Lei Maria da Penha, já que hodiernamente, por simples denúncia anônima, o MP pode iniciar a investigação sobre a violência perpetrada contra um dos cônjuges do casal, inclusive entre casais homoafetivos em situação civil de União Estável, sem a iniciativa do agente agredido e mesmo se este desistir da representação efetuada anteriormente.

O direito subjetivo responde de forma significativa ao "Princípio da Autonomia da Vontade", e o direito objetivo por ele e apesar dele, para além dele, muitas vezes, pecando na interpretação restritiva dogmática e excessiva aplicabilidade da lei. Por exemplo, se não houvesse o legislador confeccionado a Lei nº 11.340, objetivamente não haveria como o Estado proteger a dignidade do agredido e coagir tal conduta por parte do agressor.

Autores como Platão e o "ciclo virtuoso da alma", Aristóteles e a "autonomia da escolha", Santo Tomás com o "livre-arbítrio" resguardado pelo amor de Deus, Grócio com a "reta razão", Locke com a defesa dos "direitos naturais" diante do Estado, Kant com a "ética ontológica", Hegel com a liberdade do "espírito subjetivo", Sartre com a responsabilidade existencial do "ser-para-si" e Perelman com o poder da "argumentação" jurídica, entre outros, são autores que privilegiam o sujeito e sua ação enquanto proveniente da autonomia de sua vontade.

Autores como Santo Agostinho e os "mandamentos bíblicos", Hobbes com o "despotismo do soberano", Hume com o "utilitarismo" social, Marx com a "luta de classes", Comte com as leis "empíricas e imutáveis" das coisas e dos fatos sociais, Kelsen com o "normativismo" científico do Direito, Ralws com a defesa do "contrato social", entre outros, são autores que privilegiam a lei, o Estado, o procedimento regimental, focando a sua preponderância sobre a autonomia da vontade do sujeito.

O Direito Objetivo é, portanto, parte da jurisdição do Estado quanto à garantia e tutela dos direitos dos cidadãos e sua eficácia (*norma agendi*). Vale lembrar que o Direito Objetivo é objetivo por seu princípio e sua compreensão empírica e aplicabilidade restrita ao dogma e à norma, enquanto o Direito Positivo refere-se mais propriamente a uma concretude formal e sistematizada de códigos, que, destarte, mudam com o tempo, pois essa codificação pertence a um determinado momento histórico da sociedade que recepciona. Da mesma forma, o Direito Subjetivo, referindo-se aos direitos e garantias das pessoas e à autonomia de sua vontade, conforme preconizado objetivamente pela Constituição Federal/88, pode ser judicial e extrajudicial, pois está alicerçado mais por uma principiologia que destaca o ser humano em sua personalidade (*facultas agendi*).

Este Livro

A presente obra é um *manual!* Mas poderia repetir as palavras de outrora:[2] não é um livro neutro! Sua necessidade, entrementes, nasce de uma certa carência didática simplificada para alunos ingressantes no curso de Direito com relação à Filosofia e sua contribuição especial para o Direito. *Fundamentos de filosofia do Direito* tem por objetivo, de forma sucinta e absolutamente didática, introduzir o pensamento filosófico ao Direito através de alguns pensadores, escolhidos entre tantos outros, a partir dos quais se busca uma base de pensamento capaz de se referir especialmente a temas jurídicos, tais como Lei, Igualdade, Justiça, Liberdade, Felicidade, Bem-estar, Paz, Poder e Estado.

A pretensão, diga-se desde já, foi, antes de tudo, resumir a poucos parágrafos o pensamento de cada pensador selecionado, complementando, à guisa de um FICHÁRIO, as pertinências e consequências "jurídicas" de tais filosofias. Os pensadores, segundo um bem-intencionado recorte dos grandes filósofos do Direito, foram divididos em seis grandes SEÇÕES, correspondentes a grandes períodos históricos do pensamento ocidental: I. A Filosofia Arcaica Pré-Socrática (antes do século V a. C. - que é o capítulo 1); II. A Filosofia Clássica Greco-Romana (século IV a.C. – século II); III. A Filosofia Medieval (século III - século XIV); IV. A Filosofia do Renascimento ao Iluminismo (século XV - século XVIII); V. A Filosofia da Modernidade (séculos XIX e XX); VI. A Segunda Metade do século XX – dias atuais. Manteve-se, no entanto, a sequência numérica única dos capítulos, com a finalidade de melhor identificar os autores.

Com o intuito de enriquecer o conteúdo da obra e de dar oportunidade aos educadores e educandos de explorarem amiúde o pensamento dos autores e, livremente, intuírem, num trabalho construtivo, suas próprias conclusões – haja vista que a Filosofia não pode ser trabalhada como ciência de verdades e conclusões definitivas, muito ao contrário –, para alguns autores apresentam-se ao final de cada capítulo, como ANEXOS, recortes de obras originais e textos afins. Assim, as Referências ao final do livro não se referem às obras dos pensadores apresentados para estudo, mas sim a outras obras que podem servir de consulta complementar, ainda que, esclareça-se logo, nem sempre as classificações e conclusões apresentem unanimidade em relação aos clássicos.

---

2. *Sociologia jurídica*: fundamentos e fronteiras. São Paulo: Elsevier/Campus, 2008. p. 4.

Poupamos propositadamente as notas de rodapé, só inserindo-as quando absolutamente pertinentes.

Uma nota especial merece a classificação dada por mim às CORRENTES FILOSÓFICAS, mencionadas nos fichários. Procurei ser fiel mais ao conteúdo que é relevante deduzir juridicamente de cada pensador do que aos manuais classificatórios já existentes, ainda que não exista nada que os desmereça: apenas essa classificação deve ser adequada à leitura que se objetiva fazer no âmbito didático-pedagógico específico. Para dirimir de vez dúvidas e auxiliar na compreensão de tal classificação, resumimos a seguir o significado de cada termo:

- Idealismo (Sócrates - Cap. 2; Platão - Cap. 3; Santo Agostinho e Santo Tomás de Aquino - Cap. 7 e Hegel - Cap. 14): dá um papel superior às formas abstratas que se produzem na mente ou, no caso de filosofias de transcendência religiosa, na alma ou no espírito.
- Materialismo (Epicuro - Cap. 5 e Marx - Cap. 16): reduz a explicação última dos fenômenos à matéria, às forças da natureza e à realidade fática, tal como se acredita que ela se manifesta concretamente, e tende a acreditar que o futuro é determinado pelo presente (Determinismo).
- Indutivismo (Aristóteles - Cap. 4): postula que as teorias se desenvolvem a partir das sensações provocadas na mente pelas sensações advindas da realidade fática (como em Bacon).
- Empirismo (Hobbes, Locke e Rousseau - Cap. 10; Hume - Cap. 11; Montesquieu - Cap. 12 e Rawls - Cap. 24): assemelha-se ao Indutivismo, com a preocupação adicional de comprovar essas teorias na própria experiência social.
- Racionalismo (Maquiavel - Cap. 8; Grócio e Pufendorf - Cap. 9 e Kant - Cap. 13): os racionalistas colocam acima das impressões da mente a racionalidade como capaz de produzir em si mesma a verdade.
- Realismo (Mill - Cap. 15 e Arendt - Cap. 22): o realismo entende que as teorias tratam do que ocorre realmente no mundo físico, ou a isto a teoria deve sua devoção e vocação.
- Niilismo (Nietzsche - Cap. 17): o niilismo de Nietzsche, ao contrário do que se supõe, não apregoa o pessimismo ou o negativismo, mas a ação positiva contra a "negação daquilo que nega o humano", daquilo que lhe absorve a força de realização e a potencialidade de aprimoramento espiritual; neste sentido Nietzsche vai ver no Direito e nos sistemas de

justiça, principalmente o penal, instrumentos de dominação e clausura que servem para o controle e expiação dentro da cultura tradicional moralista e normativa das sociedades ocidentais.

- Positivismo (Comte – Cap. 18 e Kelsen – Cap. 19): de teor absolutamente conservador, acredita que os fenômenos de toda a natureza, inclusive os produzidos pelos homens, podem ser reduzidos a especificações meramente determinísticas, propriedades imutáveis, ainda que os sentidos tenham dificuldade de apreender além da superfície da realidade.
- Culturalismo (Cossio – Cap. 20): toda a realidade só pode ser entendida enquanto produto de identidade cultural de um povo (como em Reale – Cap. 21), também como aspecto macro e totalizante, em que os homens se identificam a si mesmos a partir de um repertório de valores morais internalizados a partir das estratégias coletivas de sobrevivência.
- Reducionismo ou Fenomenologia (Sartre – Cap. 23): confunde-se com o "dedutivismo" por seu conteúdo eminentemente analítico (como em Descartes), ou seja, chegar à verdade a partir da fragmentação e posterior composição do objeto de estudo; portanto, onde a essência deve ser pesquisada "bem abaixo" da realidade observada.
- Holismo (Cícero – Cap. 6): considera, acima das partes, o todo, enaltecendo as estruturas macro onde o objeto de estudo se localiza, lançando mão das relações entre essas partes, como um sistema complexo irredutível para cuja compreensão concorrem todos os conhecimentos.
- Probabilismo (Viehweg – Cap. 25 e Perelman – Cap. 26 e Dworkin – Cap. 27): diferente do Determinismo e do Positivismo, modernamente, há a crença de que, mesmo que algo esteja determinado, será imprevisível ou de previsibilidade muito limitada, devido à insuficiência das teorias existentes diante do "caos" e complexidade sistêmica e dinâmica dos fenômenos naturais ou sociais; neste sentido os autores sugerem a Interpretação Jurídica adotada segundo um sistema de lógica jurídica.

Obviamente que esta lista é apenas uma tentativa aproximada de "purificar" o pensamento dos autores, um reducionismo em si, pois em inúmeros casos, quando olhamos de perto as características dos filósofos, percebemos que existe uma sobreposição de correntes filosóficas, explicável até pelo fato de reiteradamente suas teses serem aprimoramentos, discussões e antíteses construídas a partir dos predecessores. Neste sentido, muitas vezes, para melhor explicitação do conteúdo jurídico que nos importa, acabamos ou por optar pela classificação que parece "mais típica", mais forte, ou por acrescentar outros termos aos constantes desta lista, como no caso de Cícero, em que a natureza é absolutamente fundante de sua visão jusnaturalista, mas cujo caminho de integração do homem com o cosmos passa pelo uso que a razão (Racionalismo) faz ao se apropriar de todos os conhecimentos e ciências físicas e naturais (indutivo e empírico). Neste caso, optamos por classificá-lo como holista. Caso oposto é o de Grócio, em que, apesar da absoluta defesa do Jusnaturalismo, apenas a razão é portadora de eficiência suficiente para determinar os direitos dos homens (Racionalismo).

Existe ainda o Capítulo 28 que versa sobre Hermenêutica Jurídica, que aborda a ciência interpretativa e argumentativa em seus conceitos basilares, tais como Tipos de Preposições, Silogismo e Analogia, Tipos de Interpretação, Técnicas e Escolas de Interpretação e sua relação com os Tipos e Escolas de Jurisprudência.

Por fim, o livro apresenta um glossário de termos de forma a facilitar o entendimento de alguns conceitos e expressões jusfilosóficas. Os leitores podem consultar esse glossário quando se depararem com temas mais eruditos ou técnicos, e não seria desproporcional sugerir que o mesmo seja analisado pelo leitor antes mesmo da leitura dos capítulos que se seguem.

***

Mesmo sendo fundamentalmente um manual didático de Filosofia, ao mesmo tempo jurídica e política, ao longo das observações e explicações que este livro contém pode-se verificar sempre a proposta de criticidade própria daqueles que se dedicam com seriedade e fervor aos conhecimentos das humanidades, e veem no Direito uma das mais preciosas ferramentas de justiça social que os homens já se propuseram a produzir como ciência.

Seção I

A FILOSOFIA ARCAICA PRÉ-SOCRÁTICA: ANTES DO SÉCULO V A.C.*

* *Servimo-nos de pesquisa, levantamento e fichamento bibliográfico de Siddhartha de Araújo Rocha Cabral Sacadura. Departamento de Filosofia – Faculdade de Filosofia, Letras, Ciências Sociais e História: Universidade de São Paulo – USP.*

1

OS PRÉ-SOCRÁTICOS: MITOLOGIA E FILOSOFIA

O período Pré-socrático, aquele que comporta o pensamento filosófico grego anterior a Sócrates (469 a.C.-399 a.C.), é marcado por inúmeros pensadores e diferenças significativas de pensamento. Por esse motivo é difícil eleger e nomear 'escolas' para este período, sendo mais comum que se conheça tais pensamentos relacionando-os diretamente a um autor importante. Mesmo os mais fervorosos discípulos inovaram e mudaram o pensamento de seus predecessores.

De qualquer forma, esses autores são de suma importância por sua erudição e por terem iniciado a reflexão filosófica. Como predecessores, serão comentados e interpretados pela Filosofia (Filosofia: amor à sabedoria, tanto às ciências quanto às artes liberais) dos séculos seguintes, extraindo-se deles um sistema coerente e unificado de pensamento incluindo tudo o de melhor das suas antigas doutrinas. As escolas aqui apresentadas referem-se a uma 'ideia' comum em que os pensadores mencionados estavam perto uns dos outros, em grande parte fisicamente.

Só a partir do segundo período da Filosofia, a partir do século V a. C. (o das escolas filosóficas clássicas socráticas) estabeleceu-se uma sistemática que dividiu as áreas de abordagem filosófica em três:

a. Lógica: que compreende o estudo da linguagem e significado, bem como do pensamento e do argumento;

b. Ética: compreendendo as teorias moral e política, sociologia e etnografia;
c. Física: que abarca o estudo da natureza e seus fenômenos.

Segundo tal definição, as preocupações pré-socráticas se enquadrariam majoritariamente no terceiro item, o da Física - *Physicos, Physikoi* e *Physiologia* (vale lembrar que tal classificação foi criada por seus sucessores).

Fundamentalmente, os *physicos* estudam a *physikoi*, natureza. No entanto, tal natureza ainda não possui distinção entre ciência empírica ou filosofia especulativa. Os filósofos naturais se debruçam sobre a verdade da natureza descrevendo, organizando, explicando o universo e todos os seus componentes. Para tanto, utilizam-se de uma observação detalhada dos fenômenos naturais, que ainda incluíam aspectos psicológicos, sociais, políticos, culturais e intelectuais da vida humana. Poderíamos chamar isso de uma ciência de indagações amplas e filosóficas.

Neste período pré-socrático a Filosofia estará presente também em outros autores não filósofos como Eurípides, Aristófanes, Heródoto, Tucídides e Hipócrates.

Sofistas como Protágoras, Górgios e Hípias, tidos como formuladores da retórica, virtude e êxito prático, apresentam vínculos com a filosofia tradicional dos pré-socráticos. Os sofistas acreditavam nas leis relativas e na relatividade moral.

Ao contrário do que se dá com nosso conhecimento acerca de Platão e Aristóteles, o que sabemos dos pré-socráticos não provém diretamente dos livros que escreveram, pois foram perdidos ou destruídos. Dependemos, portanto, de informações indiretas de três diferentes espécies:

1. Fragmentos efetivos das obras originais, como passagens de escritos preservados na forma de citações em autores posteriores, em que ocorre a possibilidade de alterações do original devido à manipulação da informação ao longo do tempo;
2. Livros de autores posteriores com alusões breves e casuais, meros adornos a um texto não voltado em transmitir informações históricas;
3. Legítimos esforços na produção de uma História da Filosofia, em compêndios ou doxografias.

Devido à posterioridade de tal escrita em relação ao original, além da variabilidade de interesses e perspectivas dos autores desses textos, precauções devem ser feitas antes de se assumir tais textos como reflexões legítimas dos antigos pensadores.

Os primeiros filósofos pré-socráticos desenvolveram conceitos importantes, tais como:

1. *Kósmos*: Universo ou próprio mundo (Heráclito e Milésios);
   - Ordenar/comandar, utilizado por Homero em referência a generais, representando arranjo ordenado e, consequentemente, explicável;
   - Adorno (arranjo dotado de beleza), que embeleza ou que seja agradável de contemplar;
   - Resumidamente, poder-se-ia dizer que *kosmos* consiste num universo ordenado e elegante de se contemplar.
2. *Physis*: Natureza
   - Contrário de *Techne* que significa artificial, fabricados por projetistas, artefatos: mesas, sociedades, lei, justiça (veja-se aqui a ideia de Direito como algo 'projetado' pelo homem, o Direito Posto);
   - "Crescer", coisas que se desenvolvem por si só;
   - Objetos naturais: árvores, serpentes, chuva, montanhas;
   - Princípio existente em cada parte natural do *kosmos*, que explica seu comportamento e propriedades casuais; propriedade básica, feição intrínseca ou feição essencial.
3. *Arché* ou *arké*: Origem (Anaximandro)
   - Princípio ou origem, começar, reger, desígnio de cargo ou magistratura, princípio ordinário;
   - Investigar os princípios do *kosmos* significa investigar os componentes fundamentais de todos os objetos naturais;
   - Princípio material de todas as coisas.
4. *Logos*: Razão ou Explicação
   - *Legein* = enunciar ou afirmar, afirmar para explicar é razão;
   - Platão: inteligente é apresentar um *logos* (no sentido de apresentar razão) ao invés de apenas descrever; têm-se o conceito de razão humana ou racionalidade;

Parmênides: comprovem tal argumento não com os sentidos, mas com o *logos* (com a razão) → *logike* = lógica.

5. *Diké*: Justiça (diferente de *Thémis* do período homérico);
   - Desenvolvido paulatinamente no período arcaico como forma de se opor às forças de *Éris* (discórdia), *Bía* (violência) e *Hybris* (imoderação);

- No período anterior, Homero alterna na Íliada e na Odisséia, a noção de *Thémis* (deusa) como aquela capaz de organizar (com a força supranatural - *thémis*), do lado de Zeus, sua esposa, a vida no Olimpo e na Terra; quando usa o termo *diké* (justiça) refere-se àquilo que depende dos seres comuns viventes, homens de corpo e sangue, o justo e o injusto laico, dos homens.

1.1. AVATARES DA ARGUMENTAÇÃO

O amor pela argumentação torna-se mais evidente na segunda fase pré-socrática, tomada como único veículo da verdade, sendo a percepção fundamentalmente ilusória. Parmênides, Melisso e Zenão apresentam argumentos encadeados, demonstrando já a tentativa de enaltecer a argumentação como mais científica do que a percepção imediata dos fenômenos, pois os sentidos podem enganar.

A racionalidade é aparente na língua grega onde nuances de pensamento são explícitos em partículas gráficas ao invés de tom de voz ou forma de elocução. Onde em outras línguas vê-se implicidade ou obscurantismo, a expressão e linguagem grega procurava a transparência e a evidência, pressupostos de uma ciência avançada para a época e fundamental para a realidade jurídica.

Contudo, não há rigorosidade crítica produtora de teorias suficientemente verdadeiras ou de argumentos consistentes. A lógica, a inferência e a argumentação rígidas foram inventadas por Aristóteles no século IV a.C., ao explicitar e sistematizar as normas e procedimentos acerca do pensamento racional.

A essência da investigação científica é a crítica, pois que a ciência vive da constante avaliação crítica de teorias e argumentos. Os pré-socráticos eram desprovidos de avidez crítica. Embora haja influências entre tais pensadores, não se sabe de exposições críticas às doutrinas dos predecessores: Parmênides chegou a incitar a crítica à sua obra, contudo não obteve resposta. A reflexão crítica só ganha espaço a partir do século IV a.C.

O fundamento de afirmar que são defensores da razão e da racionalidade advém da apresentação de razões para suas opiniões e argumentações a favor de suas doutrinas. Não a pronunciamentos *ex cathedra*. A importância desse raciocínio é bem demonstrada por um filósofo irlandês do século XVIII: "Todo homem tem opiniões, mas poucos são os que pensam".

1.2. MILETO E O NASCIMENTO DA FILOSOFIA

Inicialmente, na costa oriental do Egeu, em pequenas cidades-estado independentes, sem vínculo político direto com Atenas, e nos Estados gregos da Jônia, na faixa costeira sudoeste da Ásia menor (atual Turquia), viveram os primeiros filósofos. Estas cidades viviam dilaceradas por conflitos internos e ameaçadas por inimigos externos. No entanto, entre 650 a 500 a.C. conseguem prosperar com desenvolvimento econômico, político, na arte, literatura, arquitetura, escultura, poética e pinturas em vasos.

Em *Mileto*, no sul da Jônia, nasce a filosofia grega, com os pensadores milésios, em meio a um ambiente que pode ser caracterizado da seguinte forma:

a. Política interna turbulenta com dissidências, conflitos e revoluções sangrentas;
b. Política externa tensa principalmente na relação com os impérios Lídio e Persa (de 546 a.C. a 494 a.C., quando da destruição de Mileto);
c. Comercialmente infatigáveis: relações com impérios do Oriente, Egito (com empório comercial em Naucratis no delta do Nilo), colonos em Trácia (no Bósforo) e ao longo do mar Negro, além de vínculos com Síbaris ao sul da Itália.

Os principais filósofos de *Mileto* são Tales de Mileto, Anaximandro de Mileto e Anaxímenes de Mileto.

Apesar da dificuldade geográfica desses filósofos gregos, dificilmente havia uma completa ignorância acerca dos trabalhos uns dos outros, embora tal comunicação pudesse ser vagarosa e arriscada, uma vez que muitos eram itinerantes.

A filosofia pré-socrática não apareceu, portanto, do nada. Relações dos jônios com os impérios orientais trouxeram influências tidas como benéficas e maléficas:

a. Para Filarco, os habitantes de Cólofon antes austeros, em aliança com os lídios voltaram-se para a luxúria, crescendo os cabelos e ornando-os com ouro;
b. Para Xenófanes, os jônios aprenderam imprestáveis delicadezas dos lídios, envergando túnicas púrpuras, arrogantes, exibindo elegantes penteados encharcados no perfume de unguentos artificiais. (Ateneu, Deipnosofistas, 526A);

c. Contudo, encontram-se traços de boa influência na cerâmica, escultura e arte. Na poesia jônica encontra-se linguagem lídica. O pensamento grego primitivo demonstra determinados interesses intelectuais presentes nos impérios do Oriente, como por exemplo o estudo da astronomia (dos Babilônios, fundamental para Tales), e partes de filosofia especulativa;
d. No entanto, os traços tidos como mais significativos do pensamento grego não encontram antecedente ou paralelo no pensamento oriental.

A conclusão de que a cidade de Mileto assistiu ao nascimento da ciência e da Filosofia não atribui nenhum talento sobrenatural a Tales e a seus colegas, devendo-se supor terem sido eles homens de gênio, sendo sua genialidade assim caracterizada:

1. Ideia de ciência e Filosofia: maneira científica e racional de olhar o mundo como algo ordenado e inteligível;
2. Os deuses não interferem no mundo natural, onde trovão não é mais ruído de Zeus nem o arco-íris muito mais que uma nuvem colorida. O mundo tem sua ordem com princípios internos que são suficientes para explicar a estrutura e a história da natureza. Os eventos são estruturados, interligando-se com padrões que explicam;

Daí que na Metafísica de Aristóteles há o conceito de História da Filosofia como a história da apreensão conceitual dos esquemas elucidativos ou desenvolvimento da noção de explicação.

3. Ênfase à razão, à racionalidade, ao raciocínio, à argumentação, e à evidência, quebrando o dogmatismo.

Por exemplo, Tales enunciou que tudo possui alma e, portanto, vida. Como argumento utilizou-se de uma pedra magnética (imã) que em contato com outros objetos ocorria movimento. Na verdade, não interessa nesse momento se os argumentos são bons, mas sim que eles existem!

Anaxímenes tenta explicar o universo por um elemento material (o ar) e por um par de operações coordenadas (rarefação e condensação). O mundo natural exibe uma extraordinária multiplicidade de fenômenos e eventos que deve ser reduzida à ordem, e a ordem tornada simples, pois esse é o caminho para a inteligibilidade. Anseio de explicar o máximo possível com o mínimo de termos possíveis.

1.3. ESCOLAS PRÉ-SOCRÁTICAS

1.3.1. Escola Jônica: cosmologia e justiça

A Teogonia nos poemas de Hesíodo e Homero (vontade e violência dos deuses do olimpo) é substituída pela Cosmogonia (o homem é parte do cosmos físico) do filósofo, primeiro de forma oral e posteriormente de forma textual. Começo da Cosmologia (explicação física e racional do cosmos) em termos de princípios físicos naturais (água, terra, fogo e ar). A busca pelo princípio único, entretanto, não impede de trabalharem com uma relação de oposição, contradição permanente na natureza das coisas – princípio da 'unidade dos contrários' – e concepção de movimento permanente.

As leis que governam o cosmos (*kósmos*) dão a regularidade e estabelecem a ordem de todas as coisas, a permanência e eficácia das leis, inclusive da justiça (*diké*). Princípio das compensações, do equilíbrio e da proporcionalidade entre os corpos, como o seco e o molhado, o quente e o frio, e entre o justo e injusto. Aqui também já está presente a ideia de equilíbrio, pois onde há movimento e contraditório, há equilíbrio, princípios de justiça Distributiva, Comutativa, Social e Participativa, entre outras, desenvolvidas por Aristóteles e que ainda hoje fundamentam a aplicação do Direito. Claro que a oposição entre classes e situações socioeconômicas díspares igualmente podem ser 'compostas' por princípios únicos.

Também pode-se aduzir deste binômio oposição-equilíbrio a teoria da pena, pois se o indivíduo comete uma injustiça (homicídio, p.ex.) haverá uma força contrária a restabelecer a ordem, aplicando-se a justiça, determinada punição (pena privativa de liberdade, p.ex.).

Entre os pensadores milésios da Escola Jônica ainda não existe a separação completa entre as oposições-complementações dialéticas do cosmos-natureza e os comportamentos justos-injustos de cunho ético-social. Daí que a justiça (*diké*) não depende da ação humana, mas da própria ordem do Universo, da compensação e proporcionalidade entre todas as coisas e fenômenos. Logo, a par da vontade dos homens, da justiça dos tribunais ou da autocracia dos soberanos, é a força maior do movimento de intercâmbio e contraditório cosmológico que definirá melhor a obtenção do justo. Este movimento 'pendular' de causa e efeito está por toda a parte e garante o equilíbrio geral das coisas entre si. As obras dos homens não são mais do que coisas tão naturais como os fenômenos da natureza, incidindo sobre elas as mesmas regras e princípios cosmológicos. Daqui também se ofertará ao jurídico a ideia de um Direito Natural, se for hipervalorizada a ideia de natureza das coisas que se ajustam sem a 'jurisdição humana' (veja-se, no período clássico seguinte, o direito natural de Aristóteles e o estoicismo de Cícero).

É grandiosa a penetração do pensamento jônico quando Heráclito de Éfeso introduz para a Filosofia a noção de um *devir-a-ser*, onde a essência de tudo é estar o tempo todo no tempo por vir, já que o perpétuo movimento impede a cristalização de dogmas, também de conceitos e enunciados perenes.

Mas, em certa medida e certo olhar jurídico, para lá da grande questão filosófica, afinal o que vem a ser 'o que quer que seja', a *diké* (justiça) agora se faz *Diké* (a filha de Thémis e Zeus), que ajudada pelas *Erínis* (Fúrias para os romanos, as Erínias[1] puniam os mortais – *Tísifone* (Castigo), *Megera* (Rancor) e *Alecto* (Interminável)), faz o controle das injustiças se opondo ao mal e à desordem com a sua fúria justiceira, garantindo a estabilidade (positivista) de todas as coisas. Não é por acaso, tão remoto quanto os primeiros pensadores da filosofia arcaica pré-socrática, a ideia da força e da violência controladas nas mãos da Justiça sobre os homens. De fato, o *devir-a-ser* 'interminável' já é um conflito *per se* para a mente humana; esse movimento inexorável só encontra o conforto natural na manutenção da ordem proporcionada pela lei. Neste sentido, a instauração da lei é, outrossim, um escape psíquico dos homens à insuportabilidade de viverem no movimento indefinível para as coisas intermináveis, sentido como o 'caos' infinito (*Alecto*). Neste 'vácuo' a lei impera, nesta 'lacuna' o Direito fortifica o empoderamento.

Obviamente que esta interpretação adere aos cânones de um Direito da estática acima do dinamismo, de ordem acima do progresso, do ordenamento jurídico acima da intersubjetividade social, do dogmatismo acima da hermenêutica, da lei acima da jurisprudência etc. O pensamento de Heráclito, a descoberta do movimento e da complementação dos opostos que se autorregulam, não precisa, necessariamente, levar a conclusões herméticas e ações exacerbadamente excessivas do ponto de vista do poder e da justiça.

1. Na obra Orestéia de Ésquilo, Orestes, após ter cometido matricídio por vingança (a mãe, Clitemnestra, tinha assassinado o marido, pai de Orestes), é levado a julgamento em Atenas e acaba, por interferência de Apolo e Palas Atena, inimputável, não existindo pena. Neste momento, Ésquilo nos diz que as Erínias se transformam em Eumênides (nome da terceira parte da trilogia Orestéia). Neste pormenor, percebe-se que o poeta em sua peça de teatro 'humaniza' a sentença e a justiça, pois as Erínias derrotadas no julgamento acabam se transformando em Eumênides (benevolentes). Revolução antropocêntrica aliada a uma humanização da justiça, pois mesmo tendo cometido o homicídio, as circunstâncias humanas dos fatos podem, no devido processo legal, suscitar a absolvição, apesar das leis e da exigência da ordem.

Os períodos seguintes, durante o período clássico greco-romano, do século V a.C. ao século II de nossa Era, de fato, não foi assim que a Filosofia emprestou ao Direito e à governabilidade dos povos sua revolução humana, muito pelo contrário. A lei será defendida e respeitada pelos povos das cidades-estados gregas tão fortemente que é citado de Heráclito que "É preciso que lute o povo pela lei, tal como pelas muralhas". Esta certeza, pela qual Sócrates morreu, no entanto, não é a lei despótica e autoritária das classes aristocráticas e sacerdotais da época, como não o é das elites e do Estado moderno, mas da democracia popular da Atenas de Sólon e Péricles de outrora, da utopia da 'vontade geral' de Rousseau, da desobediência civil em termos de Locke e modernamente de Rawls, de Thoreau, de Tolstoi e de Ghandi.

a) Tales de Mileto:
- Ativo homem público, possível geômetra;
- Imãs possuem alma, são dotados de vida; tentativa de provar que tudo tem vida;
- Tudo está pleno de Deuses;
- Terra flutua em um vasto colchão de água;
- Tudo se origina da água ou formado da água, portanto seu *arké* consiste na água;
- Sua filosofia era passada através do discurso oral.

b) Anaximandro de Mileto:
- *physios* consumado, sendo o *arké* (o princípio e as características materiais) infinito em extensão e indefinido em característica: os elementos gerados transgridem os limites uns dos outros e devem, no curso do tempo, reparar essas transgreções (injustiças) que praticaram. Portanto, o mundo é governado por uma lei, onde a motricidade assemelha-se às transgressões alternantes do verão e inverno, do quente e seco e frio e úmido;
- Registro de fenômenos naturais;
- Na biologia as origens da humanidade;
- Astronomia: descrição do sistema celeste com terra fixa, desprovida de sustentação, no meio do universo (equidistante de cada parte do céu que a circunda).

c) Anaxímenes de Mileto:
- Pálido reflexo de Anaxímandro;

- Detalhado estudo da natureza, correção em determinados pontos a Anaximandro;
- Propõe *cosmogonia* (o cosmos regido por forças vitais), em oposição à tradicional *teogonia* (o cosmos regido pelos deuses);
- *Arché* infinita mas não indeterminada, sendo o ar infinito, que por um par de operações (rarefação e condensação) geravam do ar primordial as outras coisas.

d) Heráclito de Éfeso

Um dos maiores expoentes pré-socráticos, floresceu por volta de 500 a.C. Pela dificuldade de seus escritos é conhecido por "O Obscuro" ou "O Enigmático". Conta-se que Sócrates em conversa com Eurípides acerca da obra de Heráclito diz que apesar de esplêndido no que se compreende, para todo o resto seria necessário um mergulhador endeusado para conseguir-lhe alcançar as profundezas. (Diógenes Laércio, Vidas dos Filósofos II, 22). Aristóteles demonstra que a dificuldade encontra-se já na pontuação dos escritos, quando não se consegue inferir com exatidão a relação entre os termos de determinada sentença. (Aristóteles, Retórica, 1407b14-18).

- Reputação de obscuro, nem toda a obra se mostra inovadora ou enigmática;
- A*rké* sendo fogo;
- Estudo da natureza e do mundo natural com uma nova astronomia baseada nas exalações do fogo, apesar de seguir o modelo milésio, enfatizando o universo natural regido por leis;
- Lado pitagórico: interesse pela alma (com existência após a morte) e pela psicologia humana abordando conceitos morais e políticos;
- Crítica à religião tradicional com deus mais científico, identificado com o fogo cósmico;
- Quanto à possibilidade de conhecimento referente à natureza das coisas diz ser difícil, maldizendo seus antecessores de arrogantes e mal orientados e seus contemporâneos de ignorantes e tolos, acreditando ter alcançado a verdade, sendo o livro da natureza inteligível desde que usando-se adequadamente os sentidos e o entendimento;
- Cosmologia: o mundo sempre existira não havendo, portanto, origem cosmológica;
- Tudo flui: o mundo e seus componentes apresentam-se num estado de incessante fluir, dependendo as coisas disso para sua continuidade e identidade (um rio que deixa de fluir deixa de ser rio; mas o fluir

não é, logo, o rio não existe como algo permanente e estático; o rio não existe);

- Unidade dos opostos: o caminho que leva para o alto é o mesmo que leva para baixo, sendo as coisas existentes caracterizadas por pares de propriedades opostas, com conflito da coexistência essencial para manutenção ('ser e não ser, eis a questão'; mas a questão aqui não é escolher um lado, mas saber que são dois lados de um só; isto que caracteriza a oposição dos contrários/opostos);
- Verdade fundamental da natureza: o mundo é uma eterna e sempre mutável transformação do fogo, com todos os seus diferentes conteúdos unidos e mantidos em conjunto por uma dinâmica tensão de opostos;
- Considerado o Pai da "Dialética" (em termos numéricos, 2+3=5; 2x3=6; observe-se que a oposição 'x' entre os mesmos elementos, representada pelo 'x', resulta em algo maior do que a simples soma '+' se considerados os mesmos elementos (díades); daí que Heráclito nega a harmonia pitagórica e uma simetria ou proporcionalidade perfeita; o resultado não é igual a nenhuma das partes e tampouco à sua somatória).

Figura 1.1 *Heráclito de Êfeso.* Fonte: Wikipédia

1.3.2. Escola Pitagórica: lógica numérica, dualidade e justiça

Mistura a Filosofia com o místico na cidade-estado de Crotona. Foco na aritmética e geometria, o pensamento pitagórico entende o universo através da proporcionalidade e simetria dos números. Praticamente todas as coisas obedecem a uma lógica numérica dualista; neste sentido, os números refletem a igualdade e a inserção dos elementos (*díades*) em uma equação resulta em harmonia (2+2=4; 2x2=4). A justiça (*diké*) também exige que os elementos busquem a sua igualdade, a simetria e a complementação que existe entre eles. Neste sentido, enquanto Heráclito vê na Justiça a arte de harmonizar os contrários e sua desigualdade latente, Pitágoras vê a Justiça como decorrência natural da observância da harmonia e igualdade existentes na natureza.

Mais tarde Aristóteles irá desenvolver a mesma ideia de proporcionalidade com relação à justiça (*Ética a Nicômaco*), criando o conceito de Justiça Distributiva. Por este conceito, cada cidadão deve contribuir com a *pólis* (cidade) de acordo com a sua capacidade; deveres e obrigações são proporcionais às possibilidades de cada um conforme estabelecido na lei. Aqui deve-se ter o cuidado de não interpretar que a justiça distributiva 'oferecerá a cada um conforme sua contribuição'. Não se trata de direitos, mas de deveres – a cidadania no tempo antigo grego não é definida pelo que o cidadão tem direito, mas o que ele deve contribuir para o bem de todos. É fácil perceber que se cada um receber conforme o que contribui, os mais pobres e humildes estarão condenados sempre a permanecerem com esse *status* de inferioridade e desigualdade, pois sempre receberão menos do que os outros (tese defendida pelos Utilitaristas ingleses no Renascimento, como David Hume).

Percebe-se como o pensamento pitagórico leva a considerações de justiça completamente diferentes da dialética de Heráclito. No caso de Pitágoras a justiça obedece à harmonia que já está presente na natureza, e o homem como ser natural pode entender essa harmonia e a reproduzir para apaziguar os conflitos. Aqui o conflito é o problema a ser resolvido pela proporcionalidade e simetria presente em todas as coisas. O homem deve capturar isso e aplicar à sua governabilidade.

Por outro lado, a dialética que opõe díades em contraditório, não vê o conflito como antinatural, pelo contrário, é desse conflito que nasce a possibilidade do movimento qualitativo da vida de todas as coisas. Logo, a justiça se faz como oposição à injustiça, devendo o homem negociar, compor, mediar e conciliar os opostos de forma que o resultado final seja equilibrado e razoável para todos. Este parece ser afinal o verdadeiro fundamento do Direito, antes de tudo, harmonizar o que é naturalmente diferente e oposto.

Desta forma deve-se ver no pensamento de Aristóteles, com relação aos tipos de Justo e Justiça que o mesmo desenvolve na Ética a Nicômaco, a tentativa de pacificar os interesses contrários (p.ex., das classes sociais e econômicas atenienses) e as posições políticas dentro do cenário da cidade-estado Atenas. Aristóteles, sem dúvida herdou o conhecimento pitagórico, mas mais do que seu mestre, Platão, se distanciou dele quando percebe que a paz depende da composição dos opostos e não da profusão de uma simetria inexistente na natureza e menos ainda nos interesses práticos dos homens. Daí a intenção de Aristóteles de conclamar todos os cidadãos a exercitarem a *práxis*, a ação política como forma de promover a felicidade pessoal e o bem de todos.

Por exemplo, no Direito do Trabalho o procedimento é Uno, na qual em uma única audiência a lide deverá ser conhecida, instrumentalizada e julgada. Esta norma processual demonstra que existe de fato uma hipossuficiência entre partes – empregador e empregado –, mas, destarte esta condição, procura-se inicialmente a conciliação garantida a paridade de armas. Veja-se: a harmonia pitagórica está no procedimento e no resultado conciliatório, o que nos leva a crer, por vezes, que os elementos envolvidos, as partes, são harmoniosas entre si, o que obviamente não bate com a realidade. O fato do procedimento no Direito do Trabalho ser conciliatório não significa que exista uma suficiência entre os antagonistas na lide. Portanto, os opostos existem – empregado e empregador –, e existem em condições nem sempre favoráveis a uma das partes, daí que não se deve confundir o observável na natureza das coisas com a dinâmica e movimento de oposição que as mesmas contêm.

Neste caso a presença do juiz é o elemento que vai proporcionar o equilíbrio dentro da lide de forma a alcançar o resultado justo. Isto não quer dizer que o próprio juiz também não esteja em oposto às partes, mas que pelos princípios de proporcionalidade, equidade e razoabilidade, entre outros, haverá de ser capaz de conciliar as partes diante dos fatos e circunstâncias fáticas. Mas esta conciliação, em si mesma, não implica, necessariamente em harmonia, haja vista que a resolução do conflito pode não harmonizar as partes entre si (esta visão sobre a resolução dos conflitos está presente na escola chamada de Nova Retórica, em autores como Viehweg e Perelman, escola da segunda metade do século XX).

a) Pitágoras de Samos:

Sua escola de pensamento perdurou por mais de um milênio, e diversas obras dos últimos pitagóricos chegaram a nossas mãos.

Nem o próprio Pitágoras, nem seus primeiros seguidores nos deixaram escritos. No século IV a.C. ouve estreita vinculação entre as histórias do pitagorismo e do platonismo, de forma que na primeira encontramos muitos elementos da segunda. Portanto, é difícil descobrirmos os pensamentos do Pitágoras original.

Muitas lendas são ditas a seu respeito, contudo possuímos algumas informações a seu respeito. Nasceu na ilha de Samos por volta de 570 a.C. Trinta anos mais tarde deixa a ilha (então governada pelo tirano Polícrates) emigrando para Crotona (sul da Itália), onde promove hostilidade entre os cidadãos envolvidos na vida política acabando por estabelecer-se em Metaponto, cidade vizinha, até a morte.

Apesar de alguns fragmentos que se atribuem e referem-se a ele, as evidências substanciais sobre o pitagorismo do século V a.C. advém de Hípaso de Metaponto e Filolau de Crotona. É citado por Xenófanes, Heráclito, Íon de Quios e Empédocles (talvez).

Acerca das reencarnações, Xenófanes repassa uma história na qual Pitágoras ao passar por um cão sendo maltratado se apiedou dele dizendo que não lhe batessem, pois a alma reconhecida ao ouvir-lhe a voz era a de um homem amigo. (Diógenes Laércio, Vidas dos Filósofos VIII, 36);

Heráclito desdenha de Pitágoras maldizendo sua inteligência ao alegar que a erudição não ensina a ser inteligente, pois a sapiência consiste em entender a razão que governa todo o mundo em toda parte. (Ibid. IX, 1). Mantendo sua crítica, argumenta que Pitágoras superou todos os homens no exercício da pesquisa, fazendo para si uma seleção dos escritos dos quais derivou sua sabedoria, mostrando muita erudição, mas má elaboração (Ibid. VIII, 6).

Acerca de seu misticismo, Íon de Quios diz que o próprio Pitágoras atribui algumas de suas obras a Orfeus; (Ibid. VIII, 8). Aristóteles também incrementa o terreno místico ao relatar que Pitágoras sofre influência dos milagres de Ferécides, prevendo cadáveres em naus que chegavam ao porto, o aparecimento da ursa branca, retrucando uma ferroada de víbora sendo que ela morre ao invés dele, aparecendo em duas cidades diferentes ao mesmo tempo, e até mesmo tendo uma de suas coxas sendo forjada a ouro. (Apolônio, Histórias Maravilhosas, 6). Heráclides relata, também, que Pitágoras contava que sua história se inicia como filho de Hermes, que lhe permitiu um desejo, o qual escolheu ter memória eterna, de forma que consegue descrever momentos históricos relacionados às suas gerações anteriores (Diógenes Laércio, Vidas dos Filósofos VIII, 4-5).

Dos sacrifícios e influência egípcia: Isócrates relata Pitágoras como o primeiro a trazer filosofia à Grécia, com manifesta influência e interesse em sacrifícios e purificações rituais, principalmente para elevar sua reputação, de modo que os jovens lhe queriam ser discípulos, e seus pais se felicitavam por isso. Seus discípulos pareciam ter maior admiração pelo seu silêncio do que tinham os de alta oratória (Isócrates, Busíris, 28-29).

Acerca de seu conhecimento, Íon de Quios eleva Pitágoras ao declamar, na mesma sentença, o mérito e modéstia viris que imortalizavam a alma de Ferécides, e a sabedoria superior que vê e conhece as mentes, de Pitágoras. (Ibid. I, 120). Empédocles também testemunha a favor ao descrevê-lo como homem de extraordinário saber, de máxima inteligência, versado em toda espécie de obra sábia, e quando reunia as forças de seu pensamento enxergava cada uma de todas as coisas em dez ou vinte gerações humanas (Porfírio, Vida de Pitágoras, 30).

Sobre as categorias de seu ensinamento, matemático-metafísica e a moral, Calímaco diz ser Pitágoras o primeiro a traçar triângulos e polígonos, a bisseccionar o círculo e a ensinar aos homens a abstinência das coisas vivas. (Iambos, frag. 191.60-62, Pfeiffer).

Xenófanes apresenta maiores informações acerca de seus ensinamentos. Diz ser conhecido de todos que apregoava uma alma imortal, que se transfigura em outras espécies de animais, havendo períodos em que aquilo que já aconteceu torna a acontecer novamente, não havendo, pois, coisa alguma inteiramente nova nem espécies vivas diversas, mas sim uma única (Porfírio, Vida de Pitágoras, 19).

Segundo Heródoto, os egípcios foram os primeiros a enunciar a ideia de alma imortal, que à morte do corpo se instala em outro animal que esteja nascendo, ciclo que dura três mil anos. Acusa aqueles que tomam como sua autoria tal conceito (Heródoto, Histórias II, 123):

- Interesse não na natureza, mas na alma, sendo ela imortal e passando por sequência de encarnações em diferentes criaturas que são fundamentalmente a mesma em espécie, pois são hospedeiras das mesmas almas influenciando em recomendações dietéticas (metempsicose);
- Metempsicose e história do mundo infinito e imutável, portanto, repetição das coisas em ciclos de eterna recorrência;

- Importância política: discípulos com vida pitagórica, em espécie de sociedade secreta;
- Ceticismo acadêmico quanto às descobertas matemáticas e musicais.

b) Filolau de Cróton:

- Pouco podemos conhecer acerca do mundo; formado por coisas ilimitadas e limitadores (matéria e forma) cuja harmonização não é conhecida;
- O mundo quando gerado é determinado por números, sendo descritivo em termos quantitativos; estrutura da ciência natural;
- Natureza das enfermidades, teoria da contraterra (outro planeta equilibrando a terra e elevando os corpos celestes à dez – número perfeito);

c) Alcmeão de Crotona:

- Vinculado ao círculo pitagórico;
- Alma imortal, mas com nova argumentação ('Eterno Retorno' de Nietzsche?!);
- Médico, interesse pela natureza (principalmente humana – estrutura e funcionamento dos órgãos dos sentidos);
- Coisas no âmbito da vida humana devem ser explicadas em termos de pares de opostos: quente e frio, claro e escuro, úmido e seco.

Figura 1.2 *Pitágoras de Samos.* Fonte: Wikipédia

1.3.3. Escola Eleata: ontologia e justiça

Esta escola é a primeira a formular a ideia de um deus único, que não tem semelhança com os homens (ideia que será explorada pelos materialistas como Epicuro). No entanto, este deus único, se não se assemelha aos homens, lhes dá uma essência, e é esta essência que torna os homens ontologicamente unos. Como seres ônticos, os homens possuem três características emprestadas desse deus: necessidade, destino e justiça.

A crítica que Parmênides faz a Heráclito vem do fato que a fluidez que aparece nas coisas é apenas a capacidade que os sentidos humanos têm de capturar a realidade, pois, ontologicamente, em sua essência todos os seres são unos e imutáveis em características, no caso do homem, com necessidade, destino e justiça. Esta tríade, em certo sentido, pode ser comparada à concepção tripartide de Platão, quando o mesmo irá propor um espírito dividido em três partes: Razão ou logística, paixão ou irascível e vícios ou apetecível. Se considerarmos a justiça como a razão, esta haverá de conseguir equilibrar o destino ou paixões com as necessidades ou vícios.

Neste sentido, a dialética eleática estaria circunscrita na força e na potencialidade destas três características ônticas, portanto, a justiça, como categoria fundamental do ser, precisa se fazer presente e ocupar o espaço que lhe é natural em complementação às necessidades e ao destino humano. Ou seja, necessidades humanas e o destino constituinte do ser tendem a desviar os homens para situações e ações propícias a injustiça. Mas, como a justiça também é ontológica ao ser, sempre haverá possibilidade dos homens encontrarem dentro de si mesmos a intuição do que é justo e de como devem proceder para executar a justiça (esta mesma ideia é semelhante à da ética ontológica de Kant).

Aqui a justiça depende menos das leis e dos tribunais dos homens do que a descoberta do justo como essência do espírito humano. Nenhum tribunal, por melhor que sejam as leis, poderá fazer justiça se os próprios homens não tiverem despertado para o seu próprio ser ontológico que é também justo (panidealismo ontológico).

Por exemplo, é sintomático quando se vê o governante e o Estado fixar em via pública a frase "Quem invade a faixa passa por cima da lei", quando, na verdade, o motorista não deve parar em cima da faixa de pedestre não por conta da lei, mas por conta da sua educação coletiva, respeitando as necessidades e os direitos de seu patrício. Talvez esta seja a maior contribuição da Escola Eleata, quer dizer, a lei só deve ser usada quando a necessidade ou destino humanos de fato exigem justiça, mas a justiça, como propriedade ontológica do Ser deve permear em todos os momentos as condutas humanas (posteriormente Aristóteles incentivará tanto à educação para a cidadania participativa que nos deixou o fundamento de uma Educação Sentimental[2]).

a) Xenófanes de Colofon:

- Poeta, conhecimento sobre Pitágoras, e demais predecessores;
- Inquirições sobre a natureza, mas não especulando com a abrangência dos milésios;
- Possivelmente sua *arké* fosse a terra;
- Pretensões da nova ciência dos físicos, levou a refletir sobre os limites do conhecimento humano, adquirindo posições céticas e gradualistas segundo as quais apesar da dificuldade da obtenção do conhecimento, este não seria inacessível mediante todo e qualquer esforço;
- Teologia natural: crítica aos deuses imorais de Homero e dos poetas, considerando as crenças religiosas tradicionais infundadas e tolas, propondo uma teologia racional com deus único, moral, imóvel, todo sapiente e poderoso, não antropomórfico, mas força abstrata e impessoal (panteão olímpico infundado), mas aclimatado ao novo mundo dos filósofos jônios.

b) Parmênides de Eléia:

- Caminho da Opinião passa pela compreensão extensa sobre a natureza;
- Discorre sobre biologia e astronomia (Terra esférica, estrela vespertina e matutina como sendo a mesma (Vênus);
- Confessava a si mesmo falso e enganoso;
- Caminho da Verdade é estranho e árido território;
- Alvos de investigação:

2. Educação Sentimental refere-se a tudo que diz respeito aos relacionamentos humanos intersubjetivos, que dependem de escolhas e opções personalíssimas, um sentir respeitoso e democrático com a diferença do outro e, ao mesmo tempo, ao compartilhamento do espaço público comum.

- » acerca daquilo que existe possui uma concepção metafísica: tudo o que existe deve possuir um determinado corpo de propriedades, não podendo ser gerado, mas sempre ter existido e ser imperecível (pois, do contrário, passaria a não existir em algum momento, fato inaceitável), ser contínuo (portanto sem hiatos espaciais ou temporais), ser inteiramente imutável (não podendo alterar-se, desenvolver-se ou diminuir) e ser delimitado ou finito (como uma esfera).
- » acerca daquilo que não existe adquire uma concepção ilegítima pois não se pode pensar sobre e, portanto, não há investigação (pode-se investigar o que determina o existir ou o não existir, contudo não o que não existe propriamente dito); deve-se incluir o não existente em existência para poder se observar e investigar (campo de observação aristotélica).

- A razão (capacidade lógica de dedução inelutável) demonstra que a realidade, aquilo que existe, deve necessariamente ser assim; se a percepção sensorial indica um mundo de qualidade diferente, tanto pior à percepção sensorial; a razão prevalece sobre a percepção – os sentidos enganam.

c) Zenão de Eléia:

- Sem filosofia sistemática;
- Argumentos para uma pluralidade paradoxal: admitindo a existência de mais de uma coisa caímos na contradição, pois deveriam ser ao mesmo tempo grandes e pequenas, em número limitado e ilimitado, portanto se anulam;
- Impossibilidade do movimento;
- Argumentos jocosos mas com envolvimento de conceitos, como o da infinitude;
- Monismo eleático no qual não existe mais de uma coisa;
- Possível niilismo intelectual.

d) Melisso de Samos

- Reescreveu o sistema parmenideano em prosa;
- Novos argumentos às posições de Parmênides: a existência de um vazio não era logicamente possível, sendo o mundo repleto (ou um *plenum*), sendo o movimento através dele impossível;

- Tudo quanto existe estende-se indefinidamente (e infinitamente) em todas as direções, o que acarreta na existência de apenas uma coisa;
- Ilusória a percepção dos sentidos, sendo o mundo diferente do que percebemos.

Figura 1.3 *Parmênides de Eléia.* Fonte: Wikipédia

1.3.4. Escola da Pluralidade: atomismo e justiça

Pertencendo à terceira fase dos pré-socráticos, a escola pluralista ou atomista, situa-se na transição para a definitiva concepção antropocêntrica do homem grego, distanciando-se do mítico religioso para se dedicar ao social e político. Neste movimento, os filósofos desta escola se opõem ao dualismo aritmético pitagórico, à concepção de unidade ontológica de Parmênides e aprofundam a dialética do fluir de Hipócrito.

Uma concepção como de Demócrito e Anaxágoras, remete a existência de todas as coisas a um conjunto de pequenos elementos, átomos, que em permanente movimento, opõem forças e energias capazes de criar a estabilidade. Por isso, aquela ontologia eleática, fica, neste caso, caracterizada apenas por substâncias e forças físicas (*physis*) que formam todas as coisas e todos os seres. A diferença da dialética atomista para a dialética do fluir de Heráclito, prende-se ao fato que a oposição dos contrários se dá profundamente na essência atômica de todas as coisas, enquanto Heráclito referia-se mais ao fluir e ao movimento captado de imediato pelos sentidos humanos, coisa que não é possível quando se trata de capturar o movimento das forças e das díades existentes na essência das coisas.

Demócrito, como um dos maiores expoentes desta fase e do pensamento atomista, é contemporâneo dos sofistas do século V a.C., o que de certa forma explica o problema de fundo colocado pelo sofista, qual seja, onde buscar a unidade e a harmonia das leis e das regras gerais e morais da sociedade, uma vez que na essência tudo se compõe de elementos e forças em permanente movimento. Neste sentido, Protágoras (sofista) afirmava "o homem é a medida de todas as coisas, das que são porque são e das que não são porque não são". Na verdade, esta afirmação, perfeitamente pertinente à moderna física quântica, está a dizer que são os homens com sua racionalidade e percepção que definem as coisas como elas acabam sendo, na justa medida dos seus interesses e particularidades experimentadas. É desta forma que os sofistas apregoavam a justiça relativa e as leis "arbitrárias".

Demócrito percebendo então o relativismo inerente à sua própria descoberta de forças e energias impossíveis de serem unificadas (colapsadas), a não ser pela necessidade e inteligência humana, haveria de procurar uma resposta para a justiça que não derivasse da essência das coisas, mas do espírito humano, a saber, o sentido de justo, belo e prazeroso, cuja finalidade é alcançar a felicidade. Por isso, a justiça aqui é absolutamente subjetiva e depende da superioridade do homem sábio – da sua sabedoria ante a vulgaridade e ignorância –, capaz de dar à lei a hierarquia e o senso de justiça capaz de fazer os homens obedecerem. Daí que "quem comete injustiça é mais infeliz daquele que sofre a injustiça", porque o sentimento do justo e do correto emana mais da intuição do prazer e da felicidade que tais comportamentos provocam, do que o medo da aplicabilidade da lei. Se os homens se comportarem corretamente e forem justos apenas por obediência à lei, estariam sujeitos a uma contradição, haja vista que estariam transpondo aquilo que lhes é de direito para uma entidade externa, o Direito, o que na verdade se transforma em submissão e escravidão. É por isso que diante da lei posta, do tribunal, da justiça do soberano (Estado), é necessário resistência e coragem, que só podem vir da sabedoria que a Filosofia proporciona. O homem mais execrável não é o que comete a injustiça ou erro, mas aquele que previamente imaginou este ato abominável à sua própria retidão e à sua própria sabedoria. Um ato considerado incorreto e injusto poder ser cometido sem vontade, certeza e instigação peremptória do mal, mas, neste sentido, aquele que antecipadamente assim o pensou, mesmo não o tendo executado, já é considerado pelo filósofo, como repudiável de fato.

Assim Sócrates no mesmo período o apregoava e assim Aristóteles, depois de Platão, o reafirmava, considerando como pior inimigo, o pior malfeitor, não aquele que não sabendo, e não tendo liberdade comete o delito, mas aquele que tendo liberdade e instrução derivou a sua escolha para benefício próprio às custas da justiça necessária ao bom desenvolvimento de todos os cidadãos na pólis. Este pensamento vai no sentido do igual princípio do Direito moderno quando coloca como qualificadora a elaboração sofisticada na preparação do crime, havendo consumação do mesmo.

Contudo, diferentemente do Direito Penal moderno brasileiro, na Teoria do Crime, com relação às fases do *Iter Criminis* (cognição – preparação – execução e consumação), na fase de cognição o agente não é responsabilizado. Aqui se verifica como esta teoria é diametralmente oposta ao pensamento da última fase pré-socrática, e ao pensamento socrático, onde a cognição e preparação são tão repudiadas quanto a ação delituosa em si.

a) Demócrito de Abdera: atomista

- Aquilo que inexiste não é menos real do que aquilo que existe; apesar de não poder ser objeto de consideração pela mente, é vácuo ou espaço vazio; o existente são corpos que ocupam espaço e que se movem por esse vazio; o vácuo é infinito em extensão e os corpos infinitos em número; os corpos são necessariamente atômicos ou indivisíveis; seria paradoxo supor que os corpos pudessem ser divididos *ad infinitum;* os átomos são muito pequenos, sólidos e providos de qualidades primárias (tamanho, forma e ductilidade (solidez)), mas desprovidos de qualidades secundárias (cor, gosto, odor); são eternos e imutáveis; se movem constantemente e por toda a eternidade; os corpos compostos são criados quando do choque casual entre átomos em movimentação, ao longo de espaço e tempo infinitos, o mundo origina-se;
- Antropologia: a história e a descrição da raça humana enquanto objeto sociocultural, origem da religião e natureza da linguagem;

- As qualidades secundárias são ilusórias pois o vácuo e o átomo não têm cor, portanto a cor é ilusória e o mundo é muito diferente do que nossos sentidos enganosos nos mostram; assim, temos uma contradição, pois que sem os sentidos, como dizer o que quer que seja sobre a estrutura da realidade?;
- O objetivo da vida é o contentamento, ou a imperturbabilidade, o que não equivale necessariamente à satisfação e ao prazer, pois que seus prazeres são áridos e severos, de natureza mental mais do que física, longe de defender uma vida despreocupada.

b) Empédocles de Agrigento:

- Promete o conhecimento e seus estranhos poderes;
- Os sentidos, se corretamente empregados, constituíam rotas para o conhecimento;
- Como Parmênides, nada podia realmente passar a existir ou perecer;
- Como Melisso, impossível a existência de vazios, sendo o universo pleno de substância eterna;
- O movimento e a mudança eram possíveis, pois as substâncias podiam mover-se e misturar-se entre si;
- Quatro elementos básicos do universo; terra, ar, água e fogo;
- Duas forças opostas: amor (elementos se reúnem em unidade, esfera homogênea) e discórdia (rompimento da esfera, afastamento dos elementos, articulando o mundo), atração ou repulsão, que recebiam ajuda das forças naturais dos próprios elementos ou manifestavam-se nelas, governando sem intenção ou providência pelo acaso ou necessidade;
- Desenvolvimento do universo cíclico, eterno e imutável;
- Poema *Sobre a Natureza*: descrições da estrutura ocular e mecanismo da respiração, noção genérica e unificadora;
- Todas as coisas liberam emanações através de canais ou poros: adaptação das emanações ao poro de um tipo particular é responsável pelas reações físico-químicas, pelos fenômenos biológicos e psicológicos como percepção, magnetismo ou esterilidade das mulas;
- Obra *Purificações* – história da Queda: vida de bem aventurança dos espíritos após um erro (provavelmente derramamento de sangue) torna-se uma sequência de encarnações mortais como punição;

animais e determinadas plantas também se adequam à punição, contudo a acme do ciclo encarnatório seria o humano que poderia se tornar um vidente e um deus; sendo animais e algumas plantas nossos semelhantes, seria canibalismo ingeri-los, portanto devem ser insistentemente evitados; vida penosa mas futuro luminoso podendo-se aspirar ao convívio com os deuses;

- Tido como pitagórico; estes cindiram em dois grupos:
- Aforistas: exercem pouco apelo à atenção, acreditando que a sabedoria seria apreendida em máximas, portanto ausentes de investigação ou racionalização, sendo na maioria de cunho religioso ou ritualístico (dietas, sacrifícios, sepultamentos), no geral extravagantes e ingênuos;
- Cientistas: importância científica, filosofia matemática, mundo composto por números ou seus princípios, ciência como matemática aplicada, bom senso e contrassenso em mesma proporção;

c) Anaxágoras de Clazomena:

- Impossibilidade da geração e da dissolução;
- Possibilidade do movimento e da transformação;
- Fidedignidade dos sentidos quando empregados adequadamente;
- Toda substância ou matéria era eterna, sem teorias envolvendo matérias básicas ou elementos, como nada pode vir do nada, tudo sempre existiu; todas as coisas reunidas em um ilimitado turbilhão gasoso foram se separando e originando matérias e qualidades;
- Força cosmogônica original era a mente, embora diferenciada de todo o resto, tudo permeava e lhe era responsável; o universo obedecia ao plano de engenhoso arquiteto;
- Nenhum elemento é inteiramente segregado não havendo matéria pura, cada matéria possui um pouco de todas as outras, e a matéria é classificada pelo elemento predominante;
- Não existe uma parcela mínima de matéria, sempre existira uma divisão menor da matéria, pois que na mínima quantidade imaginável de determinada matéria ainda existirá uma parcela de outra matéria que por definição contém uma parcela dessa mesma matéria em sua constituição (uma fração de ouro terá uma parcela de sangue que por sua vez deverá conter algo de ouro, portanto chega-se à infinitude da divisão);

- De forma não explícita: demanda que as matérias sejam misturadas de forma completa, ligadas como numa combinação química ao invés de uma justaposição física (como diversas sementes em um maço).

d) Diógenes de Apolônia: eclético, monista

- Ar como *arché*, com conceitos de condensação e rarefação; a menos que todas as coisas fossem fundamentalmente a mesma, as mudanças que observamos no mundo não poderiam processar-se;
- Mente cosmogônica mas identificada com o ar eterno e todo-sapiente, força que controla e rege todo o universo; mundo obedecia a um plano eficaz;
- Detalhada descrição dos vasos sanguíneos do corpo humano; tentativa de descrever, com detalhes científicos, a estrutura e a organização do mundo físico.

Figura 1.4 *Demócrito de Abdera.* Fonte: Portal Café Brasil

FICHÁRIO: Pré-socráticos; antes do século V a.C – período arcaico; Mileto, Éfeso, Colofão, Eléia, Samos, Crotona, Tarento, Abdera, Agrigento, Clazômenas – Ilhas Gregas; Corrente Filosófica: Idealismo, Materialismo e Dialética; Escolas: Jônica, Pitagórica, Eleata e Atomista; Obras: *Sobre a Natureza – Heráclito; Discussões sobre a Natureza – Parmênides; Pequena Ordem do Mundo – Demócrito;* Palavras-chave: Razão, Argumentação, Natureza, Cosmos.

Uma das mais importantes contribuições dos Pré-socráticos para o Direito, é a introdução, no plano da atividade humana, antropocêntrica, da Interpretação e Argumentação, que compõem o núcleo da Hermenêutica Jurídica. O que era divino, a interpretação da vontade e das sentenças precisava ser entendido e comunicado aos homens por Hermes (Hermes->Hermenêutica). Ao pensarem racionalmente (*logos*) sobre a existência humana e sobre a natureza (*physis*) que ambienta o homem, os pré-socráticos iniciam o processo de afastamento mítico-religioso e o início do pensamento humano em bases 'científicas' e 'experimentais'. Esta inserção, esta relação do homem com a natureza e os fenômenos que o rodeiam, vai precisar, ao mesmo tempo, uma interpretação e uma explicação igualmente humana. Daí que a interpretação mítica dá lugar a uma interpretação secular, a racionalidade toma o lugar à explicação divina, e a definição mitológica dá lugar à argumentação fundamentada (*logike*). Os pensadores Pré-socráticos, não só iniciaram o processo racional na busca de provas empíricas – como no caso do inquérito judicial –, como, ao fazê-lo, inauguraram uma relação interpretação-argumentação que se tornará secular não apenas para as ciências de forma geral, como para o Direito, enquanto Sistema Lógico Interpretativo-Argumentativo. Por exemplo, a ideia de 'injustiça' e sua reparação, pela interferência de um elemento sobre o espaço do outro, está presente em Anaximandro.

Nos pré-socráticos a mitologia e a religião não exercem no nível do pensamento uma uniformidade de conceitos e divisões do cosmos. Neste sentido, houve a possibilidade de cada escola desenvolver ideias completamente divergentes quanto à compreensão do Universo e do homem, destruindo a ideia mais comum de que as sociedades envolvidas com religião e com os mitos levam os homens a uma mesma ordem e a uma mesma compreensão dogmática de sua condição e de sua existência diante da natureza. Na verdade, se temos essa ideia, da religião se sobrepondo universal e monocraticamente ao livre-arbítrio e ao poder antropocêntrico, se deve ao arbítrio, ao autoritarismo e a fantástica máquina de poder que a igreja e que o cristianismo exerceram no ocidente a partir da idade média. Em alguns casos a humanidade ainda experimenta esta realidade de um poder divino das instituições religiosas sobre o livre pensamento e escolha humana, o que reforça intelectualmente a ideia de que onde prevalece a religiosidade em instituições de poder, que estas práticas sobre-humanas levam sempre à construção de uma filosofia humana homogeneizadora – veja-se os fanatismos que ainda em pleno século XXI são realidade entre nós. Os pré-socráticos, ao contrário, são os artífices de um Direito que se pretende laico e cidadão.

A diferença entre *Physis* e *Techne* – Natureza e Coisa Projetada – dará origem posteriormente ao Direito Natural e ao Direito Posto aristotélico e resgatado no final da Idade Média por Sto. Tomás. A diferença entre estas duas categorias do Direito ainda permanece em nossos dias, por exemplo, quando as constituições dos Estados modernos tentam garantir princípios de 'dignidade humana' (Art. 1, Inc. III da CF/88).

A ideia de *Kósmos*, de *Arché* e de *Logos* vão integrar os fundamentos da Filosofia antropocêntrica: a razão, a lógica na procura da origem das coisas, quando aplicadas ao jurídico, dão substância ao Direito Material e aos mecanismos formais do ordenamento jurídico enquanto sistema lógico formal.

Por outro lado, essa diferenciação entre homem racional e cosmos natural, em algum momento haveria de promover a consciência ecológica, isto é, a volta à origem, à terra, à natureza, como na Escola Epicuriana (Epicuro) e Estóica (Cícero) dos séculos III e II a.C., onde o homem virtuoso é aquele capaz de fazer justiça a partir dessa compreensão de sua finitude e ínfima substância diante do Universo.

Entre a Origem e a Ordem os pensadores pré-socráticos descobriram a dificuldade humana de estabelecer uma única resposta, uma verdade, uma linearidade no Universo, e rapidamente perceberam o dinamismo de todas as coisas, o movimento, a oposição, a reciclagem e a reconstrução por anteposições e complementações. Assim, a busca da ordem remetia no período arcaico grego, muito mais à distinção das diferenças e oposições do que à imutabilidade e perenidade das leis do cosmos, e se essa ideia originária se perde de forma significativa na Filosofia ocidental, se deve às circunstâncias humanas da vida social, implicando aí a política, a produção material, a economia, o Direito.

Daí que só o fenômeno da governabilidade das cidades-estados da antiguidade e o surgimento do Estado moderno exigiram e impregnaram nossas noções de causalidade (causa e efeito), de imutabilidade e perenidade nas Leis.

A dualidade de tratamento no período homérico entre força e justiça divina (*thémis*) e força e justiça terrena (*diké*), demonstra como na poesia grega, mesmo antes de Anaximandro – considerado o primeiro filósofo a usar o termo *diké* no sentido de justiça laica –, já se fazia sentir a angústia em escapar da justiça divina e elaborar as bases de um Direito laico e autônomo. Porém, é bom que se perceba que a distinção e o avanço do filósofo pré-socrático em direção a uma linguagem humana com relação à justiça, envolve diretamente relações de poder e de luta de classes. A bem da verdade, o termo *thémis*, o nome da deusa como representante da justiça, de origem mítico-religiosa, faz parte de um tempo, ainda antes do período arcaico, em que a aristocracia é aliada dos sacerdotes na administração e governabilidade das cidades-estados, como é característico das sociedades antigas. Portanto, a guinada que a história registra de uma concepção de justo e injusto derivado do interesse e sentença dos deuses, para um entendimento iminentemente humano, é também a mudança do poder das mãos das classes detentoras historicamente desse poder, para as Leis. Some-se a isso o fato que após o governo de Dracon e a reforma de seu sucessor, Sólon, as leis elaboradas em praça pública, na *Ágora*, com participação das massas cidadãs e do acompanhamento público das classes menos favorecidas, como os campesinos. Assim, a mudança da linguagem e da hermenêutica por trás da expressão *diké* deve ter preocupado as elites das cidades-estados gregas, cujo desfecho trágico pode ser acompanhado com o julgamento e condenação sumária de Sócrates, no século V a.C., em Atenas.

Seção II

A FILOSOFIA CLÁSSICA GRECO-ROMANA: SÉCULO IV A.C. – SÉCULO II

2

SÓCRATES E A AFIRMAÇÃO DA FILOSOFIA

A história da Grécia antiga pode ser dividida em dois grandes períodos: antes e depois de **Sócrates (469-399 a.C.)**. Antes - chamado período Pré-Socrático; e após - chamado período Socrático.

Nosso curso começa exatamente na transição entre um período e outro. Estamos no século V a.C., na Grécia antiga, mais precisamente em Atenas.

Nesse momento, uma grande revolução está acontecendo no pensamento filosófico grego: os Deuses estão perdendo a centralidade e o poder na compreensão da existência humana. Isto implica que os problemas e as soluções possíveis para os homens devem vir deles mesmos e não da interferência direta do Olimpo. A centralidade do pensamento grego a partir deste momento passará a ser o próprio homem. A filosofia passa da condição teológico-mítica (deuses e mitos) para a secular (humana e mundana) - de teocêntrica para antropocêntrica.

Existe um motivo histórico para que a civilização helênica dê essa guinada e faça reviravolta tão profunda em sua cultura e no pensar: no século V a.C., os gregos, vitoriosos em suas guerras e conquistadores da Ásia Menor, assistem, sob a direção de Péricles, à consolidação de seu poderio que se traduz de forma majestosa na estruturação da democracia ateniense, com maior estratificação de participação popular, a expansão das fronteiras gregas, acúmulo de riquezas, intensificação do comércio e abertura para o contato com outras civilizações. São estas condições que vão fazer surgir novas classes sociais e novos interesses na centralidade do discurso filosófico.

Logo, a filosofia, impregnada de misticismo e explicações metafísicas a partir dos fenômenos naturais, dará lugar a conhecimentos científicos mais pragmáticos. Evidentemente, estes conhecimentos e estas novas explicações devem estar mais de acordo com os anseios das novas elites de militares vitoriosos e de comerciantes e financistas que sustentam e se beneficiam dessas conquistas e desses contatos exteriores.

2.1. SOFISTAS E O PODER DA RETÓRICA

Os porta-vozes desta nova mentalidade grega são os Sofistas. Eles surgem discursando em praça pública, enaltecendo a capacidade e a inteligência dos homens. Como tal, advogam a autossuficiência destes para resolverem os problemas do cotidiano existencial, até porque passam a ser os homens os verdadeiros culpados pelos problemas que enfrentam.

O novo discurso filosófico aponta para a materialidade da vida do homem grego. Este discurso empírico e pragmático, embebido nos acontecimentos sociais, chamou-se de Retórica. Retórica, portanto, à luz da Filosofia, passa a representar a secularização do pensamento helênico.

No entanto, devido ao envolvimento com os interesses das novas classes, os discursos sofistas vão ser repudiados pelos socráticos como sendo no mínimo superficiais, não revelando a essência das coisas e menos ainda a essência dos homens.

Entre os sofistas, temos vários pensadores, como Protágoras, Leontinos, Trasímaco, Pródico, Hípias, Antifonte e Crítias, que, no entanto, não constituíram um pensamento científico único. Senhores de discursos majestosos e seguidos por multidões, vão ser repudiados e contestados por Sócrates e posteriormente por Platão (427-347 a.C.) e Aristóteles (384-322 a.C.), sendo considerados "vendilhões da palavra".

De qualquer forma, os sofistas são um marco na passagem revolucionária do pensamento filosófico ocidental, da mitologia para o empirismo social. Por exemplo, eles são os primeiros a defenderem a ideia de justiça com base nas leis elaboradas pelos homens, leis essas que cada grupo social deverá desenvolver de acordo com sua própria cultura e ambiente geográfico sociopolítico.

Uma visão de justiça relativa e absolutamente secular em contraposição à justiça mítico-religiosa e superior dos deuses. Um enfrentamento *ad eternum* que se verificará novamente no final da Idade Média e que persegue os espíritos humanos e consubstancia a Filosofia ocidental até nossos dias.

2.2. A FILOSOFIA E A DIALÉTICA SOCRÁTICA

Sócrates é um "feroz" adversário dos sofistas. A sua antipatia, no entanto, estava declaradamente circunscrita ao pensamento, ao conhecimento e à ânsia de construir uma Filosofia mais essencial, mais verdadeira.

Assim, para ele a essência do homem e a explicação do problema existencial não podem ser buscadas na materialidade cotidiana, povoada que está de interesses suspeitos e egoístas. A busca da virtude, o bem maior capaz de resgatar a paz e a harmonia entre os homens, passa a ser vista como a luta entre o bem e o mal, mas em um plano estritamente espiritual.

Ainda que não seja a volta, em absoluto, à filosofia mítico-religiosa anterior ao século V a.C., é na valorização de uma categoria transcendental que os homens podem encontrar as verdadeiras respostas e almejar por esforço próprio e singular a sabedoria, mãe de todas as virtudes e da própria paz e harmonia social. Assim, a Alma é introduzida de forma triunfante no pensamento filosófico do Ocidente.

Ainda na oposição ao discurso retórico, ao sofisma dos oradores desvinculados da verdade, Sócrates propõe e utiliza, de forma magistral, o discurso dialético. Por isso, a essência do conhecimento passa a ser entendida como a oposição e contraposição de ideias e axiomas.

Dialética = Tese × Antítese => Síntese

Figura 2.1 *Conceito de dialética.*

Unindo-se os conceitos de Alma e Dialética, necessariamente a verdade e a sabedoria deverão resultar no embate entre categorias especiais do espírito humano, e desta oposição deverá surgir o triunfo do bem sobre o mal, da verdade sobre a mentira, do conhecimento sobre a superficialidade, da essência sobre a aparência, do bem comum sobre os interesses casuísticos de grupos menores, enfim, o triunfo da Filosofia sobre a Retórica.

FICHÁRIO: Sócrates; século V a.C.; Atenas – Grécia; Corrente Filosófica: Idealismo; Escola: Socrática; Obra: *Apologia a Sócrates* (de Platão); Palavras-chave: Razão, Alma, Lei, Justiça no Além.

O coletivo – bem geral – deve prevalecer sobre o individual. A Justiça tem por base o conhecimento – neste sentido o homem sábio faz justiça, enquanto o "ignorante" comete injustiça e violência. Ser sábio, portanto, é dedicar-se ao estudo – Filosofia – como caminho para o conhecimento a serviço do bem geral e comum. A democracia deve servir o governo, visando ao bem coletivo: um governo de sábios aristocratas.

As leis devem ser respeitadas enquanto provierem democraticamente dos cidadãos e servirem para criar a igualdade. A maioria dos homens, no entanto, prefere o comodismo político; as elites se aproveitarão disso para seus interesses particulares. Os filósofos devem revelar a verdade por detrás dos discursos retóricos desses grupos minoritários, que, em nome do povo, garantem seus privilégios.

O limite para os excessos e apetites das elites e do poder dos governantes remete a uma Justiça do Além. Os deuses julgarão os atos humanos após a morte e punirão as almas desencarnadas. A possibilidade da retidão, da ética, da justiça – do Direito – na Terra se dá pelo "medo" da punição transcendental, no além.

3

PLATÃO: UM DISCÍPULO GRANDIOSO

Após a morte de Sócrates, **Platão (427-347 a.C.)** continua a Filosofia no quintal dos fundos de sua casa afastada. Ao fundar a academia, Platão resolve dois problemas de uma só vez: afasta a Filosofia do cotidiano egoísta e interesseiro dos homens e protege a ciência do conhecimento do afrontamento direto com as novas classes atenienses. Na calma e no regaço da academia, Platão pode agora desenvolver suas ideias inspiradas nos ensinamentos de Sócrates.

3.1. TRANSCENDÊNCIA E ALMA

Afinal, o que é a essência nos homens? O espírito, a alma. Mas a alma precisa do corpo para se desenvolver. A alma em Platão tem duas características: ela é preexistente (existe antes do corpo) e subsistente (existirá após o perecimento do corpo). Compõem a alma três partes: Logística, a parte superior, que corresponde à razão; Irascível, a parte mediana, que corresponde às paixões; Apetecível, a parte inferior, que corresponde aos vícios. Esta mesma tríade é comparada pelo autor às três partes do corpo.

Assim, o *cogito* platônico coloca de forma ontológica a luta entre o bem e o mal dentro do próprio espírito, vale dizer, dentro do próprio homem enquanto ser materialmente incorporado. A razão deve relutar em se deixar dominar pelas paixões e pelos vícios; ao contrário, ela deve conseguir se sobrepor a estes e garantir a harmonia necessária para que o ser trilhe seu caminho.

Portanto, ressalte-se, ainda que a categoria platônica mais importante seja metafísica – a alma –, a visão idealista platônica não recorre a nenhuma circunstância externa ao ser humano para explicar ou justificar o mal e todas as imperfeições mais escatológicas que dele derivam. Este compromisso com a compreensão da condição humana em suas limitações, e mesmo sua capacidade de ultrapassá-las, encontra-se absolutamente nas contradições que desde o início povoam os espíritos do próprio homem. Neste sentido, os males da existência humana, imateriais e materiais, advêm de dentro do próprio ser e só a partir desse interior podem ser ultrapassados.

Em eras seguintes, a Filosofia penderá ora para esta visão ontológica, ora para a fuga do ser de si mesmo, reportando a seres superiores ou mesmo à pura experiência social a causa de seus sofrimentos.

3.2. O CICLO VIRTUOSO – ALMA E CORPO

Qual a necessidade da alma de reencarnar? Por que as paixões e os vícios só se manifestam enquanto a alma se encontra materializada no corpo? Portanto, ela precisa do corpo para ser instigada a procurar a razão e assim aprimorar-se permanentemente.

No mundo platônico o conhecimento é infinito e a sabedoria, ilimitada. Esta infinitude move inexoravelmente a alma à reencarnação permanente. Logo, a virtude é em si mesma uma pretensão nunca alcançada dentro de um ciclo virtuoso de aprimoramento e desenvolvimento espiritual.

Ainda que a luta entre o bem e o mal, a procura incessante do predomínio da razão contra as paixões e vícios, se verifique no âmago do próprio ser, a possibilidade do crescimento espiritual, aquele que verdadeiramente interessa, se dá na transcendência da alma transmudada na materialidade do corpo.

Desta forma, compreende-se que na filosofia platônica não só o corpo representa um papel importante e indissociável do espírito, como também a própria existência material-social, econômica, política. Por isso, o papel relevante e central da educação como prioridade do Estado, haja vista que pela educação (leia-se, primordialmente, a Filosofia) o homem pode compreender a verdadeira dimensão interna de si e almejar uma luta sem tréguas pela sabedoria ética, pressuposto de toda virtude. No ápice deste aprendizado e aprimoramento o melhor governante só pode ser o filósofo.

3.2.1. O mito de "ER"

Por outro lado, o que acontece quando a alma desencarna? Conta o Mito de ER que a alma recobra a consciência de toda sua trajetória e é julgada por seus atos enquanto estava encarnada. Julgada, é punida em um tipo de purgatório muito parecido com nossa noção cristã de "inferno".

Ao contrário do Cristianismo em que a alma fica aguardando o dia do julgamento final, a alma reencarna rapidamente, não como cumprimento "carmático" específico, mas como necessidade imperiosa e infinita de continuar seu ciclo de virtuosidade.

Ainda assim, conta-nos Platão no mito, a alma, ao reencarnar, esquece completamente toda a sua experiência material e o nível de sabedoria em que possa estar na última desencarnação. É neste sentido que reside grande parte da riqueza da filosofia platônica: a alma materializada no novo ser precisa a cada momento começar do zero na sua busca terrena pelo predomínio da razão sobre as paixões e vícios que concorrem duplamente para a falta de ética, para o desvirtuamento do comportamento decente.

Se lembrarmos que, fundamentalmente, esta existência corporificada só pode se realizar socialmente, perceberemos a verdadeira dimensão que a filosofia platônica tem. É por isso que a ética voltada para o bem coletivo é revestida de tamanha importância em seus fundamentos.

Como sabemos da justiça no além e do que acontece com a alma quando desencarna? Conta o mito que o esquecimento, ao incorporar o corpo, se dá através da água de um lago que a alma se vê obrigada a beber. ER é uma alma que não bebeu da água do lago do esquecimento, e assim podemos saber desta verdade.

Alma Reencarnada → Predomínio da Razão → Harmonia Espiritual → Ética → Virtude → Sabedoria → Justiça

Figura 3.1 *Sequência linear do pensamento platônico.*

3.3. A MORAL SOCRÁTICA/PLATÔNICA

O pensamento platônico, todo ele inspirado em Sócrates, é mais do que uma metáfora sobre a condição humana. É a própria condição humana.

Ainda que a Filosofia possa começar no Ocidente de forma idealista, o fato é que os desdobramentos da ciência do "conhecimento verdadeiro" deitam seus tentáculos para todas as áreas fundamentais da existência humana.

3.3.1. Justiça, ética e governabilidade

A seguinte sequência de aforismos pode fornecer uma explicação clara da relação entre sabedoria e justiça:

1. na medida em que existe uma vida terrena para o espírito, os homens fazem suas leis, desejando punir o que veem e conforme o que entendem;
2. como em tais circunstâncias seu entendimento não passa da superficial e supérflua limitação material e de interesses tais, logo sua justiça produz mais infelicidade e revolta do que paz, harmonia e desejo de comportamento ético;
3. assim, mesmo julgado pela lei dos homens, o ser espiritualmente será julgado e punido no além, quando então terá a verdadeira oportunidade de expiar seus males;
4. como a intenção do bem maior é a sabedoria, a alma corporifica-se em sua procura rumo à infinitude do conhecimento, não como "carma" apocalíptico ou missionário, mas como valor absoluto em se desenvolver e aprimorar;
5. a realização deste aprendizado infinito encontra algo de finitude material na medida em que o sofrimento terreno provoca no ser suas provocações mais suscetíveis de descartar a razão em prol de pequenos prazeres imediatos;
6. portanto, o "inferno" pode ser aqui, mas explicações e justificativas dos descaminhos da humanidade não podem ser buscadas e avaliadas a partir desta materialidade existencial e sim da fragilidade espiritual dos homens;
7. finalmente, num plano absolutamente terreno, o melhor caminho é o comportamento ético absoluto fundamentalmente dirigido ao outro e à coletividade. Desvinculando de interesses imediatistas e exclusivamente pessoais as necessidades da comunidade, algo de transcendente se manifesta na medida mesma em que as premissas e os pressupostos da materialidade cotidiana deixam de apresentar sentido maior;
8. este é o verdadeiro sentido do "Amor Platônico": doação sem motivação de reciprocidade. Este é o verdadeiro sentido do governante.

3.3.2. Pandora e a filosofia: o renascimento da esperança

O Mito de Pandora é do período pré-socrático. Escrito por Hesíodo, por volta de 800 a.C., narra uma desavença entre Zeus e Prometeu porque este entregou o conhecimento sobre o fogo aos homens. O mito pode ser resumido mais ou menos assim:

> *Zeus, soberano dos deuses, ficou furioso, e então ordenou a Hefesto, deus do fogo e das habilidades técnicas, que criasse uma mulher formosíssima e a levasse à assembleia dos deuses. E assim Hefesto o fez. Na assembleia, os deuses se espantaram com tamanha beleza e a adornaram com vários pertences valiosos e com poderes especiais, o que a tornou ainda mais irresistível. Então lhe deram o nome de Pandora – quer dizer "todos os dons".*
>
> *Depois Zeus lhe deu uma caixa fechada e recomendou a Pandora que a levasse até Prometeu. Este, no entanto, recusou tanto Pandora como a caixa, e recomendou a seu irmão, Epimeteu, que não aceitasse nada vindo de Zeus. Epimeteu – "aquele que reflete tarde demais" – não resistiu aos encantos de Pandora e a tomou por esposa. Então a caixa foi aberta e de dentro escaparam a Senilidade, a Insanidade, a Doença, a Inveja, a Paixão, o Vício, a Praga, a Fome e todos os males que se espalharam pelo mundo e afligem os homens desde então. Epimeteu, vendo o que havia acontecido, tentou fechar a caixa, mas só restou em seu interior a Esperança, uma criatura alada que estava prestes a voar, mas que ficou aprisionada na caixa (Hesíodo, Teogonia, 800 a.C.).*

Este mito não apenas narra a descoberta do fogo e seu manuseio pelos homens, mas também demonstra como no período pré-socrático todos os acontecimentos terrenos decorrem diretamente das intenções dos deuses, inclusive todos os nossos males e infortúnios.

No entanto, algo mais poderoso se encerra neste mito, que demonstra diretamente a submissão infinita e irreversível dos homens aos deuses. Em sua condição inferior, todos os males se espalham pelo mundo, e a Esperança, que é a única contrapartida para todos esses sofrimentos e privações, Zeus não nos permite possuir. Os homens, por mais desventuras e sofrimentos que possam experimentar, com esperança sonham sempre em se reerguer e ser felizes posteriormente. Mas os deuses lhes recusaram esta dádiva.

Felizmente, o Mito de Pandora é reescrito pela filosofia socrática/platônica. A revolução laica que os gregos fizeram no século V a.C. permitiu reconstruir esta estória e tornou possível fazer do homem o sujeito de sua própria história.

Ainda que seja pela metafísica do espírito, ainda que seja pelo julgamento e justiça do além, a alma ainda pode sonhar eternamente pela virtude infinita, e, desta forma, chamar a si a responsabilidade pela esperança de que no momento seguinte haverá luz entre as sombras e a escuridão.

3.3.3. O mito da caverna

Sócrates cometera uma imprudência. Passou a contestar os sofistas em praça pública. Logo se tornou inimigo público nº 1, sendo acusado de desencaminhar e instruir os jovens de forma imprópria. Por isso, foi sentenciado em processo aberto à pena de morte por envenenamento. Ainda que tenha sido instigado por seus discípulos a se retratar para evitar a morte, Sócrates, em sublime e derradeiro ato de fé em sua filosofia, tomou ele mesmo o veneno.

Provavelmente, Platão nunca se restabeleceu deste trauma. Toda a eloquência de sua obra e toda a repulsa a esta condenação bárbara, bem como toda a afirmação da verdadeira Filosofia, da Filosofia como ciência, aparecem de forma magistral no Mito da Caverna.

Esta poderosa metáfora (anexo) sintetiza em vários níveis não só os fundamentos da Filosofia socrática/platônica, como também a essência dos dilemas impregnados na existência e condição humana. Em primeiro lugar, vê-se aqui a dualidade entre a luz e a escuridão, entre a essência e a aparência, e daí o importante papel da Filosofia como ciência reflexiva e iconoclasta que procura desmistificar essa "pseudoconcreticidade" da realidade (as sombras projetadas na parede da caverna).

Em segundo lugar, revela-se o sofrimento pelo qual se tem que passar para que se saia das sombras e se chegue à realidade (a luz que ofusca, a dor que a luz provoca). Um verdadeiro ritual de sofrimento a que aqueles que se dispuserem a este esforço rumo à verdade deverão se submeter (apesar da dor, o homem que sai não desiste). Estão os homens da atualidade dispostos a sofrer algo para descobrirem as verdades por detrás da "unidimensionalidade" alienante do cotidiano? Estamos dispostos à liberdade ou aos grilhões da comodidade?

Depois, a Filosofia não se realiza sem uma prática profícua em relação aos outros. A sabedoria nada significa se não puder levar a verdade e o bem-estar ao semelhante. A Filosofia volta-se para a humanidade, e a seu serviço se sente tão "dolorida" como quando aquele homem começou a subida para a luz (a volta à escuridão da caverna também é um ritual doloroso para o homem – mas ele não desiste em voltar).

Finalmente, a constatação tão óbvia quanto frustrante: os homens das sombras não querem saber da verdade, se recusam até mesmo a refletir e a verificar se o que o conhecimento novo lhes diz pode ser importante para melhorarem seu cotidiano e suas existências. Pior: desdenham e repudiam o conhecimento da verdade, agridem, insultam, aviltam, constrangem e excluem de seu convívio os arautos de novas possibilidades existenciais; é a perfídia e a maledicência contra a virtude (eis o que os agrilhoados fazem com o ex-companheiro que volta – a dor maior está na recepção e não exatamente no caminho de volta). A humanidade se volta contra a Filosofia e igualmente contra si mesma: desumaniza-se!

A condição humana assim exposta por Platão leva-nos à conclusão de que a felicidade parece estar mais para o conhecimento obtuso e desvirtuado dos homens do que ser construída a partir de indagações inteligentes sobre a aparente realidade das coisas e da existência dos próprios homens. Há que se refletir sobre esta corrosiva apatia dos homens ao questionamento sobre o que os faz prisioneiros de si mesmos.

Depois, fica, em princípio, a constatação de que o descortinamento do real, passo imprescindível para a luminosidade e a sabedoria espiritual, só se verifica, a cada instante, sob o sacrifício de uns poucos, mesmo cientes do mal que os seus semelhantes lhes causarão. Mas, fatidicamente, a luta do bem contra o mal carece até nossos dias de uma crucificação "orgíaca" para que a verdade prevaleça, de alguma forma, a iluminar os olhares embutidos e esmiuçados, não desinteressados, dos homens.

A história bíblica da crucificação repete o mito platônico da mesma forma que o ratinho volta para trazer comida aos ratinhos letárgicos que não ousaram sair do lugar (*Quem mexeu em meu queijo?*). Da mesma forma que um Neo (*Matrix*) precisa abraçar a causa dos homens reais para derrotar o poder da tecnologia cibernética "supravirtual" de nossos dias, da qual ele mesmo é produto refinado, e provar a Sofia (*O mundo de Sofia*) que vale a pena subir nos pêlos do coelho e deixar de ser mero carrapato parasitando o pobre bichano. Afinal, o que aprendemos com a odisseia terrestre, o que aprenderemos com a odisseia no espaço (*2001 – Uma odisseia no espaço*) para além do mundo cáustico e escuro de Blade Runner (*Blade Runner*)?

Anexo

Mito da Caverna[1]

Platão

Vamos imaginar um grupo de pessoas morando numa caverna. Os moradores estão aí desde sua infância, presos por correntes nas pernas e no pescoço. Desta forma, agrilhoados pouco podem ir além de suas imediações. Porém, através de uma fenda no alto da caverna, que na sua condição de aprisionados não podem alcançar, a luz do sol se projeta para dentro da caverna, de tal forma que o que acontece fora da caverna se reflete como sombra diretamente nas paredes da caverna. Assim, estes homens obviamente acreditam por gerações que o que veem refletido nas paredes é a própria e toda a realidade do mundo (aqui, quando Glauco diz que esta realidade é por demais hipotética, Sócrates responde que ela é mais real para a maioria dos homens do que possamos imaginar).

Imaginemos agora que um desses homens consegue se livrar dos seus grilhões. Ele se dirige à abertura de onde vem a luz escalando as paredes da caverna e consegue sair do ambiente restrito e obscuro em que sempre vivera. Não é verdade que a sensação experimentada imediatamente é de dor e total desprazer? (Glauco concorda). E, assim sendo, não é de acreditar que o primeiro impulso de qualquer homem nestas condições seria de regressar correndo para o conforto da escuridão da caverna? (Glauco, mais uma vez, se vê obrigado a concordar).

Mas o homem, apesar do sofrimento e do desconforto inicial, continua e sai plenamente para a luz e para a realidade do mundo externo. Então, o que descobre nosso prisioneiro recém-liberto? Que a realidade da caverna não corresponde aos fatos; descobre que aquilo que acreditam ser toda a verdade não passa de sombra. E logo em seguida começa um outro tipo de sofrimento: o que fazer? Gozar de forma solitária do conhecimento verdadeiro, ou voltar e contar

1. Adaptação livre do diálogo entre Sócrates e Glauco, em *A república*, livro VII, Platão, século IV a.C.

a seus antigos companheiros que aquilo que acreditam ver não passa de um simulacro obscuro do real? (Glauco agora se sente incomodado e diz que não dá para afirmar qual a melhor decisão). A luz trouxe a sabedoria e a sabedoria trouxe um novo tipo de sofrer.

E também não é verdade que o caminho de volta será por si só tão doloroso quanto foi a subida para a luz? (Glauco diz: é forçoso aceitar que o caminho inverso rumo à escuridão e às sombras é doloroso). Então, tendo passado pelo sofrimento e pela dor, o ex-prisioneiro, agora conhecendo o prazer da claridade que o leva à verdade, estará altamente justificado se optar por não voltar. Mas ele volta! Movido pelo sentimento de companheirismo e amizade que ainda nutre por seus semelhantes da caverna, ele volta. E então diz a todos os prisioneiros da luz, da escuridão, da realidade e das sombras. E os prisioneiros o acham louco, mentiroso. Não acreditam na verdade, rechaçam o conhecimento, preferem o conforto da aparência à essência, optam pela prisão à liberdade. E, se o homem, portador da sabedoria, continuar insistindo, males e sofrimentos terríveis lhe aguardam (Glauco concorda que sem dúvida sua vida e sua filosofia correm perigo).

FICHÁRIO: Platão; século V a.C.; Atenas – Grécia; Corrente Filosófica: Idealismo; Escola: Socrática/Platônica; Obra: *A República*; Palavras-chave: Razão, Alma, Sabedoria, Justiça no Além.

Todo filósofo deve ter cuidado em revelar a verdade, pois os homens tendem à apatia e ao comodismo. As elites se aproveitarão disso e colocarão o povo contra o filósofo. Filosofia e Ética devem ser estudadas na academia e levadas às instâncias de governo. O limite para os excessos e apetites do poder remete a uma Justiça do Além. Os deuses julgarão os atos humanos após a morte e punirão as almas desencarnadas. A possibilidade da retidão, da ética, da justiça – do Direito – na Terra se dá pelo "medo" da punição transcendental, no além. Todos os espíritos serão julgados e os bens materiais de nada servirão diante dos deuses (humildade).

O julgamento e a possibilidade de punição ocorrem pela totalidade da experiência vivida e acumulada no espírito, e não apenas pelos últimos atos humanos da última reencarnação. O objetivo é o contínuo aprimoramento espiritual, e não a punição em si mesma. Portanto, quando a alma é julgada e punida no além, o objetivo é que se aprimore para poder servir melhor na próxima reencarnação (direito restaurativo ao invés de repressivo). Ao reencarnar-se, a alma esquece de suas experiências anteriores: iguais condições espirituais, comuns a todos os homens, necessidade de oportunidades iguais para o são e equilibrado desenvolvimento de todas as potencialidades voltadas para o bem (igualdade de oportunidades).

4

ARISTÓTELES E A PRÁTICA DO JUSTO ÉTICO

Diferentemente da escola socrática/platônica, o conhecimento em **Aristóteles (384 - 322 a.C.)** adquire certa materialidade e objetividade. A missão de todo conhecimento é a felicidade e este bem-estar só se alcança se o conhecimento for usado como base da opção pela ética. Temos aqui uma mudança substancial em relação a Platão: (1) o conhecimento (Dianoética) não apenas serve para enriquecimento da alma, mas também deve objetivar a felicidade terrena; (2) esta felicidade, no entanto, só é alcançada se cada indivíduo fizer uma opção pessoal pela Ética, ou seja, o conhecimento por si só não é sinônimo de ética e, portanto, de bem-estar (obviamente, existem pessoas com muito conhecimento e nenhuma ética); (3) a ética, em Aristóteles, é sempre as ações práticas voltadas para o bem coletivo e a felicidade geral; logo, o que importa mesmo é usar o conhecimento de forma prática - *poiésis* - para levar o bem-estar a todos os cidadãos (quem o fizer e dedicar-se a assim proceder é um sábio - *práxis*).

Conhecimento (Dianoética) → Opção → Ética → Bem-geral → Felicidade

Figura 4.1 *A construção da felicidade em Aristóteles.*

Aristóteles distinguia *Poiésis* de *Práxis*, *poiésis* como a ação política que, pelo conhecimento e liberdade, moldaria as escolhas humanas para projetos individuais cunhados pelo interesse coletivo, *práxis* como o processo pelo qual o homem, reagindo à problemática da convivência (p. ex., desigualdade e interesses diferentes), se constrói criativamente no mesmo processo. Em outras palavras, diante dos infortúnios e injustiças que a natureza das coisas provoca nos homens (p. ex., a condição de escravo é natural para Aristóteles), os homens assumem o destino não como fatalidade, mas como forma de se superarem e superar as dificuldades e desigualdades entre si, usando a razão filosófica como instrumento de mitigar, e mesmo eliminar, o infortúnio, a desavença, a vingança. É neste sentido que podemos falar que a Filosofia reabre a caixa de Pandora, e devolve aos homens a esperança.

Mas este ressurgimento da esperança, para o qual a Filosofia é instrumento, precisa ser condensado em ações profícuas e relevantes a alterar as diferenças e as desigualdades, papel de todo o cidadão, quanto mais não seja, porque ele deve retribuir à sociedade, à Cidade-Estado, o esforço social que esta fez em sua educação. Esta ação humana é política, mas envolve a pedagogia! O indivíduo adulto deve escolher – livre-arbítrio – as ações que em seu projeto particular e vida privada contempla da melhor forma, de acordo com suas possibilidades, o bem-estar coletivo e, portanto, a felicidade de todos. Esta pedagogia voltada para as obrigações cidadãs, pautadas sempre pela ética, decência e justiça (consideradas do ponto de vista do bem comum!), vai à existência real dos homens, se coloca virtuosamente diante de seus males, e reconstrói sempre as melhores estratégias e práticas coletivas. A ação saneadora dos homens e sua predisposição em enfrentarem o destino desagradável e desigual, é *poiésis*, também "poesia". Um homem assim, concomitantemente, deve se elevar acima do pesar, do rancor, do misticismo e produzir-se a si mesmo como ético, justo e belo, a seus olhos e aos olhos dos demais – o homem é o que faz (conhece-mo-lo pelas pegadas, pelos vestígios que deixa atrás de si!): a ação transformadora já é a *práxis*. Este homem é feliz, e este, afinal, é o objetivo aristotélico maior, alcançar a felicidade neste plano terreno, aqui e agora, produzir a vida como uma obra de arte. Juridicamente, pode-se dizer que também existe uma mudança radical nos objetivos aristotélicos de controle de poder e excessos dos governantes: enquanto na escola socrática/platônica isto é proposto pelo "medo" da justiça no além, pós-morte, em Aristóteles a proposta é buscar a felicidade por uma "opção pessoal" em dedicar-se, eticamente, ao semelhante. Pode-se dizer que aqui se inaugura uma dimensão fundamental da Filosofia, até hoje, ora perdida, ora ressuscitada, diante do tecnicismo das demais ciências: ela chama para a responsabilidade de "optar" por usar o conhecimento de forma sábia, quer dizer, ética, isto é, a serviço da felicidade geral e bem-estar de todos os homens. Este antropocentrismo assume a liberdade humana com responsabilidade ética.

Sócrates dizia que a violência era produto da ignorância. Obviamente que, sem instrução, a opção ética por práticas em prol da vida coletiva - política - pode estar um pouco prejudicada. No entanto, existem pessoas, sempre existiram e existirão, com pouca ou nenhuma instrução que são exemplo de decência e retidão e acolhem dentro de si um amor desvelado aos homens. Da mesma forma, infelizmente, mais do que o desejado entre os homens de hoje, o conhecimento é usado para o "mal", para propósitos egoístas e pessoalíssimos em detrimento mesmo da coletividade. Estes últimos, claro, com relação ao pensamento de Aristóteles, são os piores malfeitores.

Ainda assim, a educação é vista aqui como fundante da possibilidade de que os homens, quando adultos, possam querer fazer a opção pelo bem geral e politicamente ser ativistas do bem-estar coletivo. Por esse motivo, Aristóteles funda o Liceu, ensino público, e conclama todos os governantes a abrirem escolas públicas em suas Cidades-Estados. Acreditava que uma educação que fosse além da simples instrução, portanto, uma formação voltada para a cultura da política com ética, criaria o hábito de viver para criar o bem-estar entre todos os homens, e levaria a possibilidades maiores de opções individuais pela ética e decência. É neste sentido que se pode falar de *Educação Sentimental,* uma educação/formação voltada para a relação política com os outros objetivando o bem-estar de todos e a paz social.

De qualquer forma, a opção será sempre do indivíduo adulto, e este é o motivo pelo qual, mesmo e apesar desta formação voltada para o bem coletivo, ainda assim, sempre indivíduos adultos poderão optar pelo egoísmo e pela violência. Obviamente, estas opções, produto do livre-arbítrio sem responsabilidade e do descaso - da sociedade e dos governantes - quanto à formação educacional de crianças e jovens, só poderão levar à infelicidade e ao mal-estar de todos e, neste sentido, o conhecimento pouco ou nada poderá fazer para enriquecer o espírito humano.

Todas as classificações de Aristóteles apontam sempre para a necessidade de se pensar o coletivo acima do particular, sem, contudo, imaginar que interesses individuais não devam ser respeitados. Por exemplo, o Justo Total - bem coletivo e direito público - deve prevalecer sobre o Justo Particular - justiça entre indivíduos e direito privado –, isto é, qualquer solução de litígio entre as partes não pode ferir normas nem condições que dizem respeito à conveniência da paz coletiva.

Exemplo: A *Lei nº 9.795 de 27 de abril de 1999*, que "dispõe sobre a educação ambiental, institui a Política Nacional de Educação Ambiental e dá outras providências", menciona em seus artigos iniciais, *in verbis*:

> *"Art. 1º Entendem-se por educação ambiental os processos por meio dos quais o indivíduo e a coletividade constroem valores sociais, conhecimentos, habilidades, atitudes e competências voltadas para a conservação do meio ambiente, bem de uso comum do povo, essencial à sadia qualidade de vida e sua sustentabilidade.*
>
> *Art. 2º A educação ambiental é um componente essencial e permanente da educação nacional, devendo estar presente, de forma articulada, em todos os níveis e modalidades do processo educativo, em caráter formal e não formal.*
>
> Art. 3º Como parte do processo educativo mais amplo, todos têm direito à educação ambiental, incumbindo:
>
> *I – ao Poder Público, nos termos dos arts. 205 e 225 da Constituição Federal, definir políticas públicas que incorporem a dimensão ambiental, promover a educação ambiental em todos os níveis de ensino e o engajamento da sociedade na conservação, recuperação e melhoria do meio ambiente."*

Assim, a título de exemplo, se uma escola for financiada por uma empresa que queima pneus em sua propriedade, ou que usa produtos químicos nocivos à saúde de seus trabalhadores, pode ser que não haja interesse em praticar o disposto na lei e ensinar aos alunos sobre a necessidade de proteger o meio ambiente e os ecossistemas do planeta. Isso seria inadmissível em termos do pensamento de Aristóteles, pois aqui, claramente, o interesse privado se sobrepõe ao interesse coletivo, ainda que a empresa possa advogar o direito de propriedade, livre-iniciativa, benefícios sociais que produz, impostos etc.

Todo ser só é humano porque convive em grupo. Não nascemos nem maus nem bons. A Dianoética é o conhecimento que deve ser transmitido ao semelhante. A partir disso, espera-se que como adulto cada indivíduo dê a sua parte como retribuição ao esforço que o grupo fez para o educar. Aristóteles previa que a lei, inclusive, poderia ser usada como forma de criar o *habitat* da ética, ou das práticas decentes voltadas para o bem coletivo. O autor não nos remete ao medo do julgamento dos deuses; ao contrário, chama para a responsabilidade dos homens. Cidadão para Aristóteles não é aquele que só fala mal dos governantes ou só cobra direitos; ele tem consciência do papel de construir a cidadania ou, dito de outra forma, de cumprir seus deveres. Afinal a sabedoria e a felicidade são construídas aqui mesmo, independentemente do que poderá ser julgado no além.

4.1. TIPOS DE JUSTIÇA

Aristóteles nos fala primeiramente do Justo em sua obra Ética a Nicômaco, criando os conceitos de Justo Total, Justo Particular e Justo Meio. O Justo Total corresponde à Justiça Coletiva, isto é, aquela justiça que envolve o bem coletivo, a administração da cidade e a proteção de Atenas. O Justo Particular corresponde à Justiça que envolve indivíduos em particular, cidadãos que se contratam mutuamente. Contudo esses contratos e esses acordos unilaterais são tutelados pelo Governo, visto que não podem os particulares se acordarem de forma a ferir o princípio maior que são os interesses coletivos.

O Justo Meio está ligado à ideia de Ética nos seguintes termos: entre o Justo Total (bem coletivo - Direito Público) e Justo Particular (direito individual - Direito Civil), existe a "Escolha" e a "Circunstância". Aristóteles parece indicar que nem sempre será fácil compatibilizar e harmonizar os interesses particulares com os interesses coletivos. Então, entre uns e outros, o indivíduo, na hora de agir, precisa escolher algo que não fira a ambos, ou que os fira em menor grau. Conquanto a "Circunstância" possa ocasionar desmembramentos inusitados na Execução e Consumação, não deve interferir *à priori* na Cognição e Preparação da ação (*Iter Criminis*), o que quer dizer, em outros termos, que a "Circunstância" não interfere na "Escolha", porque esta é ato puro da razão que escolhe ser ético. Uma decisão e uma predisposição de agir, nesta visão, não determinista e libertária, deve ser sempre ética; a escolha é ética, a consumação, no entanto, pode derivar de acordo com elementos contextuais. Mas isto não significa afirmar que o contexto pode, por si só, ser responsabilizado por escolhas não éticas. Ao mesmo tempo, sendo a escolha ética, o resultado não estará significativamente distante do "ideal" ético. Ao contrário, em uma escolha não ética, nunca haverá contexto capaz de evitar um resultado da ação que não seja sofrível ou danoso para o indivíduo e seus semelhantes.

Por outro lado, o Justo Particular abriga alguns tipos de Justiça, onde a tutela e fiscalização da Cidade-Estado se faz presente. Temos: Justiça Distributiva, Justiça Comutativa, Justiça Social e Justiça Participativa.

Justiça Distributiva: o Estado deve garantir o princípio da "Proporcionalidade", isto é, que os particulares tenham deveres e obrigações de acordo com sua capacidade de contribuição para a preservação do bem-estar da coletividade. Por exemplo, a contribuição de tributos de acordo com a capacidade econômica de cada um (como no caso da tabela progressiva de imposto de renda no Brasil). Justificado posteriormente por Rousseau.

Justiça Comutativa: o Estado deve garantir o princípio da "Equidistância", isto é, que os particulares sejam solidários entre si quanto à paridade de direitos e obrigações, evitando-se que a desigualdade econômica prevaleça de um sobre o outro. Por exemplo, evitar que em determinadas situações seja imposto um contrato que de forma irrecusável penalize uma parte de forma arbitrária (como no caso de prestação de serviços hospitalares onde o paciente se vê obrigado a assumir riscos de tratamento sem que os conheça ou possa evitá-los). Justificado posteriormente por Locke.

Justiça Social: O Estado deve garantir a "Paz e Harmonia" internas e buscar permanentemente a confraternização duradoura com os Estados estrangeiros, evitando-se o caos social, a guerra civil e a guerra com outras Nações. Por exemplo, que se procure fortalecer as alianças políticas partidárias em âmbito interno, e o fortalecimento de acordos bilaterais e multilaterais no âmbito econômico e científico com outros Países (como no caso do fortalecimento do Mercosul expresso na Constituição brasileira). Justificado posteriormente por Stuart Mill.

Justiça Participativa: o Estado deve garantir que os indivíduos sob sua tutela, cidadãos ou estrangeiros, possam participar de forma efetiva da política e sentirem representados, direta ou indiretamente, nas decisões governamentais de cunho interno e nas relações internacionais. Por exemplo, a transposição da arena (Ágora) ateniense para o "Auditório Universal", onde os cidadãos e as instituições representativas da sociedade civil possam interferir nas decisões legislativas, executivas e jurídicas (como a iniciativa popular, o referendo popular, o plebiscito e a ação popular, ou a penetração e influência dos modernos meios de comunicação de massa que à distância podem interferir nas políticas públicas). Justificado posteriormente por Perelman.

4.2. FORMAS DE GOVERNO

Aristóteles é o responsável por ter desenvolvido a primeira classificação para as Formas de Governo, concepção clássica que ainda hoje serve de parâmetro na Ciência Política. Aristóteles também descreveu, em paralelo a essas Formas de Governo, as formas "degenerativas" em que a classificação clássica poderia se transformar.

- Democracia: o governo de todos. Podia degenerar em Demagogia quando os governantes ou sofistas enganassem com belos discursos e com ações menos éticas o povo, levando-o a crer em promessas e falácias.
- Aristocracia: o governo de uns poucos. Pode degenerar em Oligarquia quando um grupo, ao invés de governar para o bem de todos, passa a governar para benefício apenas desse grupo, usando para isso as prerrogativas do poder.
- Monarquia: o governo de um só. A forma degenerativa seria a Tirania, quando o governante não encontra obstáculos ou pode usar do poder de forma incontrolável. Modernamente, a Monarquia não representa o governo de um só, pois as monarquias modernas são parlamentares e obedecem à constituição do país, motivo pelo qual não podem se transformar em Tirania sem fechar o parlamento e sem abdicar da Constituição. Por isso é mais adequado chamar o governo unitário de Monocracia.

As Democracias modernas são respaldadas e controladas pelo ordenamento jurídico, pelas Leis e pela divisão dos poderes com a atividade parlamentar. O Sistema de Governo Parlamentar é aquele onde existe um Primeiro-Ministro eleito pelo Parlamento. O parlamentarismo pode existir nas Repúblicas, onde existe um Presidente da República, ou pode existir na Monarquia, onde o chefe da Nação é o Monarca. No Sistema Presidencialista, como no caso do Brasil, o Presidente é ao mesmo tempo Chefe da República e Chefe de Estado.

Figura 4.2 *Platão aponta para o céu, privilegiando a realização plena do homem na presença dos deuses, enquanto Aristóteles aponta para a terra, privilegiando a felicidade humana na realização do bem-estar coletivo.* Fonte: Brasilescola

FICHÁRIO: Aristóteles; século IV a.C.; Atenas – Grécia; Corrente Filosófica: Indutivismo; Escola: Aristotélica; Obra: *Ética a Nicômaco*; Palavras-chave: Razão, Práxis, Felicidade, Ética.

O coletivo – bem geral – deve prevalecer sobre o individual. Justiça tem por base o conhecimento, mas este não é suficiente para o comportamento ético. É necessária a "opção" do homem em fazer o bem voltado para a comunidade. Os homens podem usar o conhecimento para benefício próprio e não coletivo – não são éticos. Ser sábio, portanto, não é dedicar-se apenas ao estudo, mas usar a Filosofia como prática para o conhecimento a serviço do bem geral e comum. O coletivo – bem geral – deve prevalecer sobre o individual através da "práxis" ética. Justo Total refere-se à justiça voltada para o interesse coletivo e o bem comum. Justo Particular refere-se à justiça voltada para dirimir os litígios entre os indivíduos – este tipo de justiça não pode se sobrepor àquela. A solução entre as partes deve estar contida nos interesses coletivos e gerais. O Justo Particular é uma parte do Justo Total. A tradição ateniense, no entanto, recorre primeiro ao Justo Particular e só ao Justo Total quando a desavença ou a vingança ganha proporções intencionais, voluntárias e envolve, direta ou indiretamente, a segurança e bem estar da coletividade (p. ex., desde Dracon o homicídio era classificado entre "voluntário" e "involuntário" – hoje, doloso e culposo; nos casos de homicídio involuntário havia a possibilidade das famílias do agressor e do morto entrarem em composição (ciclo restaurativo!), não podendo o homicida descumprir o contrato estabelecido (justo particular) com pena de morte; no caso de não haver composição, então os juízes estipulavam a pena. No entanto, só se remetia o processo ao julgamento em tribunal (Helíastes – comum, popular –, ou Aéropago – superior, magistrados políticos), se fosse o homicídio considerado voluntário, pois neste caso a sociedade temia que o agressor permanecesse livre para continuar seus crimes).

A ética – Justo Meio ou Ética Média –, no entanto, pode ser exercida com "graduações"; mas o homem ético jamais poderá ser antiético. É possível que na prática nem sempre os homens possam ser absolutamente agradáveis; uma ética absoluta pode ser difícil de ser praticada em todas as situações. Mas isto não significa que está autorizada a ação que fere a cidadania e cause dano ou sofrimento a outro. A fuga do comportamento indesejável para a coletividade e para o outro é o caminho para a ética, a justiça e a felicidade, último propósito da sabedoria. Assim, a educação é imprescindível para se criar o hábito da ética, até mesmo com o "peso" da lei. O homem que foi educado publicamente – Liceu é ensino público – será cobrado pela sua ética, ou seja, por sua retribuição à coletividade do esforço que esta fez para o formar e instruir. O mais condenável dos homens não é o que rouba para saciar a fome ou o escravo que procura se libertar de seu senhor, mas aquele que, tendo conhecimento e educação, "opta" livremente pelo mal ou coloca seus interesses pessoais acima da coletividade.

Neste sentido, ser cidadão é muito mais construir a cidadania pela participação política em nome da *polis* do que exigir apenas do governante seus direitos. Os limites aos excessos do poder, e de quem o detém, não estão na punição transcendente, mas na felicidade contida na sabedoria de praticar o bem e dedicar-se plenamente à coletividade. Neste sentido, a lei é mais um coadjuvante "incisivo" na formação do cidadão decente do que um instrumento de punição sob outorga do soberano.

O que Aristóteles de fato tentava harmonizar era o contraditório político sempre presente entre "interesse coletivo" e "interesse particular", então já tão presente na sociedade ateniense no período clássico, como nos dias atuais. Não podendo condenar a democracia, o pensador grego procurou garantir os benefícios das elites econômicas atenienses sem condenar de vez o cidadão comum, fortalecendo o interesse e a proteção do Estado. Ressalve-se, no entanto, que o cidadão pleno ao tempo da obra aristotélica é aquele que ainda descende dos fundadores da cidade, cujo poder originário está sendo questionado pelo poder mercantil das novas elites. Será a "Ética a Nicômaco" a tentativa de apaziguar o confronto entre "Latifundiários" e "Burgueses" em Atenas?

De certa forma, a denúncia da escola socrática, da qual Aristóteles descende, é a tentativa de evitar a demagogia dos sofistas e governar pela conciliação das classes sem, contudo, deixar o poder econômico e político perverter o verdadeiro sentido de cidadania, construído com dificuldades a partir de Dracon, Sólon e Péricles.

5

EPICURO DE SAMOS

Epicuro viveu na ilha de Samos, na Grécia antiga **(entre 341 - 270 a.C.)**. Estudou no Liceu de Aristóteles, em Atenas, embora não tenha sido seu discípulo. Apesar de ter absorvido grande parte dos ensinamentos da escola indutivista aristotélica - como a preferência pela realidade fática da vida –, Epicuro foi genial ao desenvolver seu próprio pensamento, resgatando e revisando a visão atomista-materialista de Demócrito.

A filosofia de Epicuro apoia-se em quatro características fundamentais:

- *Semiateísmo*: se, por um lado, Epicuro acredita que os deuses existem, por outro lado defende a ideia de que o mundo dos homens, a mortalidade, jamais terá qualquer contato, agora ou depois da morte, com o mundo deles, o mundo da imortalidade. Assim, o melhor que os humanos podem fazer é dedicar-se plenamente a viver sua existência terrena e a deixar de se preocupar com o além e com a situação de pós-morte.
- *Atomismo:* o corpo humano é feito de átomos que se integraram de forma a produzirem os homens e que se desintegram após a vida. Portanto, nada existe depois da vida terrena, pois à desintegração dos átomos corresponde ao fim de todos os sentidos; uma vez mais, a mais sensata preocupação dos humanos deve ser usufruir a vida e ser feliz nesta única existência.
- *Sensacionismo:* a organização atômica dá aos humanos a capacidade de compreenderem o mundo pelos sentidos (visão, tato, olfato, audição, paladar), que em contato com as coisas e a natureza produzem as sensações humanas. Os desejos podem provocar sensações tanto boas

como ruins. De qualquer forma, dor e prazer são consequências de como entramos materialmente em contato com o mundo e como nos envolvemos materialmente com ele.

- *Dor → Prazer:* a dor e o prazer, como sensações produzidas pelos sentidos humanos, não podem ser evitadas metafisicamente (espiritualmente). Os humanos precisam aprender a conviver com elas, e, por isso mesmo, dentro de um tempo limitado de existência material, é mais inteligente que se dediquem a evitar a dor e a construírem o prazer. Neste sentido, prazer nada tem a ver com a prevalência de coisas mundanas, bens materiais ou mesmo atitudes libidinosas. Pelo contrário, essas sensações, ainda que possam produzir satisfação momentânea, são consideradas por Epicuro vícios que afastam os homens da felicidade duradoura.

No materialismo filosófico de Epicuro, não existe nenhum contato do homem com os deuses, ou seja, do mundo mortal com o mundo imortal. Os homens precisam procurar ser felizes, pois não existe nem vida antes nem depois da morte. A felicidade deve ser o objetivo constante dos homens. No entanto, diferentemente da visão do senso-comum – criada ideologicamente pelo Cristianismo medieval, que permanece pejorativamente até hoje –, essa felicidade não está ligada a bens materiais, a propriedades, ou ao gozo inconsequente dos prazeres do corpo e dos sentidos, como Epicuro diz a seu discípulo Meneceu: "Não são, pois, bebidas nem banquetes contínuos, nem a posse de mulheres e rapazes, nem o sabor dos peixes ou das outras iguarias de uma mesa farta que tornam doce uma vida" (*Carta sobre a felicidade* (a Meneceu). São Paulo: Unesp, [s.d.], p. 45).

5.1. O INDIVIDUALISMO E A ÉTICA DE SI

A tradição socrática/platônica, reforçada posteriormente pelo Cristianismo, está focada em uma "felicidade" preocupada com as tentações da vida terrena e com o julgamento depois da morte. Visão absolutamente inversa da ideia de Epicuro. Achamos comumente que o materialista é uma pessoa desonesta que passa por cima dos outros para conseguir o que quer. Mas em Epicuro o materialismo é sinônimo de prudência e responsabilidade e total repúdio à banalidade e superficialidade das coisas da existência humana.

Também, neste sentido, o materialismo epicuriano não é, necessariamente, sinônimo de ateísmo. Ser materialista, como apregoou o pensador grego, é apenas acreditar que o mais sensato, racional e inteligente é viver esta existência como se fosse a única, uma única chance de provar da felicidade em ser simples, honesto, humilde e ético com os outros.

O mais radical do materialismo filosófico de Epicuro é acreditar que, independentemente da existência de deuses ou do além, a responsabilidade depende de cada homem para que alcance a felicidade baseada naquilo que importa verdadeiramente: a decência e a justiça. Mas, desde há muito, procuramos resgatar na transcendência divina o perdão de atos que ferem nossa própria paz e consciência, quando deveriam os homens preocupar-se mais em evitar tais atos que só lhes trazem infelicidade. A felicidade está nas pequenas coisas. O que importa é o valor e a qualidade que se dá às coisas. Depois da morte, não se sente nada; por isso, não é preciso temer a morte. Se assim o fizer, não viverá a vida. Não se trata de negar os deuses, mas de evitar que sejam usados ou como causadores de nossas ações pífias ou como os que perdoarão nossos pecados.

Desejos	**Dor = Infelicidade (imprudência)** **x** **Prazer = Felicidade (ausência de dor)**

Figura 5.1 *A dialética materialista de Epicuro.*

Olhando-se a Figura 5.1, pode-se perceber que a dialética - oposição - entre dor e prazer em Epicuro não obriga a nenhum caminho em que uma sensação leve a outra, isto é, para se alcançar o prazer ou se conquistar a ausência de dor não é preciso, necessariamente, passar pela dor ou sofrer da imprudência, desatino e falta de sensatez na paixão que se pode ter colocado em satisfações imediatistas e superficiais. E aqui está o paradoxo que há 24 séculos a Filosofia procura demonstrar e, por isso mesmo, muitas vezes foi desdenhado ou perseguido (pelas religiões de cunho monoteísta): os homens estão dispostos a acreditar no imaginário de uma vida feliz e bem vivida através de coisas sem valor e rendem, assim, sua razão ao imediatismo dos sentidos, para depois, incompreensivelmente, devotarem suas esperanças em se salvarem através do medo e da dor da punição do além ("inferno"); afinal, trata-se de aceitar a dor como caminho da felicidade, e, então, vamos gozar tudo de qualquer forma agora?

É neste sentido que Epicuro diz a Meneceu:

> Embora o prazer seja nosso bem primeiro e inato, nem por isso escolhemos qualquer prazer: há ocasiões em que evitamos muitos prazeres, quando deles nos advêm efeitos o mais das vezes desagradáveis; ao passo que consideramos muitos sofrimentos preferíveis aos prazeres, se um prazer maior advier depois de suportarmos essas dores por muito tempo. [...] Convém, portanto, avaliar todos os prazeres e sofrimentos de acordo com o critério dos benefícios e dos danos (idem, p. 39).

Neste sentido, a filosofia de Epicuro inaugura uma concepção ético-política de cunho individualista, que está na base de filosofias libertárias que serão resgatadas nos séculos XIX e XX. Entretanto, este individualismo é extremamente responsável, na medida em que o comportamento ético deriva de uma responsabilidade consigo mesmo, ao mesmo tempo um cuidado de cada homem com ele mesmo, sem a necessidade de entidades e concepções mítico-religiosas ou a penetração do Estado e sua legislação para regular os comportamentos do cidadão com relação aos outros.

FICHÁRIO: Epicuro; século IV-III a.C.; Atenas – Grécia (foi criado em Samos); Corrente Filosófica: Materialismo; Escola: Epicurismo; obra: *Carta sobre a Felicidade (a Meneceu)*; Palavras-chave: Razão, Existência, Felicidade, Ética.

A vida é única e a existência limita-se a experimentá-la plenamente. Nada existe além de átomos, nem antes nem depois da morte: nos dois momentos, não existe esta disposição de átomos que chamamos de ser humano. Nem, portanto, de sentidos capazes de avaliar e perceber a dor, o medo, ou a alegria e a felicidade. Logo, o mais sensato, racional e inteligente é dedicar-se com esmero a este momento, a esta vida.

Como não existe a quem ou ao que recorrer em caso de erro, a busca da felicidade ou ausência de dor deve ser efetuada com "prudência" – não há remédio ou perdão. O juiz que julga deve estar muito certo da sentença – "provas materiais, direito material" –, pois não existe como apagar o erro jurídico que se realizou sobre o outro.

Grande parte da felicidade está na capacidade de se avaliar e evitar o quanto vale a pena se iludir com o gozo mundano, os bens materiais e o poder ou sucesso aparente e superficial que proporcionam. Ao cessar a vida, nada se leva. Portanto, Epicuro vê as melhores condições de alcançar a felicidade não o temor aos deuses ou aos homens, mas viver bem consigo mesmo: humildade, simplicidade, comedimento, decência, ética e justiça. E ensinar isto aos outros.

Logo, a grande proeza da vida é viver bem de acordo com sua própria consciência, ser ético, antes de tudo, consigo mesmo, e acreditar que a maior felicidade é aquela que parte de nossos atos e nosso compromisso com a decência e simplicidade.

6

O ESTOICISMO DE MARCO TÚLIO CÍCERO

No Império Romano (século III a.C. até século IV d.C.), destaca-se o jusfilósofo **Cícero (106-43 a.C.)**, que veio de família abastada e teve contato com várias culturas. Pertence à escola filosófica do Estoicismo (visão generalista do direito, predominância da ação sobre o pensamento, opção pela ética).

Cícero foi filósofo e magistrado (no Império Romano, chamava-se pretor). Participou ativamente na confecção do Código Romano e foi senador na República Romana. O Império Romano foi sempre uma luta entre o imperador César (tirânico) e a República Democrática com Senadores.

O Senado Romano era dividido em duas Câmaras:

I – *A alta*; composta pelos lordes indicados pelas elites.

II – *A baixa*: composta de senadores indicados pelos plebeus.

Esta luta permanece no Império Romano com uma agravante, um território dividido em províncias cada uma com um governador. A uniformidade é dada pela lei do Império, o Direito Romano.

Toda a sociedade humana que mantém contato com a natureza mantém contato com os deuses. O homem é apenas uma parte da totalidade do cosmos. Em Cícero, não existe o atomismo. Mas Cícero diz, assim como Epicuro, que somos muito pequenos em relação à natureza, ao universo. Não é porque somos pequenos que não somos importantes. Trata-se de uma questão de humildade. Necessidade de *integração* do homem com a natureza. Sem o caminho individual da integração do homem com o cosmos, nada que busque alegria e felicidade servirá.

A moral que se vai encontrar é aquela que nos dá consciência de tudo que nos cerca, de igualdade na medida em que somos seres naturais e temos todos os mesmos direitos. Os homens que têm poder e podem usá-lo não se dão conta de como se afastaram da integração com o universo (humildade). É nesta integração que os homens saberão como praticar (ação) o bem e a justiça e terão a dimensão exata de sua fragilidade e o sentido de usar a lei para assegurar a igualdade e o bem-estar de todos os cidadãos, de acordo com as leis da natureza.

Com os estóicos e com Cícero, inaugura-se no Direito a escola do Jusnaturalismo. Fundamentalmente, a noção do homem juridicamente inserido na área do Direito Natural. Ainda que neste caso o Direito Natural provenha do reconhecimento do homem como elemento da natureza e na medida em que este reconheça a natureza como infinitamente portadora de forças "de direito", ainda assim o que prevalece para a jusfilosofia é a diretiva de que os homens têm direitos a serem alcançados e respeitados independentemente do ordenamento jurídico e/ou dos sistemas de Direito construídos. É, claramente, um primeiro passo para a defesa intransigente dos direitos da condição humana a serem defendidos no Renascimento (Hugo Grócio) e mesmo ao longo do século XX (Hannah Arendt).

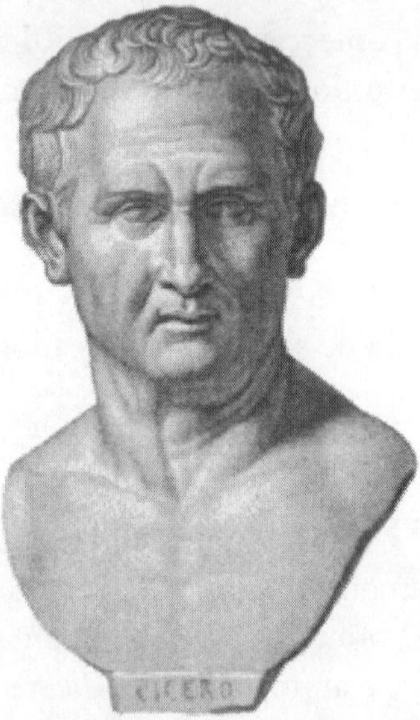

Figura 6.1 *Marco Túlio Cícero.* Fonte: Consciência.org

Anexo

Primeira Catilinária[1]

8 de novembro de 63 a.C.

Cícero

INTRODUÇÃO

Oh tempos, oh costumes! Uma das mais famosas frases de todos os tempos, foi pronunciada há mais de 2000 anos por Cícero, ao discursar perante o Senado de Roma, começando a destruir uma tentativa de golpe de Estado contra a República. Cícero tinha confirmado os seus dotes oratórios quando sete anos antes, em 70 a.C., tinha conseguido que o corrupto governador da Sicília, Caio Verres, fosse impugnado (demitido do seu cargo), mas agora enquanto cônsul de Roma o caso era mais grave.

A conspiração contra o Senado, dirigida por Lúcio Sérgio Catilina, candidato vencido ao cargo de cônsul nas eleições de julho de 64 a.C., assim como nas de 63, lugar-tenente de Sila durante a ditadura deste, antigo governador da província de África, amigo de Júlio César e de Crasso, os dois dirigentes do *Partido Popular* em Roma, tinha começado em setembro de 63 a.C., após a realização das eleições, uma conspiração para obter o poder a qualquer custo, provocando reações de Cícero e do Senado, mas até aí não havia sido incriminado.

1. Transcrito conforme Pe. António Joaquim (trad.), *Orações principaes de M. T. Cicero*, Lisboa, Regia Off. Typ., 1779-1780. 3 v. (2. ed., 1807-1808; nova ed., 1848). Manteve-se a escrita original de Portugal.

Na noite de 6 para 7 de novembro, Catilina reuniu novamente os dirigentes da conspiração para tomarem as últimas decisões antes da nova tentativa de golpe, mas Cícero foi informado da reunião e das decisões aí tomadas e decidiu convocar o Senado para o Templo de Júpiter Estátor para o dia seguinte. Quando o chefe da conjura apareceu na reunião, Cícero ficou tão indignado que se dirigiu diretamente a Catilina, acusando-o violenta e diretamente, no primeiro de quatro célebres discursos – as Catilinárias –, que acabaram por convencer o incrédulo Senado da existência da conspiração e das culpas de Catilina. Mas neste primeiro discurso Cícero sabia que por lei não poderia condenar, nem mesmo mandar desterrar Catilina, e por isso tentou que este saísse voluntariamente da cidade, o que de fato conseguiu. Em meados de novembro, Catilina entrou em revolta aberta e acabou por ser condenado à morte pelo Senado em princípios de dezembro, após um discurso de Cícero – a quarta Catilinária –, mas, tendo recusado a entregar-se, foi morto em janeiro de 62 a.C. no campo de batalha de Pistóia, o que lhe valeu um elogio de Floro: «Bela morte, assim tivesse tombado pela Pátria».

Este discurso, o mais famoso de Cícero, foi usado como exercício escolar no ensino da retórica durante séculos, como é exemplo em Portugal a tradução do padre António Joaquim que teve três edições e que tem um componente pedagógico muito importante.

Já não podes viver mais tempo conosco
I

Até quando, ó Catilina, abusarás da nossa paciência? Por quanto tempo ainda há-de zombar de nós essa tua loucura? A que extremos se há-de precipitar a tua audácia sem freio? Nem a guarda do Palatino, nem a ronda nocturna da cidade, nem os temores do povo, nem a afluência de todos os homens de bem, nem este local tão bem protegido para a reunião do Senado, nem o olhar e o aspecto destes senadores, nada disto conseguiu perturbar-te? Não sentes que os teus planos estão à vista de todos? Não vês que a tua conspiração a têm já dominada todos estes que a conhecem? Quem, de entre nós, pensas tu que ignora o que fizeste na noite passada e na precedente, em que local estiveste, a quem convocaste, que deliberações foram as tuas?

Oh tempos, oh costumes! O Senado tem conhecimento destes factos, o cônsul tem-nos diante dos olhos; todavia, este homem continua vivo! Vivo?! Mais ainda, até no Senado ele aparece, toma parte no conselho de Estado, aponta-nos e marca-nos, com o olhar, um a um, para a chacina. E nós, homens valorosos, cuidamos cumprir o nosso dever para com o Estado, se evitamos os dardos da sua loucura. À morte, Catilina, é que tu deverias, há muito, ter sido arrastado por ordem do cônsul; contra ti é que se deveria lançar a ruína que tu, desde há muito tempo, tramas contra todos nós.

Pois não é verdade que uma personagem tão notável, como era Públio Cipião, pontífice máximo, mandou, como simples particular, matar Tibério Graco, que levemente perturbara a constituição do Estado? E Catilina, que anseia por devastar a ferro e fogo a face da terra, haveremos nós, os cônsules, de o suportar toda a vida? E já não falo naqueles casos de outras eras, como o facto de Gaio Servílio Aala ter abatido, por suas próprias mãos, Espúrio Mélio e, que alimentava ideias revolucionárias. Havia, havia outrora nesta República, uma tal disciplina moral que os homens de coragem puniam com mais severos castigos um cidadão perigoso do que o mais implacável dos inimigos. Temos um decreto do Senado contra ti, Catilina, um decreto rigoroso e grave; não é a decisão clara nem a autoridade da Ordem aqui presente que falta à República; nós, digo-o publicamente, nós, os cônsules, é que faltamos.

[...]

VII

E agora, que vida é esta que levas? Desejo neste momento falar-te de modo que se veja que não sou movido pelo rancor, que eu te deveria ter, mas por uma compaixão que tu em nada mereces. Entraste há pouco neste Senado. Quem, dentre esta tão vasta assembleia, dentre todos os teus amigos e parentes, te saudou? Se isto, desde que há memória dos homens, a ninguém aconteceu, ainda esperas que te insultem com palavras, quando te encontras esmagado pela pesadíssima condenação do silêncio? E que dizes ao facto de, à tua chegada, esse lugar ter ficado ao abandono, e ao facto de todos os consulares, que tantas vezes figuraram nos teus planos de assassínio, mal te havias sentado a seu lado, terem deixado deserta e vazia essa zona da bancada? Com que coragem, afinal, julgas tu que hás-de suportar tal afronta?

Se os meus escravos me temessem da maneira que todos os teus concidadãos te receiam, eu, por Hércules!, sentir-me-ia compelido a deixar a minha casa; e tu, a esta cidade, não pensas que é teu dever abandoná-la? E se eu me visse, ainda que injustamente, tão gravemente suspeito e detestado pelos meus concidadãos, preferiria ficar privado da sua vista a ser alvo do olhar hostil de toda a gente;

e tu, apesar de reconheceres, pela consciência que tens dos teus crimes, que é justo e de há muito merecido o ódio que todos nutrem por ti, estás a hesitar em fugir da vista e da presença de todos aqueles a quem tu atinges na alma e no coração? Se teus pais te temessem e odiassem e tu não os pudesses apaziguar de modo nenhum, retirar-te-ias, penso eu, do seu olhar para outra qualquer parte. Pois agora é a Pátria, mãe comum de todos nós, que te odeia e teme, e sabe que desde há muito não pensas noutra coisa que não seja o seu parricídio; e tu, nem respeitarás a sua autoridade, nem acatarás as suas decisões, nem te assustarás com o seu poder?

Eis que ela a ti se dirige, ó Catilina, e, no seu silêncio, como que fala:

> *«Há vários anos já que nenhum crime se viu cometido senão por ti; nenhum escândalo, sem ti; só tu cometeste, sem castigo e com toda a liberdade, o assassínio de muitos cidadãos, a opressão e saque dos nossos aliados; só tu te atreveste não só a desprezar, mas até a subverter e a infringir as leis e os tribunais. Esses crimes de outrora, posto que não devessem ter sido suportados, eu os suportei como pude; mas agora, estar eu toda em sobressalto somente por causa de ti, ser Catilina objecto de medo ao mínimo ruído que surja, não se poder descobrir conjura alguma tramada contra mim em que não esteja implicada a tua intenção criminosa, não, isso é que não devo suportar. Por isso, vai-te daqui e afasta de mim este receio; se ele tem fundamento, para eu não andar oprimida; se é ilusório, para eu, enfim, deixar de uma vez esta vida de medo».*

[...]

XI

E agora, venerandos senadores, a fim de eu poder arredar e esconjurar de mim uma censura, de certo modo justa, da Pátria, escutai, por favor, com atenção, o que vou dizer, e gravai-o bem fundo no vosso coração e na vossa memória. Porquanto, se a Pátria, que é para mim mais cara que a própria vida, se a Itália inteira, se toda a República me dissesse:

> *«Que estás tu a fazer, Marco Túlio? Então tu vais consentir que aquele que provaste ser um inimigo público, que tu vês como o futuro comandante de uma revolta, que tu sabes ser esperado como general no acampamento dos inimigos, ser o instigador de um acto criminoso, o cabecilha de uma conspiração, um agitador de escravos e de cidadãos perversos, a esse vais tu deixá-lo partir de tal maneira, que nem parece ter sido por ti expelido para fora da cidade, mas, sim, impelido contra ela? Então, não vais mandar que o ponham a ferros, que o arrastem para a morte, que o imolem no derradeiro suplício?*

O que te impede, afinal? Será a tradição dos antigos? Mas nesta República até simples particulares puniram muitíssimas vezes com a morte cidadãos perniciosos. Serão, porventura, as leis que foram propostas acerca do suplício dos cidadãos romanos? Mas nunca, nesta cidade, os que atraiçoaram a Pátria continuaram na posse dos direitos de cidadania. Ou é a impopularidade do futuro que tu receias? Bela maneira essa de agradeceres ao povo romano, ele que te elevou tão cedo ao supremo poder através de todos os graus da magistratura, sendo tu um homem conhecido apenas pela tua pessoa sem nenhuma recomendação de antepassados – se, por causa da impopularidade ou do receio de algum perigo, desprezas a salvação dos teus concidadãos!

Mas, se há algum medo de cair em desagrado, dever-se-á, porventura, ter mais receio da antipatia motivada pelo rigor e pela fortaleza que pela preguiça e pelo desleixo? Ou, quando a Itália for devastada pela guerra, quando as cidades forem arrasadas, quando as casas estiverem a arder, acaso pensas tu que nessa altura não hás-de ser inteiramente devorado pelo fogo do ódio popular?».

XII

A estes tão augustos clamores da República e ao pensamento daqueles homens que sentem desse mesmo modo responderei em poucas palavras. Se eu, venerandos senadores, considerasse que a melhor atitude era castigar Catilina com a morte, não concederia a esse gladiador nem mais uma hora de vida. É que, se homens da mais alta categoria e cidadãos dos mais ilustres não só se não mancharam, mas até colheram honra no sangue de Saturnino, e dos Gracos, e de Flaco, e de muitos ainda mais antigos, certamente eu não teria que recear que, com a morte deste parricida dos seus concidadãos, sobre mim se derramasse qualquer ódio da posteridade. E, mesmo que este me estivesse particularmente iminente, sempre tive, apesar disso, a convicção de que o ódio alcançado pelo mérito não é ódio, é glória.

Há, todavia, nesta Ordem de senadores, alguns que, ou não veem aquilo que nos ameaça, ou fingem ignorar aquilo que veem; estes, pela moleza das suas decisões, alimentaram a esperança de Catilina e deram força à conjuração nascente, não acreditando nela; e, por sua influência, muitos; não apenas os perversos, mas ainda os mal informados, diriam, se eu tivesse punido Catilina, que o tinha feito com crueldade e tirania.

Ora eu penso que, se este der entrada nos acampamentos de Mânlio, que são o seu objectivo, não haverá ninguém tão ingénuo que não veja ter-se armado uma conjuração, ninguém tão descarado que o não confesse. Por outro lado, penso que, se for condenado à morte apenas Catilina aqui presente, este flagelo que afecta o Estado pode reprimir-se por um pouco, não suprimir-se para sempre. Mas, se ele se desterrar a si mesmo e levar os seus partidários consigo, e se recolher, de toda a parte, os demais naufragados da vida e os congregar no mesmo lugar, ficará extinta e debelada não apenas esta já tão adiantada doença do Estado, mas até a raiz e o germe de todos os males.

XIII

É que nós, venerandos senadores, vivemos desde há muito envolvidos nestes perigos e nas ciladas de uma conspiração, mas, não sei como, a maturação de todos os crimes e da antiga loucura e audácia veio a rebentar no tempo do nosso consulado. E se, de tamanho bando de salteadores, se suprimir apenas este, poderá parecer talvez que ficamos, por um pequeno espaço de tempo, aliviados da apreensão e do medo; o perigo, porém, há-de permanecer e ficará profundamente inculcado nas veias e nas entranhas da República. Tal como, muitas vezes, as pessoas atingidas por uma doença grave, se, no tumultuar do ardor da febre, beberam água gelada, parecem aliviadas nos primeiros momentos e logo depois o mal as oprime mais forte e violento, do mesmo modo esta doença que existe no seio do Estado, aliviada embora pelo suplício daquele que ali vedes, agravar-se-á com mais violência ainda se sobreviverem os restantes conjurados.

Por tudo isto, que os perversos se retirem, se separem dos homens de bem, se juntem num só lugar e que uma muralha, enfim, como já o proclamei tantas vezes, os mantenha separados de nós; que deixem de armar traições ao cônsul na sua própria casa, de bloquear o tribunal do pretor urbano, de assediar com armas a Cúria, de preparar dardos incendiários e archotes para deitar fogo à cidade; numa palavra, que na fronte de cada um se mostrem gravados os seus sentimentos políticos. Garanto-vos, senadores egrégios, que a nossa vigilância de cônsules há-de ser bastante, e espero que haja em vós tal autoridade, nos cavaleiros romanos tamanha coragem, em todos os homens de bem a conformidade de sentimentos necessária para poderdes ver que, com a retirada de Catilina, tudo fica descoberto, esclarecido, subjugado, punido.

Com estes presságios, Catilina, e para suprema salvação do Estado, para tua desgraça e ruína e para perdição daqueles que a ti se ligaram por toda a espécie de crimes e parricídios, parte para essa guerra ímpia e nefanda. E tu, Júpiter, cujo culto foi estatuído por Rómulo sob os mesmos auspícios, desta cidade, tu a quem com justiça chamamos o Sustentáculo desta urbe e deste império, hás-de relegar este assassino e os seus comparsas para longe do teu templo e dos res-

tantes, das casas de Roma e das suas muralhas, da vida e dos haveres de toda a população; e àqueles que odeiam os homens de bem, aos inimigos da Pátria, aos salteadores da Itália, unidos entre si por um pacto criminoso e uma aliança nefanda, a esses, vivos e mortos, hás-de puni-los com suplícios eternos.

FICHÁRIO: Cícero; século II - I a.C.; Roma – Império Romano; Corrente Filosófica: Holismo (Dialético); Escola: Estoicismo; Obra: Das leis; Palavras-chave: Razão, Conhecimentos, Natureza e Direito.

Os estóicos são homens de ação. Usam o conhecimento para agirem, não apenas um conhecimento específico, mas também a união de todas as especialidades do conhecimento. O objetivo é (re)integrar o homem à mãe natureza (cultivo do paganismo). O homem é visto como um fragmento diante do cosmos; há de se reconhecer a pequenez da condição humana diante da infinitude do universo (humildade). Diante deste reconhecimento da "insignificância" humana no universo, devem-se "temer" as forças da natureza que transcendem a compreensão humana e procurar harmonizar-se com elas, respeitando-as (naturalismo).

Usar a razão com base em um sentimento "holístico" – sistêmico e totalizante –, posição generalista para a qual devem contribuir todos os conhecimentos disponíveis (interdisciplinaridade). Assim, o dever-ser ético aflora no espírito humano pelo reconhecimento de que a "lei natural" é a convivência harmoniosa e pacífica com a natureza e, consequentemente, com os outros homens. Obedeço e pratico a ética, o bem, a justiça, não porque reconheço o poder e a violência do governante (Estado), ou porque tenho medo de uma justiça transcendental, mas reconheço em mim o sentido do bem-estar e felicidade quando estou integrado ao todo e à coletividade.

O caminho desta integração é individual; cada ser como parte do universo deve descobrir sua própria síntese como ser, seu próprio e único caminho, estar bem consigo mesmo, reconhecer essa quietude advinda da sua situação ínfima no cosmos. Mas só se sentirá feliz e plenamente realizado se compartilhar e ajudar seus semelhantes a conquistarem igual felicidade e segurança, que provém de dentro do homem que se reencontrou com a natureza, e não dos dispositivos legais do governante ou do poder.

Seção III

A FILOSOFIA MEDIEVAL: SÉCULO III – SÉCULO XIV

7

CRISTIANISMO E DIREITO DIVINO

Quando o Império Romano acaba, cada chefe tribal "bárbaro" se apossou do território conquistado, dividindo ainda mais o antigo Império a partir da antiga fragmentação provincial. Assim, territorialmente a Europa ficou extremamente dividida: até então o que garantia a união jurídica era a lei – Direito Romano. Fim do Império Romano: fragmentação – feudos; neste contexto, o que unifica o território europeu? Quem surge é a Igreja Católica e o instrumento é o Direito Divino.

A Igreja Católica elabora o seu próprio Código – "Direito Canônico" – que existe até hoje, porque o Vaticano é um Estado autônomo. O Direito Divino, no entanto, surge como alternativa quando o Código Romano se perdeu; passou a ser com base nele (Direito Divino) que se fez a unificação política e filosófica da Idade Média.

No entanto, a Igreja precisava de teorias explicativas (teologia) e práticas (liturgia) que lhe dessem uma estrutura capaz de sustentar a unificação religiosa e política do medievo, e que levassem aos fiéis uma mensagem sistematizada e coerente sobre o papel do Cristianismo e da instituição Igreja. É dentro dessas necessidades que na Idade Média aparecem os pensadores católicos, com destaque para dois teólogos cujas obras vão inspirar toda a teologia e liturgia cristã, desde esse período até hoje: Santo Agostinho e Santo Tomás de Aquino.

7.1. A PATRÍSTICA DE SANTO AGOSTINHO

Santo Agostinho (354-430), de nome Aurélio, que viveu na passagem do século IV para o século V, elaborou um pensamento teológico conhecido por Patrística, que é o instrumento pelo qual a Igreja Católica constrói uma liturgia voltada para a sagração de Deus nos homens, ou o encontro destes com Ele. Sua obra está baseada no pensamento de *Platão* (alma, juízo do além, bem e mal).

Patrística: batizar o pagão, porque todo aquele que não está batizado "está no inferno". A concepção preconiza batizar rapidamente para receber Deus, vem de *Patre* – "Pai" – receber o Pai.

Obviamente, o batismo, principalmente quando celebrado em uma criança recém-nascida, necessitará ser renovado, o que, por si só, obriga a um conjunto de práticas e justificativas para os fiéis que precisam ser meticulosamente elaboradas. Mas não há por que duvidar da crença e da honestidade no propósito de Santo Agostinho, cuja revelação divina (Deus lhe aparece quando tinha 32 anos de idade) é um marco de fé e devoção. Neste sentido, toda a teologia agostiniana, por mais severa ou rigorosa que possa parecer, é na verdade consequência de um profundo temor e arrependimento de alguém que vê como sua missão definitiva levar os homens de volta à presença de Deus e possibilitar sua salvação no juízo final. A função da igreja é essa: salvar as almas humanas e resgatá-las dos pecados que as condenam.

A severidade do pensamento agostiniano fica por conta de uma submissão eterna dos homens a Deus, separados por dois mundos cujo contato serve apenas para demonstrar a fraqueza e o caráter ímpio dos homens, portadores do pecado original e de todos os demais praticados ao longo dos tempos. Assim, a Cidade de Deus domina completamente a Cidade dos homens, e a única salvação será seguir com fé os mandamentos dos textos sagrados tal como preconizados pela Igreja. Portanto, Fé e Temor são os dois alicerces da teologia agostiniana, e a forma como o catolicismo medievo procura salvar as almas humanas, enquanto consegue um poder absoluto sobre todos os homens, de reis a vassalos.

FICHÁRIO: Santo Agostinho; século IV-V; Hipona – Argélia (na época Império Romano); Corrente Filosófica: Idealismo; Escola: Cristianismo Agostiniano (Platônica); Obra: *A cidade de Deus*; Palavras-chave: Teocentrismo, Alma, Patrística, Juízo Final.

Base de sua teologia á a obra de Platão: alma (espírito), juízo no além (juízo final), o medo desse julgamento final, punição (inferno). Cidade de Deus acima da Cidade dos homens revela a condição de inferioridade e submissão dos humanos. Os homens portam a condição de pecadores mesmo ao nascerem – pecado original e demais desobediências a Deus. A crucificação é a prova definitiva da reafirmação de pecado. Haverá juízo final – diferente de Platão que afirmava haver julgamento a cada desencarnação.

Dicotomia entre paraíso eterno e inferno eterno – diferente de Platão em que as almas reencarnam em um ciclo eterno. A punição é por uma condição absoluta, o pecado inato aos homens – diferente de Platão, em que o julgar e o punir são partes do processo rumo à sabedoria. A missão da Igreja é salvar as almas pecadoras, para que, pelas boas ações, preconizadas pela Igreja, os homens possam ser perdoados no dia do juízo final; essa é a função da patrística, batismo e demais liturgias cristãs (catolicismo) para renovar a presença de Deus nos homens. Livre-arbítrio reduzido, pois, como portadores do pecado eterno, do mal, a liberdade sem proteção da Igreja só arruinará mais os homens. Onde começa a fé termina a filosofia.

7.2. ESCOLÁSTICA DE SANTO TOMÁS DE AQUINO

Santo Tomás de Aquino (1225-1274) viveu no século XIII e produziu seu pensamento com base em *Aristóteles*, para o qual os homens fazem as leis e passam a se julgar e punir por elas. A marca aristotélica de Santo Tomás de Aquino é o livre-arbítrio. Por outro lado, onde existe a liberdade existe menos proteção divina, ou seja, uma maior responsabilidade dos homens. Esse autor é conhecido como o fundador da Escolástica.

Escolástica: de escola – estudar os textos divinos e entender sua obra, aceitando que ela é superior e mesmo para além de nossa compreensão.

Ao criar a equivalência entre a Cidade de Deus e a Cidade dos homens, no plano terreno, o tomismo resgata a dimensão humana em seu livre-arbítrio e responsabilidade pela governabilidade e justiça terrena. Isto, porém, não significa que Deus não continue como árbitro máximo, pois no dia de juízo final o julgamento das almas será efetuado. Então o papel da Igreja e seus rituais e normas continuam válidos e devem servir de parâmetro para as condutas humanas. Acontece, no entanto, que Santo Tomás declara a absolvição dos pecados dos homens a partir da crucificação, diminuindo assim o peso da humanidade de carregar a condição pecadora.

O humanismo atomista, quando possibilita aos homens que desenvolvam seus sistemas políticos e de Direito, não os está necessariamente desvinculando da Igreja, mas dando certa autonomia juspolítica a partir de uma redenção já efetuada por Cristo e renovada ao nascermos pelo batismo e demais liturgias. A bem da verdade, se essa autonomia parece mais condizente com a aurora de um novo período histórico, o Renascimento, por outro lado, ela exige a preocupação com outra dimensão humana que lhe levará de volta à fé: a responsabilidade por seus atos diante de exigências mercantis novas. Quando essa responsabilidade pode ser passada para os homens, eles precisarão renovar seus votos cristãos, pois, obviamente, diante de Deus, no julgamento final, os atos humanos julgados ruins terão um peso redobrado, haja vista que o peso do homem como pecador não é justificativa para a absolvição, pois, afinal, os homens cometem esses atos por sua vontade e pela opção que fazem pelo sistema laico de mercado.

No fundo, o que a Igreja Católica viu em Tomás de Aquino, considerado primeiramente um herege e quase queimado nas fogueiras da Inquisição, depois canonizado como santo, foi a possibilidade de não desperdiçar fiéis rumo ao protestantismo, muito mais ameno e mais complacente com as atividades próprias de revolução cultural, científica e burguesa (comércio e ofícios) que já se desenha como um novo patamar histórico na existência humana, que foi a Renascença, ao fim da Idade Média.

FICHÁRIO: Santo Tomás de Aquino; século XIII; Aquino – Itália; Corrente Filosófica: Idealismo; Escola: Cristianismo Tomista (Aristotélica); Obra: *Suma teológica*; Palavras-chave: Teocentrismo, Alma, Livre-arbítrio, Escolástica.

Base de sua teologia é a obra de Aristóteles: em ambos, apesar de se reconhecer a existência da alma, a preocupação é com a felicidade construída a partir do bem como opção do próprio homem, ao invés do medo da punição do juízo final. A Cidade de Deus se "nivela" ao plano da Cidade dos homens, na medida em que estes passam a ser responsáveis por suas ações, com o livre-arbítrio resgatado da crucificação – Cristo perdoou a todos e resgatou seus pecados. A missão da Igreja é preparar os homens para, pelas boas ações, serem absolvidos no dia do juízo final. É dada uma importância considerável, pois, à escolha dos homens em suas formas políticas de existirem no plano terreno – herança aristotélica.

A escolástica, ainda que não se sobreponha à patrística agostiniana, serve para que os homens pelo estudo possam reconhecer sua condição de fragilidade, finitude e mortalidade, a partir da qual devem procurar, de um lado, ser responsáveis por seus atos e, de outro, seguir os mandamentos cristãos. Não mais tanto o terror do inferno, mas a certeza de um julgamento justo a partir das escolhas humanas que cada um fez em sua vida terrena. Onde existe mais liberdade terá de haver mais responsabilidade.

Seção IV

A FILOSOFIA DO RENASCIMENTO AO ILUMINISMO: SÉCULO XV – SÉCULO XVIII

8

O ESTATISMO DE NICOLAU MAQUIAVEL

Maquiavel (1469-1527) viveu em Florença (Itália), onde a "situação feudal" ainda prevalecia. Sua obra é dedicada em grande parte a definir de que forma poder-se-ia constituir um Estado unificado, com valores nacionais e administrativos únicos.

Na tradição filosófica Maquiavel faz uma obra que vai radicalizar a visão cristã, principalmente quanto à separação entre Ciência Política e Religião. Na Idade Média, Política e Religião era uma coisa só, pelo poder da Igreja Católica, o que, no caso da Itália, não havia terminado ainda no final do século XV.

Duas obras são importantes em Maquiavel:

- O Príncipe (1512-1513)
- Discursos sobre a Primeira Década de Tito Lívio (1513-1519)[1]

No caso destas duas obras, com a mesma facilidade que tendemos a relacionar "O Príncipe" com a Tirania, relacionamos "Tito Lívio" à Democracia; mesmo sendo criados pela mesma cabeça, no mesmo momento, os

1 Tito Lívio (59 a.C.-17 d.C.) foi um historiador que viveu na época do primeiro imperador do período imperial romano, Augusto César (31 a.C.). Ele foi escolhido como mentor do filho do Imperador, o jovem Cláudio.

livros têm objetivos diferentes, o que confunde muitas vezes a interpretação do pensamento de Maquiavel.

Para entendermos com clareza e atualidade "O Príncipe" de Maquiavel, é necessário substituir "Príncipe" por "Estado", e se perceber a ideia moderna de um soberano único: nos dias atuais o Estado. Para Maquiavel a necessidade de um poder central não significa necessariamente que esse poder seja despótico, mas que a unificação da nação e a soberania de um povo levam à necessidade da centralização política em uma figura com poder suficiente para unir, defender e criar as condições de sobrevivência de todos. Exatamente este é o dilema que Maquiavel se propõe a enfrentar em meio a uma realidade caótica, corrupta e miserável em que a Itália de sua época se via mergulhada, principalmente devido aos acordos inconfessáveis entre a Igreja Católica e os Príncipes Regionais.

8.1. CARACTERÍSTICAS DO PENSAMENTO DE MAQUIAVEL

Algumas características importantes para a Ciência Política moderna podem ser tiradas do pensamento de Maquiavel:

Característica 1: *Política não se confunde com Religião* e não deve ser absorvida pela Ética Cristã. A partir de Maquiavel a "Política é uma Ciência". Maquiavel afirma que, na governabilidade, o que é errado para a ética cristã não é necessariamente errado para a política. Não se pode falar ou questionar que Maquiavel é antiético porque esse questionamento quando parte de valores religiosos não tem relevância na Ciência Política.

Assim, Maquiavel cria a autonomia, a liberdade para que os políticos e governantes negociem, façam alianças sem a influência da Igreja. Ele inaugura o chamado *Estado Laico*. Motivo pelo qual é "perseguido" pela Igreja Católica de seu tempo. Maquiavel queria um país unificado, o que o papa não via com bons olhos, pois o poder da igreja estava exatamente na possibilidade de se envolver nas disputas entre os príncipes regionais e arbitrar as discórdias entre as famílias seculares. Daí o sentido maior da obra "O Príncipe", porque no fundo o que Maquiavel está sugerindo é um "centralismo" do poder que se coloque acima dessas escaramuças e interesses particulares.[2]

2. A Igreja Católica só reconheceu oficialmente a Itália como Estado unificado no Tratado de Latrão, em 1929, quando foi criado o Estado do Vaticano.

Característica 2: *A Democracia é produto da negociação*, pois se assim não for existirá a Tirania. O tirano é aquele que não precisa da Democracia para promover o pensamento dele. Logo, aquele que não é questionado não é democrático. Gramsci, político, filósofo e cientista político que foi preso pelo fascismo de Mussolini em 1940, dizia que Maquiavel deveria ser usado para entender o Estado moderno e sua necessidade de alianças e negociações partidárias (Gramsci: *Maquiavel e o Estado Moderno*).

Podemos entender que "O Príncipe" é uma *metáfora* de Maquiavel contra a organização política da época. Maquiavel questionava que a Igreja se "escondia" atrás dos valores éticos cristãos, porém não evitava com esses argumentos as corrupções, a prevaricação, o assassinato. Maquiavel escreveu uma *metáfora*, pois se parece que escreve a favor da tirania no "O Príncipe", por outro lado também pode ser entendido como se proteger contra ela. Existe esta visão comum em muitos autores, como Umberto Eco.

Característica 3: Maquiavel foi cunhado como sendo o autor antiético que defendeu que *"Os Fins justificam os Meios"*. Mas quando Maquiavel fala dos fins, não é qualquer fim! Refere-se ao que for melhor para a Nação, para o Povo; não é ódio, não é corrupção, é felicidade, paz e justiça.

Para obter a identidade, a paz e a justiça para a nação, Maquiavel não apregoou o medo do além, nem o medo dos tiranos, mas a Democracia, o que claramente está na obra sobre "Tito Lívio". Ou seja, se para conseguir manter a Nação unida e protegida, o governante tiver que passar por cima de conceitos éticos cristãos, precisa fazê-lo.

Característica 4: *A política em Maquiavel é contingencial*, circunstancial, produto de forças políticas e sociais que se enfrentam na arena do espaço público. As Ditaduras, sejam elas de que tipo forem, se fortalecem na pobreza, recessão, fraqueza, desordem de todo o tipo. A tirania não tem força quando o povo está feliz, quando reina a paz e o bem-estar. Por isso é preferível fazer o que for necessário para manter a paz e o bem-estar do povo, negociando, fazendo alianças, construindo participação partidária, do que seguir uma ética religiosa que não busca isto no plano social mais imediato, preocupando-se apenas com o plano transcendental. Em essência, este é o sentido maior do sentido dos "fins que justificam os meios".

Na história política moderna, por todo o lado existem exemplos de política pragmática e circunstancial, onde os fins do Estado justificaram os meios. Por exemplo, em relação ao Brasil, mesmo na República, fatos desse tipo ocorreram:

1. Na passagem do Império para a República, os que se diziam liberais eram os mais conservadores e vice-versa, pois a República foi inaugurada para assegurar os privilégios das elites.
2. Dizimou-se a população do Paraguai na Guerra (1864-1870) (mulheres, velhos e crianças foram perseguidos e mortos mesmo depois do Paraguai já ter sido derrotado).
3. Mataram-se todos os revoltosos na insurreição de Canudos (1896-1897), mesmo sendo um punhado de miseráveis, esfomeados quase completamente desarmados.

8.2. *VIRTÙ* E *FORTUNA*

Para Maquiavel os sistemas de governo podem ser ou **Principados** (Poder centralizado) ou **Repúblicas** (Representação popular). A escolha entre um ou outro tipo de sistema de governo depende das circunstâncias e da composição de forças que se digladiam na arena política. Em si mesmo, nenhum sistema é bom ou ruim, mas apenas a consequência das circunstâncias e das possibilidades políticas de alianças e negociações. Um povo, em um determinado momento, pode precisar mais de um principado do que de uma república, mas, como nenhum homem nasce para ser oprimido, Maquiavel acreditava que mais cedo ou mais tarde, uma vez conquistada a segurança e a estabilidade, o povo forçaria a composição de forças políticas à Democracia.

A administração dos governantes, no entanto, só será bem-sucedida se forem observados os critérios da gestão pública: a ***Virtù*** e a ***Fortuna***.

Virtù: A virtude política é a capacidade que o soberano, ou o governante, tem para governar, fazer alianças, negociações, manter a paz e defender a nação dos inimigos.

Fortuna: Não se refere a dinheiro nem à sorte (não existe sorte na política para Maquiavel, já que é uma ciência); refere-se à capacidade de prever o "jogo" político do opositor, evitando com isso que o "jogo" (as circunstâncias) leve à radicalização (guerra) ou ao infortúnio e dominação da Nação.

Diferentemente do que se pensa, o político de Maquiavel não é um demagogo ou corrupto. Ele é alguém que usa a razão e a ciência a serviço do governo, tomando as iniciativas e fazendo aquilo que for preciso para salvaguardar os interesses da Nação.

Em “Tito Lívio”, vemos a forma de pensar de Maquiavel nas ideias modernas, e o quanto Maquiavel prefere os sistemas democráticos à tirania. Como podemos observar quando Maquiavel diz: “Aqueles que, no estabelecimento de um Estado, fizeram valer mais sabedoria, colocaram no número das instituições mais essenciais a salvaguarda da liberdade; e, segundo a souberam colocar melhor, os cidadãos viveram, mais ou menos tempo, livres. [...] Na verdade, se considerarmos o alvo dos grandes e do povo, veremos nos primeiros a sede de dominação e no povo o desejo de não ser rebaixado e, por conseguinte, uma vontade mais firme de viver livre; pois o povo, bem menos que os grandes, pode esperar usurpar o poder” (“Tito Lívio”, Cap. V).

8.3. PARTIDOS E IDEOLOGIAS

Maquiavel já apontava nos séculos XV-XVI para os enfrentamentos que levariam os partidos a terem suas próprias ideologias. Gramsci resgata essa ideia na obra *Maquiavel e o Estado Moderno.*

Para a Ciência Política **Utopia** não é um sonho a não se realizar, mas é uma **Ideologia** nova que não encontrou respaldo na política partidária. É a criatividade política necessária para se avançar politicamente. A Utopia é tão importante na política quanto a Ideologia já consolidada. Cada vez que se rejeita a utopia, se fortalece a ideia do conservadorismo.

Por isso, na base de uma Democracia saudável as novas Ideologias, mesmo quando aparecem como Utopias, devem se expressar na constituição de Partidos Políticos, que possam participar do cenário político e acudir aos embates entre forças sociais. Tantos séculos antes da definitiva instituição do Estado moderno, do Estado liberal burguês, Maquiavel já havia previsto a necessidade de o povo se organizar em associações políticas, os Partidos, para fazer parte do “jogo” do poder e estar presente na disputa por esse poder fazendo representar os vários interesses sociais.

Então podemos dizer que Maquiavel defende o “Poder nas Instituições”, e só excepcionalmente e por tempo limitado o soberano deve sobrepor-se a elas, pois o melhor governante é aquele que cria ou defende instituições às quais ele mesmo deve submeter-se, para que os valores populares e democráticos permaneçam. O poder deve estar nas instituições políticas e não nas pessoas, e sendo a maior instituição o próprio povo, devem-se preservar os valores da Nação acima de tudo.

Maquiavel antecipou muitos dos conceitos e valores que os autores depois dele usaram para tentar justificar e aprimorar o aparelho estatal e controlar o poder soberano do Estado moderno, motivo pelo qual é considerado o "pai" da Ciência Política.

Figura 8.1 *Nicolau Maquiavel.* Fonte: Wikipédia

FICHÁRIO: Nicolau Maquiavel; Séc. XV-XVI; Florença – Itália; Corrente Filosófica: Racionalismo; Escola: Estatismo; Obras: *O Príncipe* (1512-1513); *Discursos sobre a Primeira Década de Tito Lívio* (1513-1519); Palavras-chave: Razão, Estado, Ciência Política, Justiça.

Maquiavel e o Estado Moderno:

1. **As razões de Estado não se confundem com a moral e a ética cristã**. Uma coisa é razão política, a razão do Estado, e outra coisa é a moral e a ética religiosa. Existe uma separação entre Poder Temporal e Poder Transcendental.

2. **O Poder é a justificação do Estado/Soberano**. Maquiavel defende o Poder Centralizado (único) – não necessariamente autoritário: pode ser um governo republicano (popular), ou o poder de um príncipe (que respeite as leis). O importante é que haja o poder capaz de

promover a concórdia e administrar as tensões sociais e políticas, ou seja, um poder capaz de atender à nação unificada e defendê-la dos perigos externos e internos.

3. **A política é circunstancial, contingencial.** Formas e sistemas de governo são os que melhor se adequam ao enfrentamento de "forças ideológicas" que existem na sociedade. Maquiavel não defende um poder ideal porque a política é uma correlação de forças, é aliança, é negociação. Maquiavel, mesmo defendendo a república, vê a realidade pragmática de que a república pode não ser em determinado momento a melhor opção política, por exemplo, "para um povo corrompido". A **Democracia Formal** que aceitamos hoje esconde a **Democracia Real**, pois se na **realidade** não há igualdade, aí temos a prova que existe algum tipo de "autoritarismo" que aceitamos. Isto mostra como a política é produto de seu tempo e das circunstâncias políticas e embate de forças que existe na sociedade. Por isso a **Ditadura** é tão "normal" para o Estado quanto é a **Democracia**: depende das necessidades da sociedade e da correlação de forças e capacidade de alianças. Portanto, nós, cidadãos modernos, sentimos a necessidade de haver um poder centralizado em alguém. Não gostamos do Estado prepotente, mas necessitamos dele quando queremos colocá-lo como decisório de fatos que ocorreram ou de decisões "indesejáveis" (Guerra do Paraguai; Golpe para instaurar a República; Guerra de Canudos; Ditadura de Getúlio Vargas; Ditadura Militar). Resumindo: colocamos a "culpa" dos fatos no Estado, usamos o seu poder para as situações de exceção, mas sempre almejamos a paz e a liberdade.

4. **A Guerra pode ser vista mais como a extensão da política por outros meios** do que propriamente o fracasso da diplomacia. Se a diplomacia não for suficiente para manter a paz, o soberano tem que intervir com guerra, porque, se não reagir, entregará seu povo e seu território à dominação de outro Estado. Pois não se pode ser atacado e não se defender; portanto, infelizmente, a guerra não é um absurdo para o Estado. Quando estamos sendo atacados é que percebemos que o poder tem que estar nas mãos do Estado. O autor Carl Schmitt (1888-1985), no século XX, reforça essa ideia dizendo que: "O soberano é aquele que governa no Estado de Sítio", pois é quando mais sentimos a necessidade de um poder para nos "defender". Somos mais civilizados quando fazemos alianças, negociações, porque somos obrigados a

aceitar posições diferentes das nossas. A Democracia exige a negociação, a composição, alianças políticas. Quanto mais desenvolvida a civilização mais negociação (Kant). Mas nem sempre as circunstâncias e as razões políticas e de Estado possibilitam a paz e as alianças, já que as negociações são contingenciais. Todavia, se a Nação possui instituições democráticas fortes, sobreviverá melhor às guerras e aos períodos de suspensão dos direitos civis.

9

O JUSNATURALISMO RENASCENTISTA

O Direito Natural surge no fim da Idade Média e consolida-se no século XV, opondo-se ao Direito Divino medieval. A premissa do Direito moderno "julgar e punir dentro da lei" decorre do Direito Natural (direito dos homens).

Antes, no Direito Divino, regia-se pela interpretação que a Igreja fazia do texto bíblico e do jeito que lhe era interessante. **Exemplo**: a obra de Epicuro foi condenada – o Materialismo Filosófico –, e quem a lia era excomungado.

O primeiro que lutou contra o Direito Divino foi o Direito Natural. O Direito Natural é o Direito da condição humana que sai do homem e se traduz em leis formais ou não, mas deixa de lado o divino como parâmetro para julgar e punir aqui na Terra (temporalmente).

O Brasil é um país laico; assim, pela Constituição Federal de 1988, não mistura Religião com o Estado de Direito. Mas as pessoas continuam tendo a concepção divina do ser superior que dá o sentido de ética e de justiça na nossa consciência. Já para o Direito, o texto divino é menos importante e interfere tão somente nos valores do julgador. O Direito Natural, historicamente, coloca-se entre o Direito Divino e o Direito Positivo.

Basicamente, temos dois tipos de Jusnaturalismo ou Direito Natural:

1. da condição humana – Direito Natural Inato;
2. empírico-social – com base na experiência social e compreende os autores contratualistas do século XVIII.

9.1. JUSNATURALISMO INATO DE HUGO GRÓCIO

Hugo Grócio (1583-1645) surge após o final da Idade Média, na virada do século XVI para o XVII. O apogeu do Renascimento é a oportunidade que Hugo Grócio tem de combater o Direito Divino. Grócio diz que "existem direitos que são percebidos obviamente como direitos próprios da condição humana". Pela "reta razão", percebe-se que os homens, enquanto tal, possuem direitos intransferíveis e inalienáveis.

Assim, o *Direito Natural* de Hugo Grócio vem da própria condição do homem. Os homens não são seres iguais a outros seres; por ser um ser absolutamente diferenciado, o homem tem direito aos direitos da sua condição humana. Não se trata de um Direito Divino nem de um Direito posto pelos homens a partir das suas condições sociais – Direito Positivo –, mas de direitos inatos próprios da condição humana.

Neste sentido, Hugo Grócio afirma que, mesmo que Deus não existisse, os direitos da condição humana continuariam existindo. Ele não diz que Deus não exista, mas que Deus não interfere em tais direitos. A questão que está em jogo é o poder medieval. A Igreja não aprecia isto, e questiona o que foi colocado no lugar ao retirar Deus do Direito; a resposta é o homem: com base em um racionalismo puro, qualquer pessoa pode perceber a condição jurídica do homem como tal. Como se pode perceber, substitui-se, em termos de Direito, Deus pela razão humana, o que constitui verdadeira revolução jusfilosófica nas sociedades renascentistas.

FICHÁRIO: Grócio; século XVII; Delft – Holanda; Corrente Filosófica: Racionalismo; Escola: Jusnaturalismo (Inato); Obra: *As leis da guerra e da paz*; Palavras-chave: Reta razão, Antropocentrismo, Jusnaturalismo, Direitos da Condição humana.

Primeira grande elaboração de um discurso jusfilosófico capaz de se opor ao Direito Divino e ao teocentrismo das igrejas cristãs. No sentido aristotélico do direito à autossuficiência e livre-arbítrio jurídico-político, propõe um Direito a partir da condição especial humana: enquanto espécie que se evidencia absolutamente diferenciada na natureza e das demais coisas, o homem deve assumir suas responsabilidades em construir racionalmente um direito e uma governabilidade própria. A "reta razão" é substituta do teocentrismo medieval; por ela os homens se separam da natureza e da obrigação de obedecerem a normas e leis cujo princípio seja o dogmatismo bíblico.

Assim, os homens passam a ter direitos inerentes, ontológicos de sua simples condição humana. A universalidade distinta da condição humana aproxima e iguala todos os seres humanos como tal, mas dentro da perspectiva renascentista acompanha o movimento de libertação da esfera religiosa e também os afasta da "mãe" natureza. A revolução contra a "unidimensionalidade" divina – todas as coisas provenientes de um único Criador devem ser reguladas por suas leis (claro, escolhidas e interpretadas pelas igrejas) – coloca o homem no centro de leis e de um Direito que se propõe a divorciar tanto do divino como da natureza. Neste contexto, vale lembrar a distância que o Jusnaturalismo inato renascentista de Grócio apresenta em relação ao estoicismo (Cícero): este último era consequência da integração do homem com a natureza, quase uma imanência imediata do cosmos.

9.2. O DIREITO UNIVERSAL DE SAMUEL PUFENDORF

Samuel Pufendorf (1632-1694): seguidor do Jusnaturalismo inato, o referido autor escreve no começo do iluminismo do século XVIII. Diante da industrialização e ascensão burguesa, mesmo envolvido pelas teorias contratualistas, em vez de aderir a esta concepção o autor alemão torna-se discípulo de Hugo Grócio.

Pufendorf é considerado, por muitos, "Pai do Direito Internacional Moderno", ou seja, o seu fundador. Este título se deve ao acréscimo feito pelo autor ao que o seu antecessor havia dito, pois com ele o Direito da condição humana torna-se *universal e inalienável.*

Pufendorf é importante porque, na época em que todos pretendem justificar o poder do Estado moderno, defende o Direito Natural, como forma de limitar esse poder estatal. Se hoje achamos que os direitos naturais dos homens são pouco absorvidos pelo Direito Positivo dos Estados, sem a atuação de Pufendorf talvez já tivéssemos perdido completamente a noção de respeitar tais direitos.

Além disso, Pufendorf foi capaz de "apaziguar" a Igreja, ao dizer que a inteligência é Divina e não o Direito. Pela inteligência divina podem-se criar as ciências naturais, como a Matemática, embora não estejam presentes em lugar algum de forma empiricamente observável seus conceitos e fórmulas, ainda que com tal inteligência possamos explicar o Universo. Para Pufendorf,

Deus nos deu a razão e a inteligência para entendê-lo a partir da pura razão. A construção do Direito Natural, neste sentido, também pode ser igualada à capacidade humana de desenvolver conhecimentos. Mas devemos ter cuidado: a inteligência é divina, não o Direito Natural.

FICHÁRIO: Pufendorf; século XVII; Heidelberg – Alemanha; Corrente Filosófica: Racionalismo; Escola: Jusnaturalismo (Inato); Obra: *Do direito natural e das gentes*; Palavras-chave: Razão e Divino, Jusnaturalismo, Universalidade de Direitos.

Discípulo de Grócio, a primeira contribuição ao Jusnaturalismo inato foi ter proposto o "sincretismo" que aproxima a "reta razão" de "Deus". Apesar de Grócio jamais ter negado a existência de Deus, um sério empecilho ao reconhecimento do Direito Natural da condição humana era a separação dessa proposta em relação a Ele. Pufendorf propõe, então, que consideremos a razão como divina, coibindo assim os opositores religiosos e justificando a capacidade e mesmo a obrigação de os homens fazerem uso desse atributo divino para criarem o Direito Natural, da mesma forma que Grócio já identificara com naturalidade essa construção quando comparada a outras construções científicas que também são produto do intelecto humano (por exemplo, a aritmética da época).

Outra contribuição fundamental de Pufendorf é não só ter argumentado e defendido a ideia de que a universalidade da condição humana era o dispositivo que igualava os homens, mas também, e exatamente por isso, atribuir aos homens valores de direito que deveriam ser considerados inalienáveis, independentes, portanto, das múltiplas condições de vida humana em qualquer lugar.

Assim, os direitos naturais da condição humana ganhavam o *status* de universalidade e inalienação capaz de impor, de alguma forma, valores a serem observados e respeitados, intransponíveis pelos direitos formais e pela normatividade positiva dos códigos e sistemas de direito dos Estados modernos. Mais do que isso, esta é a possibilidade de articular um discurso de direitos que se colocam acima de particularidades sociais, econômicas, políticas, religiosas, culturais; é o verdadeiro respaldo e legitimidade de relações supranacionais, como o internacionalismo latente e sempre procurado pela jusfilosofia política que procura em seus discursos a paz entre os povos e os Estados.

9.3. CONSEQUÊNCIAS PARA O DIREITO MODERNO

Que *limites* existiriam para o Estado moderno se não fosse a concepção de que o Direito Natural da condição humana caminha lado a lado com o Direito Positivo e lhe dá limites? Nenhum Direito moderno pode "ignorar", "passar sobre" o Direito Natural, porque, se o fizer, será repudiado.

O Direito Internacional "aniquila" a soberania dos Estados considerados individualmente para fazer prevalecer a Confederação de Valores. Tem que existir um valor além do direito particular de cada país.

Exemplos:

Tribunal de Haia: o Tribunal Internacional de Justiça, ou Corte Internacional de Justiça, é o principal órgão judiciário da Organização das Nações Unidas. Tem sede em Haia, nos Países Baixos. Por isso, também costuma ser denominado *Corte da Haia* ou *Tribunal da Haia.*

Fundado em 1946, sua principal função é deliberar sobre disputas a ele submetidas por Estados e dar conselhos sobre assuntos legais a ele submetidos pela Assembleia Geral das Nações Unidas ou pelo Conselho de Segurança das Nações Unidas, ou por agências especializadas autorizadas pela Assembleia da ONU, de acordo com a Carta das Nações Unidas. O estatuto do Tribunal Internacional de Justiça é o principal documento constitucional formando e regulando o Tribunal.

Tribunal de Nuremberg: o Tribunal de Nuremberg, em 9 de dezembro de 1946, julgou 23 pessoas, 20 das quais médicos, que foram consideradas como criminosos de guerra, devido aos brutais experimentos realizados em seres humanos. O Tribunal demorou oito meses para julgá-los. Em 19 de agosto de 1947, o próprio Tribunal divulgou as sentenças, sendo que sete de morte, e um outro documento, que ficou conhecido como Código de Nuremberg (anexo). Este documento é um marco na história da humanidade, pois pela primeira vez foi estabelecida uma recomendação internacional sobre os aspectos éticos envolvidos na pesquisa em seres humanos.

Tribunal Penal Internacional para a ex-Iugoslávia (TPI): foi criado pelo Conselho de Segurança das Nações Unidas, em maio de 1993, com o objetivo de julgar os responsáveis por sérias violações aos direitos humanos – isto é, à Convenção de Genebra de 1949 –, como genocídio, crimes de guerra e contra a humanidade.

Há uma tendência de comparar o TPI com o Tribunal Militar Internacional de Nuremberg (TMI), criado após a Segunda Guerra Mundial para julgar os crimes cometidos pelos nazistas. Existem pontos comuns entre eles, mas as diferenças também são grandes.

O TPI é uma corte internacional civil, estabelecida pela ONU, enquanto o TMI, instalado em Nuremberg, era uma corte militar, criada pelos quatro países vencedores da guerra como parte de um acordo militar. Na época de Nuremberg, havia um vencido e alguns vencedores, o que não ocorreu na ex-Iugoslávia. Quando Nuremberg foi criado, os aliados controlavam inteiramente a situação, o que facilitou a reunião das provas, a audiência das testemunhas e a detenção dos acusados. Quando o tribunal foi instalado, a maior parte dos acusados estava presa, o que não ocorreu com o TPI.

Também para a *Constituição Federal Brasileira de 1988* o direito à vida é soberano:

> **Art. 5°** Todos são iguais perante a lei, sem distinção de qualquer natureza, garantindo-se aos brasileiros e aos estrangeiros residentes no País a inviolabilidade do direito à vida, à liberdade, à igualdade, à segurança e à propriedade, nos termos seguintes: (seguem-se 78 incisos).

O que ficou: o Direito não é só a lei escrita e não pode passar sobre a dignidade humana. O Estado deve saber o que o povo pensa. O Direito do Estado não é absoluto, os homens têm direitos e dignidades inalienáveis e universais, intransponíveis pelas razões de Estado.

Exemplo: Na Nigéria (país religioso fundamentalista), o pecado é só da mulher adúltera e só ela vai a julgamento e é apedrejada até a morte. Um caso recente tornou-se destaque na comunidade internacional que impediu a aplicação da referida pena e salvou a mulher julgada.

Exemplo: Se for pedida a extradição de um estrangeiro, só poderá ser feita se houver a reciprocidade e também se o país não tiver pena perpétua e pena de morte, porque não é concedida a extradição se houver tais penas. A reciprocidade não é só na troca de prisioneiro, mas também relativa à pena aplicável ao prisioneiro.

Anexo

Código de Nuremberg[1]

Agosto de 1947

Tribunal Internacional de Nuremberg

1. O consentimento voluntário do ser humano é absolutamente essencial. Isso significa que as pessoas que serão submetidas ao experimento devem ser legalmente capazes de dar consentimento; essas pessoas devem exercer o livre direito de escolha sem qualquer intervenção de elementos de força, fraude, mentira, coação, astúcia ou outra forma de restrição posterior; devem ter conhecimento suficiente do assunto em estudo para tomar em uma decisão.

2. Este último aspecto exige que sejam explicados às pessoas a natureza, a duração e o propósito do experimento; os métodos segundo os quais será conduzido; as inconveniências e os riscos esperados; os efeitos sobre a saúde ou sobre a pessoa do participante, que eventualmente possam ocorrer, devido à sua participação no experimento. O dever e a responsabilidade de garantir a qualidade do consentimento repousam sobre o pesquisador que inicia ou dirige um experimento ou se compromete nele. São deveres e responsabilidades pessoais que não podem ser delegados a outrem impunemente.

3. O experimento deve ser tal que produza resultados vantajosos para a sociedade, que não possam ser buscados por outros métodos de estudo, mas não podem ser feitos de maneira casuística ou desnecessariamente.

---

1. Tradução livre conforme: *Trials of war criminal before the Nuremberg Military Tribunals*. Control Council Law 1949; 10(2):181-182.

4. O experimento deve ser baseado em resultados de experimentação em animais e no conhecimento da evolução da doença ou outros problemas em estudo; dessa maneira, os resultados já conhecidos justificam a condição do experimento.

5. O experimento deve ser conduzido de maneira a evitar todo sofrimento e danos desnecessários, quer físicos, quer materiais.

6. Não deve ser conduzido qualquer experimento quando existirem razões para acreditar que pode ocorrer morte ou invalidez permanente; exceto, talvez, quando o próprio médico pesquisador se submeter ao experimento.

7. O grau de risco aceitável deve ser limitado pela importância do problema que o pesquisador se propõe a resolver.

8. Devem ser tomados cuidados especiais para proteger o participante do experimento de qualquer possibilidade de dano, invalidez ou morte, mesmo que remota.

9. O experimento deve ser conduzido apenas por pessoas cientificamente qualificadas.

10. O participante do experimento deve ter a liberdade de se retirar no decorrer do experimento.

11. O pesquisador deve estar preparado para suspender os procedimentos experimentais em qualquer estágio, se ele tiver motivos razoáveis para acreditar que a continuação do experimento provavelmente causará dano, invalidez ou morte para os participantes.

10

O EMPIRISMO SOCIAL DO CONTRATUALISMO

Os contratualistas partem da ideia de que o Estado[1] moderno precisa de um contrato social para criar o *Direito Positivo*. Na concepção dos contratualistas, não existe a desconsideração do Direito Natural. Os contratualistas apenas dizem que o Direito Natural não é suficiente para sustentar o Poder do Estado moderno; portanto, os Direitos Naturais de Grócio e Pufendorf devem ser transformados em um Direito Positivo moderno.

O Direito Natural não deixa de existir, mas ele não sustenta o poder dos Estados modernos, que deve ser justificado pelo Direito Positivo. Não devemos confundi-lo com o *Positivismo Jurídico*, que é outra coisa: direito positivo + positivismo (Comte).

Os contratualistas fazem uma construção bastante abstrata, criando um "estado de natureza"[2]. Os direitos naturais do estado de natureza não sustentam o Poder do Estado moderno; precisa-se criar algo que o sustente, o Direito Positivo.

Os autores discutem a legitimidade e as origens da legitimidade do Poder e do Estado. A concepção de que o contrato social é o instrumento que capacita o Estado moderno a ter o poder é uma ideia que sobrevive até os dias de hoje.

1. Estado no sentido político.
2. "Estado" no sentido de situação de..., situação social de natureza tal em que prevalecem os Direitos Naturais.

Existem pensadores da segunda metade do século XX que vão ressuscitar o contrato social, concepção abstrata em que todos deveriam ter direitos e deveres regulados (John Rawls). O direito à vida assegurado na Constituição Federal de 1988 é um direito natural da condição humana que está positivado pelo Estado.

Os autores contratualistas afirmam que é preciso escrever, porque, se algum direito natural ficou sem estar escrito, seria uma fonte de ilegitimidade do Estado e uma brecha para a desordem social. Não dizem que o Direito Natural não exista ou não deva ser formalizado, mas esta concepção põe sempre em dúvida o Direito Natural, para que, por exemplo, alguém seja julgado com base nele.

Sempre para o contratualismo, no Direito Positivo, direitos e deveres devem estar escritos, e só são legítimos e só vão ser base/suporte do Direito se estiverem escritos. O Direito Positivo é visto como um grupo de leis que estabelece direitos e deveres baseados em um contrato social. Esta ideia é tão forte, que até hoje autores na jusfilosofia defendem que sem pacto social não há como sustentar nenhum direito e construir a paz social.

Exemplo: Orlando Gomes em *Raízes históricas do Código Civil* (2003, p. 87) afirma: "Nosso problema é falta de contrato social, o problema é que as elites é que fazem o Direito Civil, e está errado, pois não deve ter o pacto social só para as elites mas para toda a sociedade civil."

O contrato social sempre consubstancia sua legitimidade através de um pacto da sociedade. Mas cada contratualista tem a sua visão de estado de natureza, função do contrato social e papel do Direito Positivo no Estado moderno. A seguir, resumimos essas diferenças a partir dos três contratualistas fundamentais: Thomas Hobbes, John Locke e Jean-Jacques Rousseau.

10.1. THOMAS HOBBES

Para **Thomas Hobbes (1588-1679)**, o estado de natureza é de "guerra", com "direitos ilimitados". Hobbes não diz que o Direito Natural não existe, mas que existe e cria muitos problemas para a sociedade, porque nele o homem tem tantos direitos e tão ilimitados que ninguém consegue colocar limites, e uns entram em atrito com os outros porque não conseguem colocar limites nestes direitos, e por isso entram em guerra.

O pacto social coloca limites. Por ele, transfere-se toda a soberania para uma pessoa: o soberano. Não se trata de colocar limites em um papel; o povo, ao assinar este papel, deixa de ter soberania, passando-a integralmente para o soberano. Hobbes dá origem a um Estado absoluto. Monarquia absoluta, traduzindo, dá origem ao Estado moderno ditatorial, que não enxerga na sociedade civil a capacidade de colocar limites aos seus direitos. O cidadão transfere todo o seu poder para o Estado lhe dizer, através das leis, como ele deve agir com relação ao outro.

No contexto do entendimento de Hobbes, não conseguimos resolver nossas lides e, por isso, sempre temos que levar os problemas ao Estado. Diz Hobbes que "toda vez que a sociedade fugir ao Poder, o Poder lhe surgirá à porta"!

Figura 10.1 *Capa original da obra "Leviatã" de Thomas Hobbes.* Fonte: Wikipédia

FICHÁRIO: Hobbes; século XVII; Westport – Inglaterra; Corrente Filosófica: Empirismo Socionaturalista; Escola: Contratualismo; Obra: *Leviatã*; Palavras-chave: Estado de natureza, Guerra, Contrato social, Absolutismo.

Para Hobbes, o estado de natureza é uma guerra que se prolongada levará os homens à destruição da sociedade. Esta tese baseia-se no fato, não da negação de direitos naturais, mas da constatação de que tais direitos, exatamente por serem atributo de todos os homens indistintamente, levarão à guerra de uns contra os outros, de vez que não existe nada e ninguém capaz de impor limites. A tese do hobbesianismo, tão comum ainda hoje, principalmente entre os adeptos dos Estados fortes e totalitários, é que a igualdade de direitos, não a desigualdade, mas o fato de todos os homens serem iguais em direitos, e de estes serem ilimitados no estado de natureza, provocaria a destruição de todos, pois colocaria os homens uns contra os outros. Não por natural egoísmo ou brutalidade, como condição inata dos homens, mas para garantirem o máximo de direitos que lhe são naturalmente devidos.

A solução de Hobbes, então, é um contrato social que destituiria os direitos naturais dos homens e transferiria toda a soberania para um terceiro, o Soberano, ou Estado, que de forma absoluta, totalitária, definiria direitos e deveres de todos e imporia os limites necessários para a convivência, e sobrevivência, entre os homens. A questão, obviamente, é saber quem colocaria limites e estabeleceria direitos e deveres para esse terceiro, soberano absoluto e incontestável. Esta questão os adeptos dos sistemas autoritários, até hoje, têm negligenciado, apesar dos exemplos históricos da tirania dos governos sobre os povos. Na verdade, todo o discurso autoritário hobbesiano é a afirmação do fracasso da humanidade, porquanto se baseia na premissa da incapacidade dos homens de escolherem a convivência pacífica e a autodeterminação das formas e dos tipos de governo.

10.2. JOHN LOCKE

Para **John Locke (1632-1704)**, o estado de natureza é de "liberdade e igualdade", "paz e harmonia". Locke é o "Pai do Liberalismo". Segundo esse contratualista, o Direito deve servir ao Estado mínimo; basta não alterar os Direitos Naturais no estado de natureza, pois eles são capazes de criar a harmonia e a paz social. Parte de uma concepção de autossuficiência dos homens no estado de natureza.

Dessa forma, ao fazer o Contrato, além de não mexer nos direitos da natureza, é necessário ainda garantir que referidos direitos possam permanecer no Estado moderno. O liberalismo, ao defender os direitos naturais, diz que o contrato social não deve servir para alterá-los ou aliená-los. É natural que qualquer pacto limite direitos, mas deve pôr a salvo os direitos naturais. De tal forma, o liberalismo de Locke também pode ser entendido como um "libelo" de defesa do homem em relação ao poder do Estado. A autossuficiência política e jurídica dos cidadãos deve ser suficiente para que o ordenamento jurídico não sirva à prepotência do Estado (Bobbio).

Exemplo: Não é necessário colocar valores morais e conduta ética no texto da lei (Direito Anglo-saxônico), porque é mais uma questão de cultura e educação social do que de normatividade jurídica (*Common law*).

Todo liberalismo é um Estado mínimo (não intervencionista). Sociedade de livre mercado: as pessoas, quando nascem, possuem propriedades e negociam as coisas que têm de forma livre e igual. A grande questão é que, ainda que Locke tenha sido um precursor da liberdade humana frente ao Estado, a premissa de que todos os homens são iguais dentro dessa liberdade de negociar os bens que têm encontra forte crítica já entre os contratualistas, como Rousseau, pois não pode existir verdadeira democracia e liberdade se as pessoas não possuem as mesmas coisas e bens para negociar. Quem nada tem pode "livremente" negociar em pé de igualdade o quê?

Figura 10.2 *John Locke*. Fonte: Medium

FICHÁRIO: Locke; século XVII; Wrington – Inglaterra; Corrente Filosófica: Empirismo Socionaturalista; Escola: Contratualismo; Obra: *Dois tratados de governo civil*; Palavras-chave: Estado de natureza, Paz, Contrato social, Liberalismo.

Quando Locke defendeu o voto popular, ainda que de forma censitária, seu pai e seu mestre Berkeley duvidaram da educação esmerada que lhe haviam ofertado. Estaria Locke contra o latifúndio e a monarquia? Não necessariamente, mas o que Locke havia percebido antes das grandes revoluções populares eclodirem (Revolução Francesa de 1789) é que dificilmente o Estado moderno deixaria de ser influenciado pelas demandas das amplas camadas da população e pelo poder econômico crescente dos comerciantes, industriais e financistas burgueses.

Assim, a obra de Locke pode ser entendida como o alicerce teórico jusfilosófico que atende a esses anseios da população e das novas elites emergentes, no sentido de que sua proposta parte de uma visão de estado de natureza de harmonia e paz, uma vez que a liberdade, bem comum máximo, é propriedade inalienável de todos os homens. Desta feita, no estado de natureza, os homens eram iguais na medida em que possuíam a liberdade de trocar seus bens, e, por isso, viviam em paz e bem-estar.

Consequentemente, ao passarem para a sociedade civil, o Estado, os homens deveriam impedir que este lhes alterasse os direitos naturais, a liberdade de negociarem livremente seus bens, constituindo assim uma visão de Estado mínimo, administrativo apenas naquilo que a complexidade da vida social exigisse um terceiro. Os fundamentos do liberalismo burguês, até nossos dias, veem o Estado como um "mal necessário".

A quem interessa, afinal, um Estado em que nem o legislador, nem o jurista podem alterar os direitos naturais? De um lado, aqui o Estado está coibido de usurpar direitos dos cidadãos; por outro, no entanto, vale perguntar: a quem beneficiou a visão de não intervencionismo quando as novas classes burguesas assumiram o poder? O que afinal significa concretamente liberdade sem igualdade?

10.3. JEAN-JACQUES ROUSSEAU

Já para **Rousseau (1712-1778)**, o estado de natureza é uma situação de desigualdade. Rousseau diz que não temos coisas iguais, não nascemos com coisas iguais para negociar. O contrato social para Rousseau serve para tentar resgatar a igualdade que nós já não temos desde o estado de natureza. É necessário modificar os direitos naturais, porque em algum momento a servidão se instaurou na sociedade humana.

Em *Locke*: os homens fazem o contrato social e não mexem nos direitos naturais. Portanto, é desejável que o Estado moderno seja um Estado mínimo com uma lei pequena, tendo por princípio que nascemos iguais, com propriedades iguais para negociar livremente.

Em *Rousseau*: Por que tanta desigualdade no Estado moderno? Resposta: Ou porque o contrato social é feito errado, ou o problema está no estado de natureza. Rousseau opta pela segunda possibilidade. Os homens, no estado de natureza, e a partir de certo momento, tornam-se servis a outros. Assim sendo, diferentemente do liberalismo de Locke, o contrato social deveria buscar a igualdade entre os homens, mesmo antes de falar em liberdade.

Exemplo: Na Revolução Francesa, a classe burguesa aliada aos republicanos, inimigos dos latifundiários e do Rei, convenceu o povo a colocar a "cabeça em jogo" e a criar um Estado burguês, com base nos princípios Igualdade, Liberdade e Fraternidade (inspirados na obra de Rousseau). Ao final, a burguesia e outras elites se colocam no poder e o povo e seus revolucionários passam a ser perseguidos quando descobrem que foram enganados e que serviram, e serviriam como mão de obra assalariada, apenas aos propósitos das novas classes que substituiriam a monarquia e os senhores de terras no poder (passa a prevalecer o pensamento de Locke).

Em Rousseau, a liberdade não é, pois, sinônimo nem garante a igualdade entre os homens. Ao contrário, alcançada politicamente a igualdade material, pela vontade geral popular, a liberdade poderá ser uma realidade para todos. Em contraposição ao "Estado mínimo" de Locke, Rousseau é um dos precursores do Estado "intervencionista". Este deve intervir na vida social, política e economicamente, visando resgatar a igualdade material entre os homens, condição primeira para efetiva condição de liberdade. Obviamente, isto não significa que Jean-Jacques Rousseau defenda um Estado autoritário, mas uma "democracia popular" que comece por priorizar a distribuição mais equidistante da riqueza social e questione os privilégios de certas elites.

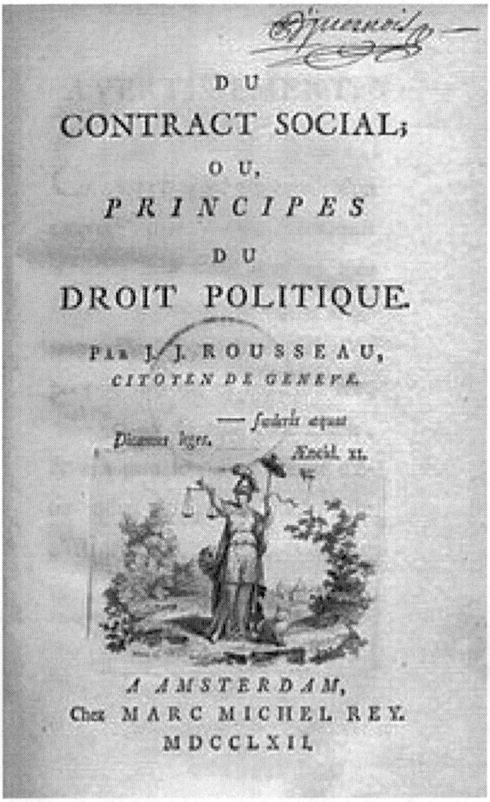

Figura 10.3 *Capa original da obra "Contrato Social" de Jean-Jacques Rousseau.*
Fonte: eBooksBrasil

FICHÁRIO: Rousseau; século XVIII; Genebra (Suíça); Corrente Filosófica: Empirismo Socionaturalista; Escola: Contratualismo; Obra: *Do contrato social*; Palavras-chave: Estado de natureza, Igualdade, Contrato social, Vontade geral, Estado social.

Quando a Bastilha foi tomada em 1789, os revolucionários franceses levavam na mão o *Do contrato social* de Rousseau. Depois de ter teorizado sobre a desigualdade entre os homens, condição instaurada em algum momento do estado de natureza pelos homens em nome da propriedade, o contrato social era a saída para resgatar a igualdade. O mecanismo era um Estado democrático, uma república, que obedecesse à "vontade geral" do povo, cujo papel fundamental era intervir politicamente para estabelecer condições de igualdade social. Assim, para Rousseau, a tarefa mais premente do Estado deveria ser não a conquista da liberdade, mas, primeiramente, da igualdade, pois defendia que os homens são verdadeiramente livres se forem plenamente iguais. Diferentemente de Locke, pois para este a igualdade só se conquistava com a liberdade – de mercado e política.

Assim, Rousseau muda diametralmente a concepção liberal do Estado mínimo e da concepção utilitarista de que o mercado se regula por si só. Obviamente, a defesa de um Estado popular intervencionista não pode agradar à emergente classe burguesa defensora do livre mercado e do sistema assalariado capitalista. No entanto, jamais Rousseau defendeu um governo autoritário e tirano, mas apenas sua ação regulatória com base em um contrato social que privilegiasse a igualdade e não o discurso da democracia formal de liberdade com desigualdade.

Anexo

Discurso sobre a origem e os fundamentos da desigualdade entre os homens[1]

Jean-Jacques Rousseau

[...] O primeiro que, tendo cercado um terreno, lembrou-se de dizer "Isto é meu", e encontrou pessoas bastante simples para crê-lo, foi o verdadeiro fundador da sociedade civil. Quantos crimes, guerras, mortes, quantas misérias e horrores não teria poupado ao gênero humano aquele que, arrancando as estacas ou enchendo o fosso, tivesse gritado aos seus semelhantes; "Guardai-vos de escutar este impostor; estais perdidos se esquecerdes que os frutos são para todos, e que a terra é de ninguém!" Mas existe um grande indício de que as coisas aí já tivessem chegado ao ponto de não poder mais continuar como estavam: pois esta ideia de propriedade – provindo de muitas ideias anteriores, que não puderam nascer senão sucessivamente – não se formou repentinamente no espírito humano: foi preciso fazer progressos, adquirir muito engenho e luzes, transmiti-los e aumentá-los de geração em geração, até chegar ao último limite do estado de natureza. [...]

Assim, os mais poderosos ou os mais miseráveis, fazendo de suas forças ou de suas necessidades uma espécie de direito ao bem alheio, equivalente, segundo eles, ao de propriedade, a igualdade rompida foi seguida da mais indigna desordem; assim as usurpações dos ricos, as extorsões dos pobres, as paixões desenfreadas de todos, abafando a piedade natural e a voz ainda fraca da justiça, tornaram os homens avaros, ambiciosos e maus. Ergueu-se entre o direito do mais forte e o do primeiro ocupante um conflito perpétuo que não terminava senão em combates e mortes. [...]

---

1. Reproduzido conforme NASCIMENTO, M. M. *Rousseau:* da servidão à liberdade. In Francisco Weffort (Org.). Os Clássicos da Política. São Paulo: Ática, 2001. v. 1, p. 201, 211, 212-213.

Todos correram ao encontro de seus grilhões, crendo assegurar sua liberdade, pois, com muita razão, reconhecendo as vantagens de um estabelecimento político, não tinham bastante experiência para prever seus perigos: os mais capazes de pressentir os abusos eram precisamente aqueles que esperavam poder se aproveitar dos mesmos e até os sábios compreenderam que seria preciso sacrificar uma parte de sua liberdade para conservar a outra, tal como um ferido permite que lhe amputem o braço pra salvar o resto do corpo. [...]

Tal foi ou teve de ser a origem da sociedade e das leis, que propiciaram novos entraves ao fraco e novas forças ao rico, destruíram irremediavelmente a liberdade natural, fixaram para sempre a lei da propriedade e da desigualdade, fizeram de uma hábil usurpação um direito irrevogável e que, para o proveito de alguns ambiciosos, daí em diante sujeitaram todo o gênero humano ao trabalho, à servidão e à miséria.

11

DAVID HUME E O UTILITARISMO INGLÊS

David Hume (1711-1776) nega a supremacia da razão como instrumento do conhecimento e conduz sua reflexão para o caminho da reconstrução do conhecimento humano a partir dos sentidos. Sua filosofia é empirista, ou seja, baseada na experiência humana.

O empirismo de Hume é produto da reação contra o extremo racionalismo do século XVIII. Hume qualificara a si como sendo um cético e empirista para explicar a origem do conhecimento pelos sentidos. Por essa razão, Hume foi considerado um empirista materialista, pois seu raciocínio parte do social, pela leitura dos sentidos, para se ter como produto o conhecimento.

A ética neste sentido é construída a partir de recursos empíricos, ou seja, reconhece-se na experiência social a conduta ética como paradigma para as demais condutas. É através da experiência sensorial que se extraem o caráter e as convicções morais. Nesse ponto é que se observa o conceito de vício e de virtude.

Hume achava que o vício é algo que causa incômodo, e a virtude seria algo que traz satisfação. Não é a razão que dita se determinada situação é certa ou errada, justa ou injusta, mas a experiência do homem pelos sentidos. Com a experiência e a experimentação, os homens conseguem distinguir as impressões causadas pelo vício e as impressões causadas pela virtude.

A conquista da virtude é um processo gradativo de certas práticas e conceitos que o próprio homem extrai de sua experiência. A justiça, nesse contexto, aparece como algo necessário à utilização humana, pois é a justiça um fervoroso senso moral, sendo de utilidade social por estabelecer parâmetros para a manutenção das necessidades humanas e de sua sobrevivência.

Uma hipótese de utilização da justiça para o homem é com relação à escassez de bens. Isso porque para Hume a justiça viria a regular aquilo que é faltante na sociedade; viria a definir juridicamente o que é de cada um e o que não é; viria a estabelecer a propriedade e a herança (economicismo/utilitarismo).

A lei surgiria como uma forma de conduzir o homem ao que lhe é devido. As leis devem traduzir os anseios, as expectativas, as peculiaridades de determinado povo. As leis não devem forjar uma situação. Estas devem corresponder aos preceitos de ordem religiosa, moral, climática, geográfica, de cada sociedade, o que reforça o caráter sociológico do autor.

Portanto, para Hume, as forças governamentais que impõem restrições ao comportamento humano são originadas na base social e no conceito de utilidade (pois é na análise do comportamento do homem que se descobre o que é útil para a sociedade). A utilidade seria o fundamento para a moralidade, porque é através do comportamento do homem que se chega ao conceito de certo, moral etc. Para Hume, o homem convenciona uma justiça a partir do conceito de utilidade social.

Assim, o próprio homem traria consigo o que é justo ou não, isso, pois, a partir da construção da ética e da consciência da utilidade da justiça. E, quando a virtude natural do homem falhar no conceito de justo, há as leis positivas que estabelecem a utilidade pública prevalecente em dada situação. Porém, admitiu Hume que as leis positivas também falham e, para esses casos, faz-se uso da analogia, da jurisprudência, dos costumes como procedentes de força social.

11.1. EMPIRISMO E RAZÃO

Sentidos		***Experiência***
↓		↓
Epicuro	**+**	***Locke***
↓		↓
Materialismo		***Empirismo Social***

Figura 11.1 *A herança de Hume.*

Hume é o típico homem que acredita que o ser humano pela sua potencialidade e inteligência pode resolver todos os problemas filosóficos da vida. Morre nas vésperas da Revolução Francesa e, portanto, encarna todo o racionalismo e empirismo do homem iluminista, nosso predecessor. A Razão é um receptáculo. A racionalidade humana é algo que é preenchido através dos instrumentos de conhecimento que dão a razão a partir da vida prática.

Hume é um discípulo de Locke, mas em Locke a razão devia construir conceitos que vão explicar a legitimidade do Estado moderno. O autor em tela deixa a razão para segundo plano.

Enquanto para Epicuro os sentidos derivam dos átomos, para Hume os sentidos captam a experiência social. O sentido é o instrumento do conhecimento e a experiência social é o pano de fundo. Com o sentido, construo a razão experimental de vivência de uma existência exterior. Os valores em Hume são também construções a partir da minha existência e da minha vida real.

Na cultura brasileira, a moral e a ética são categorias abstratas, valores transcendentes como eram em Platão, Aristóteles, Santo Agostinho, Santo Tomás de Aquino. Hume critica isto e diz que a *moral e a ética* são construções empíricas, que são construções sociais e devem ter uma utilidade social.

O Direito Natural da Condição Humana vai ser negado. Se existe conceito de liberdade, ele tem que ter importância real na vida. Da mesma forma, a ética deixa de ser um conceito, para ser uma experiência vivida socialmente.

11.2. DIREITO E MORAL

A *justiça* como valor não existe em Hume; para ele, a justiça trata apenas da solução do litígio; ela é a sentença.

Epicuro preconizava o antagonismo entre a dor e o prazer, mediado pela prudência entre os homens que lhes permitiria sofrer o menos possível. Como os sentidos sabem se alguma coisa é desejável ou não? Aquilo que causa a satisfação é virtude, o que causa incômodo é vício. Assim, pelos sentidos, os homens sabem retirar das experiências da vida aquilo que é incômodo.

A ética é um comportamento cujo valor ajuda a virtude, enquanto a não ética é todo comportamento indesejável que leva aos homens um incômodo. A moral e a ética configuram-se no conjunto de valores e comportamentos que trazem satisfação aos homens, não havendo a necessidade de um direito divino nem de um direito inato natural. Tudo é construção da vida social.

Nega o Direito Divino, nega os Direitos Humanos, nega a Ontologia, nega a moral e a ética como algo transcendental.

Assim, a *moral*, de um lado, e o *Direito*, de outro, são como dois alicerces paralelos que vão ajudar a resolver os litígios humanos. São dois pilares de sustentação paralelos que se complementam e resolvem as contendas sociais. O Direito: uma instituição pragmática que também vai auxiliar a resolver os litígios.

Na maioria das vezes, a moral e a ética são suficientes, sendo desnecessário recorrer à instância do Direito. Não é em razão de qualquer contenda que se recorre ao jurídico, sendo ele apenas uma instância complementar do convívio. Desta forma, o comportamento corriqueiro é resolvido pela moral e pela ética, utilitárias, de tal modo que só chegam ao Direito as questões que, anteriormente, a moral e a ética não solucionaram. É coerente imaginarmos que só cabe ao Direito o que a moral e a ética não resolveram.

Na concepção de Hume, se a moral e a ética fossem valores religiosos, iria cair tudo no jurídico, porque desta forma as controvérsias seriam maiores. A interpretação divina da condição humana vai resultar sempre em litígios, pois o questionamento religioso cria problemas infindáveis para o Estado moderno.

Exemplo: A prostituição é ato ilícito conforme dispõe o art. 227 do Código Penal brasileiro. Define-se limitadamente àquele que vende o corpo. Sob o aspecto do Direito, na prostituição necessariamente deve haver transação monetária; no entanto, já pela moral e pela ética, na concepção de Hume, independentemente do dinheiro (da transação monetária), configura-se em uma prática danosa que não é útil nem necessária. É a sociedade que exerce o controle pela sua moral e ética e não o Direito do Estado.

Desta forma, existe claramente uma visão sociológica: estes valores têm uma utilidade construída pela sociedade, em um mundo diferente do Direito. O sancionamento espontâneo, imediato, da sociedade é mais forte que a própria lei. Não é o Direito Natural da Condição Humana, mas é um Direito que tem valores que são construídos empiricamente.

Qual é o grande problema que tem que ser resolvido pela moral e pelo Direito? É a desigualdade das capacidades naturais dos homens e a escassez econômica de bens. São dois grandes problemas das sociedades humanas, que são intransponíveis, não se resolvem nunca, são eternos.

Desigualdade de bens: é problema eterno porque não conseguimos produzir todos os bens necessários para que os homens vivam bem. Trata-se de um problema de produção. A moral e a ética não conseguem resolver e torna-se necessário o Direito não para resolver a escassez em si mesma porque ela é eterna, mas para amenizar as consequências que decorrem da escassez.

Capacidade de aptidões: aqueles que trabalharem mais, que se desenvolverem mais, que forem mais inteligentes vão ganhar mais. No fundo, é uma questão divina. A desigualdade é eterna.

Hume tem um discurso que justifica a desigualdade e a escassez eternas. É um discurso liberal que não visa reverter esta situação e, posteriormente, se presta para a burguesia manter esta condição eterna. Cético, utilitário, para "apaziguar" os ânimos, as contendas, os litígios. Tenta resolver o litígio, mas não a desigualdade que é eterna. O advogado trabalhará eternamente para resolver as consequências da desigualdade, mas não a desigualdade em si, uma vez que ela é eterna.

Portanto, pode-se dizer da escassez: se houver abundância, não se precisa de lei e de Estado; se houver escassez profunda, os homens não respeitam as leis e o Estado. A lei contorna este problema, mas não resolve: (1) a escassez é eterna e inexorável; (2) a desigualdade sempre existirá – os homens têm capacidades desiguais e clamam pela riqueza e pelo prestígio de forma diferente.

Exemplo: Hume dá o exemplo de um naufrágio em que os sobreviventes agarram-se a coisas – um pedaço de madeira do barco que afundou – que não são de sua propriedade, e nessas condições a vida e a sobrevivência falarão sempre mais alto, passando por cima de qualquer valor legal, como o de propriedade. Nos tempos atuais, temos histórias reais que demonstram a fragilidade e a inépcia de valores morais e proibições jurídicas, diante da extrema situação de morte iminente, como no caso do "Acidente nos Andes" em 1971, em que 16 pessoas sobreviveram por 72 dias comendo carne humana dos mortos.

FICHÁRIO: Hume; século XVIII; Edimburgo – Escócia; Corrente Filosófica: Empirismo; Escola: Utilitarismo/Ceticismo; Obra: *Tratado da natureza humana*; Palavras-chave: Experiência social, Utilidade jurídica, Escassez e Desigualdade.

A partir de Hume, pode-se chegar a duas conclusões aparentemente díspares, mas complementares: de um lado, se a violência persiste em uma sociedade, então a lei, o sistema de Direito e o Estado não conseguem realizar seu papel de controle e promoção da convivência pacífica entre agentes portadores de condições desiguais de sobrevivência diante da escassez definitiva – há que se cobrar de tais instituições seu "fracasso" na promoção de tal convivência em tais condições. Mas, por outro lado, não existe nenhuma proposta para solucionar a causa dessa violência, a própria situação de desigualdade entre os agentes sociais – na medida em que tal desigualdade e escassez são vistas como naturais e intransponíveis por princípio; o sistema "liberal" parece perdido em verdadeira tautologia.

Resta esperar do Estado que possa, por suas instituições de poder (Direito), apaziguar permanentemente as tensões e os conflitos inevitáveis advindos dessa desigualdade endógena: esta é a medida da "utilidade" da lei e do sistema de Direito. Como os códigos só existem para servir a determinadas necessidades sociais, então as próprias leis passam a ser questionadas em sua validade na medida em que não mostram utilidade no controle e no apaziguamento das tensões sociais. Obviamente, neste sentido, o "ceticismo" desta filosofia não deriva apenas do fato de que a igualdade entre os homens não é alcançável, mas advém igualmente da constatação, afinal, de que os sistemas jurídicos e políticos humanos serão sempre inaptos, haja vista a escalada de violência que só faz crescer nas sociedades, notadamente nas de mercado competitivo.

Assim, a desilusão marca a filosofia de Hume, pois, em última análise, não depende da razão e tampouco da engenhosidade dos sistemas juspolíticos humanos a condição de pacificidade, bem-estar e felicidade. Ao mesmo tempo, paradoxalmente, pode-se pensar que, afinal, sendo possível extinguir a desigualdade material (que Hume não acredita, mas outros irão acreditar seguindo a semente plantada por Rousseau, como Karl Marx), o Estado extingue-se por não ter serventia.

12

O ESPÍRITO DAS LEIS EM MONTESQUIEU

Apesar de **Montesquieu (1689-1755)** ter sido um autor contemporâneo dos contratualistas, no século XVIII, e de nesse momento o conceito de Contrato Social fazer parte do pensamento dos pensadores da época, ele acaba por desenvolver uma teoria político-jurídica não contratualista. O que o diferencia dos contratualistas, e o que o caracteriza, é o enfoque que deu à importância das Leis empiricamente observáveis, mais do que um Contrato Social considerado em sua abstração teórica. De fato, o Contrato Social nunca existiu, nunca foi escrito por Estado algum e assinado por qualquer pessoa.

Mais do que imaginar uma Nação submetida ao poder do Estado baseado em um Contrato Social, Montesquieu pode ser pensado como aquele filósofo que pretende submeter o próprio Estado às leis, salvaguardando, assim, a democracia. Montesquieu indica que o caminho da democracia é que pode garantir os direitos dos cidadãos e controlar o abuso do poder por parte do Estado e que, efetivamente, um instrumento "imaginário" como o Contrato Social não poderia o fazer. Neste sentido, em Montesquieu leis e política, governo e democracia são conceitos a serem trabalhados conjuntamente.

Para Montesquieu a melhor forma de governo é aquela onde prevalecem as leis. Neste sentido, legalidade é sinônimo de democracia. Se muitas vezes não podemos dizer que a lei é sinônima de democracia, também não podemos dizer que sem leis pode existir democracia. Quando Montesquieu diz que o melhor Estado é aquele onde predomina a Lei, ele está reforçando o liberalismo democrático, portanto, o Estado Democrático de Direito.

Montesquieu é importante para o Direito porque ele complementa a questão do Contrato Social, dando origem às demais leis e ao ordenamento jurídico que fundamenta a vivência no Estado moderno. Ele sabia que o Estado moderno haveria de se organizar com bases nas leis e que isso seria tanto mais necessário quanto mais democracia existisse, pois tensões e oposições de forças antagônicas procuram ocupar o espaço público e conquistar a hegemonia política. A resposta a essas indagações, presentes na fundação do Estado-Nação moderno desde Maquiavel, foi a criação de partidos políticos. Os partidos têm ideologias, as ideologias refletem oposições de grupos (classes) na sociedade, na medida em que representam os interesses desses grupos.

12.1. OS TRÊS PODERES

O pensamento dominante é de que o que é legal é legítimo. Esse conceito teve base em Montesquieu, pois ele definiu a melhor forma de governo como aquela que respeita as leis. Entretanto ele nunca afirmou que as leis devam ser respeitadas à força (como visto no conceito de Hobbes), pelo contrário, Montesquieu defendia o Liberalismo Democrático Burguês (próximo ao pensamento de Locke).

Para o Direito, Montesquieu foi um autor importantíssimo porque desenvolveu e justificou o conceito de que as leis sirvam como base para a democracia. Mas é importante lembrar que embora ele se apoie nas leis como principal base de uma democracia, sabia que nem sempre elas seriam suficientes para mantê-la.

Para muitos, Montesquieu é o pai da ideia dos "Três Poderes", devido à forma como tratou a divisão do poder do Estado:

Os Três Poderes surgiram para dividir todo o poder concentrado no Soberano		
Executivo	**Legislativo**	**Judiciário**

Figura 12.1 *Os três poderes.*

Montesquieu afirma que nenhum dos Três Poderes é maior ou mais importante do que o outro, ou seja, nenhum tem mais força ou potência para confrontar o outro, pois eles se equivalem. Esta divisão do poder em três partes equidistantes e complementares tem a virtuosidade de garantir a democracia, já que, salvaguardadas suas competências em lei, e juridicamente equivalentes, impossibilitarão a centralização e os excessos do poder em uma única instância.

Mas mesmo com essa igualdade e independência de poder, Montesquieu também previu que eles poderiam tentar dominar uns aos outros, ou ao menos teriam vontade de tomar tal atitude. É o que acontece em países em desenvolvimento, onde normalmente as instituições políticas ainda não estão devidamente consolidadas na vida social e política da Nação. Se perguntar-se por quê os limites de cada poder não são invadidos pelos outros, Montesquieu responde dizendo que os três se equivalem, e, portanto, vão se opor. Curiosamente, ele não justifica a resposta com a lei.

Mesmo havendo leis que regulam as atribuições de cada poder, a democracia plena acaba se as competências de um poder forem "tomadas" por outro. Assim, o que impediria os poderes de invadirem as atribuições dos outros, seria uma solução "maquiavélica" de confronto entre eles, o fato de todos se confrontarem em pé de igualdade. Essa solução tem o princípio da força de cada um, pois se um poder tentasse dominar o outro, as consequências para ambos seriam mais desastrosas do que benéficas. A democracia, mais uma vez, se reforça na oposição de forças.

Outra característica dos Três Poderes que Montesquieu observou foi a de que o Poder Judiciário seria, dos três, o que teria "menos" poder. O motivo disso seria que o Judiciário não é formado com base em votação pública e sim em processos seletivos técnicos, ou concursos públicos. Pode não parecer muito, mas esse fato de que os profissionais do Poder Judiciário não são escolhidos pelo povo torna as disputas e "guerrilhas" políticas ineficazes, criando a esse poder características próprias que o diferenciam dos outros. Na verdade, o que Montesquieu quis dizer é que o Judiciário não pode participar da política ideológico-partidária e almejar poder de governo.

Montesquieu está tão certo que os três poderes irão se "opor" que a forma como se chegou ao Judiciário (mesmo sendo pelo concurso ou por indicação do Executivo – como no caso brasileiro para Ministro do Supremo Tribunal –, e não pelo voto) não fará diferença, porque irá existir o embate entre os poderes. Ainda que a Lei seja necessária, ela se fortalece quando democraticamente os poderes do Estado se "anulam" na oposição que fazem uns aos outros.

12.2. FORMAS DE GOVERNO

Assim como *Aristóteles* e *Maquiavel*, Montesquieu também elaborou formas de governo existentes na sociedade. São elas:

- República
- Monarquia
- Despotismo

Semelhante a Aristóteles (Democracia, Monarquia (Monocracia), Tirania) e com aspectos de Maquiavel (República e Principados), Montesquieu afirma que cada uma das formas de governo possui princípios filosóficos e morais que orientam cada uma delas:

República	**Monarquia**	**Despotismo**
Princípio Filosófico VIRTUDE	Princípio Filosófico HONRA	Princípio filosófico MEDO

Figura 12.2 *Formas de governo.*

Para a *República*, onde o governante é eleito pelo voto popular, o princípio que a sustenta é a *Virtude*. Essa virtude não é a mesma da vista em Maquiavel (*Virtù*), que representa paixão pela coisa pública, mas os bons princípios da moral e ética de uma sociedade.

Para a *Monarquia* seria o conceito de *Honra*, pois o povo espera do monarca um comportamento honrado em nome da Nação, não podendo fazer, muitas vezes, o que bem entende da própria vida pessoal.

Já no *Despotismo* o que prevalece é o *Medo*. Afinal, a única fonte de poder e respeito que se faz presente em um governante tirânico é o medo, caso contrário tornar-se-ia outra forma de governo.

Através desses princípios Montesquieu vai defender a ideia de que a Monarquia Constitucional (como no caso da Inglaterra) é a mais eficaz forma de governo. Isso se deve ao fato de que a democracia tem base na *Virtude*, indicando que a *maioria do povo deveria ter virtude* para que ela funcione a contento.

Já a monarquia não, pois se baseia em "um" monarca que governa para o povo, e como o seu princípio básico é a *Honra*, *se torna mais fácil exigir a Honra de um, do que a virtude da maioria*. Essa monarquia é parlamentar, obedecendo às leis da Constituição. O modelo que inspira Montesquieu seria a monarquia parlamentar inglesa.

FICHÁRIO: Montesquieu (Charles-Louis de Secondat); Séc. XVII-XVIII; Bordéus – França; Corrente Filosófica: Empirismo; Escola: Juridicismo; Obra: O Espírito das Leis (1748); Palavras-chave: Governo, Estado de Direito, Leis, Poder.

Para Montesquieu o conceito de Estado Absoluto ou Despotismo é algo totalmente dispensável e desnecessário em qualquer sociedade. É comum a tirania surgir se falharem as bases da democracia: estas bases são as Leis e os Três Poderes. Por isso, pode-se afirmar que em Montesquieu as Leis, os Três Poderes e as Formas de Governo foram pensados para constituírem um todo harmonioso a garantir a democracia, pois é na democracia que as leis podem ser respeitadas, o povo pode ser protegido contra o arbítrio do poder, e o poder, por sua vez, se vê obrigado a dividir espaço e medir forças com interesses opostos.

Montesquieu defende o Voto Censitário, idealizando assim um sistema onde apenas algumas "camadas" da população vão votar em seus representantes. O fato de uma nação ser governada por quem um "grupo" elegeu, e por alguém pertencente a esse grupo, não quer dizer que não haja a responsabilidade e a ética de quem governa. Esta observação de Montesquieu está relacionada com a questão de a dificuldade da República funcionar a contento diante da impossibilidade de exigir "virtude" de uma maioria de pessoas na sociedade.

Devemos entender que no Voto Censitário não só poucos votam, com também poucos são eleitos, como acontecia no Império Romano. Na Grécia Antiga, apesar de suas instituições democráticas, não era a maioria que votava, mas apenas alguns grupos. Montesquieu não imagina que esse tipo de voto, no século XVIII, sendo voto de poucos, poderia estar voltados para interesses oligárquicos – Oligarquia (governo de poucos para poucos).

Apesar de ter defendido o Voto Censitário, o repúdio de Montesquieu ao despotismo e à tirania é veemente, diferenciando-se dos pensadores anteriores que abordaram o assunto, como no caso de Maquiavel e Hobbes:

Em MAQUIAVEL a tirania era momentânea, circunstancial. Pode vir a acontecer por necessidade, mas depois o povo retoma o poder e restaura a Democracia Republicana.

Em HOBBES a tirania era para sempre. Através do Contrato Social, o povo passa o poder de soberania definitivamente às mãos do soberano.

Em MONTESQUIEU a tirania é inimaginável, desnecessária. Se as instituições democráticas baseadas nas leis funcionarem, não haverá necessidade de estados de exceção. O exemplo seria o Parlamentarismo Monárquico constitucional moderno.

Com suas concepções de divisão de poder e submissão às leis, Montesquieu visava evitar o recrudescimento do poder do Estado moderno, tentando consolidar a Democracia na prática.

No entanto, ao não defender o Voto Universal, de alguma forma ficava impossibilitada a Igualdade política e econômica entre os homens. Montesquieu avança pontos importantes com relação ao liberalismo de Locke, mas deixa a ideia de Igualdade de lado quando defende que só alguns têm o poder de votar. A Igualdade dos homens seria deixada de lado pelo fato de só "alguns grupos" falarem por "todos".

A consolidação dos Regimes Democráticos de Direito até Montesquieu ainda exibia algumas lacunas, pois quando um grupo apenas decide por todos, projetos sociais importantes não são levados em atenção. E é isso que Stuart Mill pretende ao desenvolver a ideia de Voto Universal com a participação de Partidos Políticos.

13

O CRITICISMO DE IMMANUEL KANT

A filosofia de **Kant (1724-1804)** se baseia na crítica ao contratualismo e ao ceticismo. Por esta razão Kant é considerado um filósofo divisor de águas, dando ensejo a uma nova fase da filosofia moderna.

A *Crítica da razão pura* de Kant seria uma crítica à pura racionalidade; já a *Crítica da razão prática* seria uma crítica ao empirismo. Essas ideias têm como objetivo distanciar o pensamento de que "apenas" a razão e a experiência são responsáveis pelo conhecimento do homem.

Mas Kant não nega a importância da experiência material e do uso da razão. Isso porque a experiência fornece base para que a razão organize os dados e dessa forma possa chegar ao conhecimento. Mas essa razão tem que se orientar por valores, muito além de uma razão condicionada pela experiência materialista do cotidiano. O homem, neste contexto, governar-se-ia através de leis inteligíveis, de uma racionalidade que deve objetivamente fundir a experiência prática com máximas valorativas.

Portanto, o conceito de Ética foi intensamente perseguido por Kant. Para ele, a ética teria um caráter metafísico, ou seja, o homem, ao nascer, já seria provido de um juízo ético. Seria um conceito transcendental e espiritual de ética. Porém, a ética em Kant não se preocupa com conceitos de ordem teleológica, utilitarista ou hedonista. A preocupação de Kant está na demonstração de que a razão, isoladamente considerada, não pode alcançar o modelo de felicidade do homem, pois esta não fornece todas as explicações de que precisa o ser humano, a não ser fundindo-se com a ética que vem do espírito humano.

A ética é considerada por Kant como sendo um "imperativo categórico", ou seja, algo interior, superior que orienta o homem em sua vida social. Não é uma ética divina, religiosa, mas metafísica, pois provém da natureza humana, do espírito.

Com esse raciocínio, pode-se dizer que Kant afirma que todos os homens são éticos, pois esta estaria impregnada no espírito humano – o Imperativo Categórico. Porém, o mesmo autor dizia que, apesar de a ética estar no espírito do homem, ela não se realiza de fato.

A ideia de que a ética não se realiza de fato se estrutura no que Kant chama de Imperativo Hipotético. Este seria a busca pelo homem de bens materiais, que hipoteticamente trariam a felicidade para os homens. Assim, o homem, ao invés de buscar sua felicidade sendo ético, projetaria a felicidade em hipóteses materiais que não o satisfazem duradouramente.

Para Kant, ser ético com base na moral significa ser feliz, através do cumprimento do "juízo ético" incutido no espírito do homem. Entretanto, o homem não realiza o Imperativo Categórico, pois se deixa levar pelo extremo racionalismo e, consequentemente, sua busca equivale às buscas materiais (o homem objetiva bens para ser feliz). A busca pelos objetivos materiais é o que se chama de Imperativo Hipotético (prático) e é o foco crítico de Kant. Kant veio criticar a ânsia pelo material e o desdém por aquilo que seria moral e ético; foi, assim, um severo crítico da racionalidade moderna.

Para Kant, as pessoas e o Estado valorizam o Imperativo Hipotético e se esquecem de que a felicidade interior do homem está no resgate da ética. Nesse contexto, o papel da Justiça é fundamental, uma vez que essa recriaria os meios para ser ético. O ideal da Justiça seria o fornecimento de mecanismos para o resgate da ética e, consequentemente, o alcance da felicidade pelos homens, ao contrário, muitas vezes, do ordenamento jurídico moderno, em que a racionalidade do projeto liberal burguês leva à impossibilidade de o ser humano conquistar a sua essência: ser ético (isso quando não força a não sê-lo).

13.1. O CRITICISMO DE KANT

Kant é um autor tão importante na filosofia que ficou sendo um divisor de águas entre a filosofia utilitarista/materialista (empírico social) de Hume e o idealismo metafísico alemão. A escola alemã iluminista alega que os homens não resolvem seus problemas no Estado moderno se o foco for unicamente a razão e a experiência social. Apenas menciona a dita impossibilidade com relação a este foco; todavia, não nega a razão e a experiência social.

Parte de outra categoria para fazer a sua filosofia. Traz de volta no século XVIII o espírito como fundamento filosófico. O Autor morre em 1804, depois das Revoluções Francesa e Inglesa; assim sendo, vive a construção da Revolução Democrática Burguesa em um país (Alemanha) que parece não querer esta revolução para si, pois está atrasado em relação ao capitalismo liberal. O povo e o Estado alemão só se inserem plenamente no sistema capitalista burguês no começo do século XX. Para que exista um sistema capitalista, é preciso existir a hegemonia da classe burguesa, como na Inglaterra, nos Estados Unidos e na França.

A Alemanha leva mais de cem anos para entrar nesta racionalidade industrial moderna traduzida para uma racionalidade de "produção-consumo". Para que este sistema seja vitorioso, a Alemanha precisa da classe burguesa no poder, e a Alemanha só vai "autorizar" a burguesia a entrar no poder no começo do século XX, data em que a burguesia alemã percebe que será difícil implantar o seu "projeto" e equiparar-se aos demais países capitalistas. Não por acaso, a Alemanha entrou em duas guerras mundiais. Mais tarde, a Alemanha volta a ser uma potência capitalista do Ocidente; nos séculos XVIII e XIX, a Alemanha desdenha da racionalidade do homem moderno.

O filósofo não vê o projeto liberal burguês como um ideal. Por isso, o filósofo alemão volta-se para o "espírito" como essência da filosofia. É uma retomada de Platão – "o espírito humano". Assim, tal como o pensamento socrático, platônico, voltado para a alma e o espírito, também para o filósofo alemão o referido pensamento volta a focar "o espírito como essência da filosofia".

Na concepção de Kant, a essência humana é o espírito. Trata-se de não esquecer que o espírito humano é a essência, não se trata de esquecer a razão e a experiência.

Exemplo: Kant percebe que, para o senso comum do homem moderno, é inimaginável o fato de poder achar que "não terá tudo o que quer", transformando a pobreza em um "vilão" social, quando o maior "vilão" social é o desprezo pela pobreza, exatamente o que a modernidade sente com relação aos homens.

Segundo o pensamento de Kant, os homens não podem ser valorizados pelo o que têm e pelo o que consomem, mas pelo o que eles são em si mesmos; e o homem em si mesmo é um ser espiritualmente ético. Por isso, o homem é um fim em si mesmo, e não um meio ou instrumento da indústria e do mercado. Neste contexto, apesar de o pensamento de Kant ser platônico, o espírito é absolutamente ético, de forma que a deontologia humana fundamenta-se no fato de sermos éticos.

É tão fundamental sermos éticos em Kant que ele deu a isto o nome de "Imperativo Categórico". No imperativo tem-se algo que se impõe e em categórico algo que não se contesta, traduzindo-se em algo que se impõe por si e que é incontestável – a ética do espírito humano. Para Kant, nascemos bons porque nascemos com a ética pronta/acabada.

13.2. A MORAL E A LEI POSITIVA

Onde foi parar a ética, o espírito "bom" que temos? Realmente, somos bons internamente, mas lá fora está a racionalidade de mercado moderno do homem de produção e consumo, ou seja, a indústria e o mercado.

Indústria/Mercado: todo país que se inserir nesta lógica vai sofrer os efeitos do Estado moderno. Kant não está criticando o sistema, mas a racionalidade dessa produção/consumo, que é o Imperativo Hipotético.

Kant diz que a racionalidade está errada, mas não diz que o sistema produtivo esteja errado. A questão é a lógica industrial ou de mercado. Assim como posteriormente Hegel, ele não está criticando o sistema, diferentemente de Marx e Rousseau.

Como posso fazer a crítica a respeito da racionalidade se eu não faço a crítica à organização estrutural de produção e consumo? Critica-se a consciência e a filosofia, mas não se critica a estrutura. A consciência está no patamar acima (nível da superestrutura – racionalidade/filosofia...) e não da estrutura do sistema. Não se trata de uma filosofia de *práxis*. Sabe dos problemas, mas não descobre a causa dos problemas.

O Imperativo Hipotético é porque vem de "hipóteses". Neste mundo de produzir e consumir, acreditamos que tudo o que sonhamos vamos ter, porque se coloca tudo como possível, e não é bem assim, mas só se valoriza o homem pelas realizações. Desse modo, o indivíduo que tem menos condições financeiras e que não falta à ética não é valorizado, ao passo que o indivíduo que tem mais condições financeiras e que tenha faltado à ética é valorizado.

Para *Max Weber*: a ética seria uma racionalidade com relação a valores, enquanto a não ética uma racionalidade com relação a fins e objetivos. Se o Estado ajudar a resgatar a ética, vai ajudar no processo de civilização e humanizar os homens. Este é o papel da lei. E quando a lei, além de não resolver, ainda te obriga a não ser ético?

Exemplo: Pode-se pensar em um exemplo, conforme a explicação de Kant, de um instituto ou de uma prática processual que nos impede de ser ético. Sem querer invadir o mérito do instituto ou prática processual, trazida no exemplo, pode-se avaliar ao final que o Direito pode fazer justiça sem ética?

13.3. O PARADIGMA DA VERDADE EM KANT

Existe um problema epistemológico ou de conhecimento em Kant que tem um especial valor para a filosofia do direito. Na teoria do conhecimento existem pelo menos três paradigmas claros quanto à possibilidade de se construir a "verdade" sobre o mundo e as circunstâncias que nos cercam. Como humanos, estamos destinados a refletir sobre nós, as coisas e a relação entre nós e as coisas. Claro que nessas coisas estão incluídos os objetos, a natureza, os fenômenos e fatos sociais e, principalmente, os outros, nossos semelhantes. A reflexão da mente humana sobre esse universo circunstancial, portanto, mutável e volátil, produz conceitos, enunciados, discursos. A partir deles produzimos convenções e verdades. São essas convenções e verdades que por sua vez nos obrigam a desenvolver valores morais, comportamentos éticos, relações políticas de convivência e o Direito. O Direito, seu ordenamento jurídico e sua processualística, sua estrutura estatal e seu poder de julgar e punir indivíduos, deriva desta crença e obediência às convenções que elaboramos coletivamente e que ganham o *status* de "verdade". Não é por acaso que desde a Antiguidade Clássica os filósofos e pensadores se dedicam a discutir afinal o que é "a verdade" e se é possível, objetivamente, chegar até ela. Capturar o mundo em sua essência e transformá-lo em linguagem capaz de produzir ciência, no caso jurídico, capaz de produzir ato jurídico perfeito, direito adquirido e coisa julgada, é de suma importância, pois é desta "verdade" que se imagina que se produza a Justiça.

Mas, infelizmente para a Filosofia, para as Ciências e para o Direito, a tal da "verdade" parece ser fugidia e difícil de ser definida objetivamente. Assim, quando Sócrates e Platão lutavam contra a retórica dos sofistas, eles estavam fundando os alicerces do primeiro paradigma do conhecimento, o fato que era possível se obter "a verdade" pela linguagem e argumentação, desde que fosse o *processo dialético*. Pela dialética, pela oposição entre ideias e argumentações firmes e consistentes em pormenores, esgotando os detalhes da lógica – e aqui a Lógica é fundamental, – o contraditório produziria, em última análise, "a verdade". Com esta verdade sobre os fatos e as coisas do mundo, o jurídico pode julgar, e de fato o faz, pois a argumentação dialógica, ou argumentativa, a analogia e a metáfora, são usadas comumente no Direito. Não era "verdade" o discurso superficial da retórica sofista. Não era e continua não sendo; ele carece de fundamento, de profundidade. Aos operadores do direito cabe distinguir eticamente o "joio do trigo". Mas neste caso o julgar e punir são relativamente fáceis, digamos, em relação ao concurso epistemológico de realizar a verdade e a justiça a partir dela.

O segundo paradigma veio através de Aristóteles e, neste caso, as coisas começam a se complicar. Para Aristóteles a dialética não necessariamente leva a "uma única verdade". O processo argumentativo, a oposição e o contraditório podem, quando honestamente bem elaborados, levar a mais de uma proposição, argumentação e enunciados válidos na lide. Aqui não há como distinguir facilmente "a verdade". Aristóteles cunhou com um conceito esta situação inusitada, mas possível, de *Topoi*. Como facilmente se percebe, as consequências para o Direito são problemáticas, pois a não ser por "consenso" ou "convenção", com a anuência de todos os envolvidos, não há como produzir ato jurídico perfeito. A não ser, obviamente, que arbitrariamente se escolha "uma verdade" como "a verdade" e se chame a essa decisão sentencial de "justiça". Ainda que pareça subjetivo, arbitrário e contraproducente, o fato é que o Direito positivo faz isto amiúde, entre outros casos, motivando, por exemplo, uma enxurrada de recorribilidade, liminares, *habeas corpus*, tutelas antecipadas, e uma diversidade de outros mecanismos protelatórios. Existe aqui um exacerbamento de autoridade e um abuso de protelação que era exatamente o que Aristóteles procurou evitar ao chamar a atenção para que o *Topoi* deveria ser solucionado por *consenso*, negociação equidistante das partes (como será usado modernamente por Viehweg). No paradigma aristotélico os operadores do direito deverão se ater ao fato que a reflexão humana sobre os fatos, fenômenos, coisas e pessoas, tem a capacidade de produzir "pontos de vista" diferentes, igualmente válidos e lógicos. A realidade neste caso pode ser expressa por diversos olhares; o real é multifacetado pelo observador. Não facilita as coisas em relação à verdade jurídica, mas é indiscutível o fato, motivo pelo qual, a bem da verdade, o Direito pode se constituir como uma ciência humana, devido à sua complexidade e diversidade, caso contrário o contraditório seria sempre uma formalidade apenas, uma banalidade de linguagem.

Então, no século XVII, René Descartes, sabendo das dificuldades de o homem reflexivo produzir a "verdade" sobre o real, e traduzir de forma coerente as investigações sobre sua circunstância e nas circunstâncias de cada relação com o objeto estudado, procurou, pelo método científico, atribuir à reflexão humana a capacidade de obter "a verdade". O método cartesiano é dedutivo analítico, mas o que realmente é importante é que Descartes acredita que a pesquisa científica, usando o método com rigor, poderá evitar que a reflexão, afinal o pensamento filosófico, se perca na multiplicidade de verdades possíveis (*Topoi*). No *cogito* cartesiano a possibilidade de múltiplas argumentações válidas, portanto, se restringe, na medida em que o método científico conduzirá para uma única verdade, não pela dialética argumentativa, artifício da linguagem e lógica filosófica, como em Sócrates, mas pelo rigor do método de pesquisa. Por exemplo, no caso jurídico, o Inquérito com seu instrumental técnico-científico, como a perícia, poderá – se não determinar em absoluto a decisão sentencial, pois a argumentação das partes no contraditório frente ao júri ou ao juiz poderá levar a uma decisão sentencial "inesperada" –, com toda a certeza ser determinante nessa decisão de justiça. Ainda que em Descartes não haja motivo para se descartar a validade e a riqueza da lógica argumentativa, em última análise, as provas, a perícia, os depoimentos, as testemunhas, deverão ser suficientes para determinar "uma única verdade", no mínimo "a melhor verdade". O Direito Positivo moderno deve muito a Descartes, porque desde o século XVII é exatamente nisso que acredita o jurista, o legislador, o juiz e o cidadão de forma geral, ou seja, que cientificamente, tecnicamente, de forma isenta e neutra pelo processo tecnocrata a justiça possa ser efetivamente alcançada. A tal da "verdade" é o que importa: se for possível convencer os indivíduos sobre ela, então está garantida a validade e mesmo a legitimidade da lei e da jurisprudência.

Resumindo: em Sócrates/Platão a verdade é absoluta pela dialética. Em Aristóteles várias verdades podem ser alcançadas pela mesma dialética: então ela é relativa, ainda que não seja apenas retórica sofista. Em Descartes a verdade volta a ser absoluta – não pela dialética, método da filosofia e da linguagem –, mas pelo método científico.

Contemporaneamente os indivíduos tendem a acreditar, e a praticar, uma verdade relativa, não tanto pela contingência filosófica aristotélica, que muitos nem conhecem, mas simplesmente porque a liberdade nos regimes democráticos proporciona um relativismo do tipo "a verdade de um pode não ser a verdade do outro". De qualquer forma, pelo senso comum ou não, isto é, afinal, uma verdade insofismável, partindo-se da premissa aristotélica. Para o Direito esta verdade já comporta problemas jusfilosóficos de monta, como se compreende do exposto acima. Mas existe algo pior (ou melhor?!) a ser colocado em termos da teoria do conhecimento.

Immanuel Kant, efetivamente, problematiza a questão em outra dimensão. Para ele não existe forma de afirmar que existe "a verdade", "qualquer verdade", a verdade de qualquer indivíduo sobre qualquer coisa, fato, fenômeno, outro indivíduo, não porque cada um reflete sobre o objeto de pesquisa de forma particular, mas porque a própria reflexão não pode dar conta da realidade na medida em que "refletir significa interpretar", e essa interpretação modifica de fato a realidade. De tal forma, qualquer conceito, enunciado, paradigma ou discurso, mesmo seguindo o mais rigoroso método científico, estarão sempre viciados por princípio: *a reflexão interpretativa modifica o objeto de estudo e ao mesmo tempo o observador/pesquisador.* Então agora não se trata de dizer que a verdade é relativa, mas que não existe em absoluto verdade alguma. Na verdade, pensando-se assim, o que os homens podem almejar é apenas "convencionar" entre si conceitos, princípios e práticas que se estiverem de comum acordo evidentemente não alterarão a possibilidade da vida em conjunto e das decisões sociais que possam tomar. *De fato, a realidade tal como é percebida pelo ser humano é uma ficção social!*

De certa forma, na vida prática a colocação de Kant não altera substancialmente nossas vidas. Mas quando pensamos juridicamente, quando a filosofia se emprega a entender o Direito, não há como escapar da seguinte questão: afinal com que direito e validade, qual é, afinal, a legitimidade com que uma decisão sentencial se pronuncia sob a tutela do Estado, considerando que qualquer argumentação é em si mesma um simulacro da realidade? Em casos de pouca complexidade o Direito não precisa, efetivamente, de tais "requintes" da filosofia e do conhecimento para que possa efetivar seu processo de julgamento. Mas imagine-se, por exemplo, uma condenação de "pena de morte" ou mesmo uma pena de "prisão perpétua". Nestes casos, pelo menos à luz do pensamento filosófico kantiano, fica difícil legitimar tais excessos condenatórios, quando pensamos não em escolher uma das verdades possíveis, mas quando pensamos que não existe a possibilidade humana de alcançar pela razão a "verdade" sobre a "realidade" e "circunstância" de formas objetivas e absolutas, ou seja, todo o tecnicismo metodológico a serviço de nossa mente/ reflexão.

Então, no Direito, quando estão em jogo a vida e a morte de pessoas, do semelhante, seria, no mínimo, prudente e uma prova de humildade que se pensasse na infinita impossibilidade e limitação humana em considerar o universo como ele realmente deve ser, e o mesmo para cada fato social que precisa ser transformado em ato jurídico perfeito. Como alguns pensadores da segunda metade do século XX (Michel Foucault, Gilles Deleuze) perceberam, esta "ficção social" sobre "a verdade" pode, exatamente por ser convencionada e elaborada a partir de enunciados e discursos, ser instrumento de poder, de um tipo de poder cujo saber está disposto em uma rede espacial de formatação de conhecimento e decisão. Algo que afinal Kant já o percebia há duzentos anos.

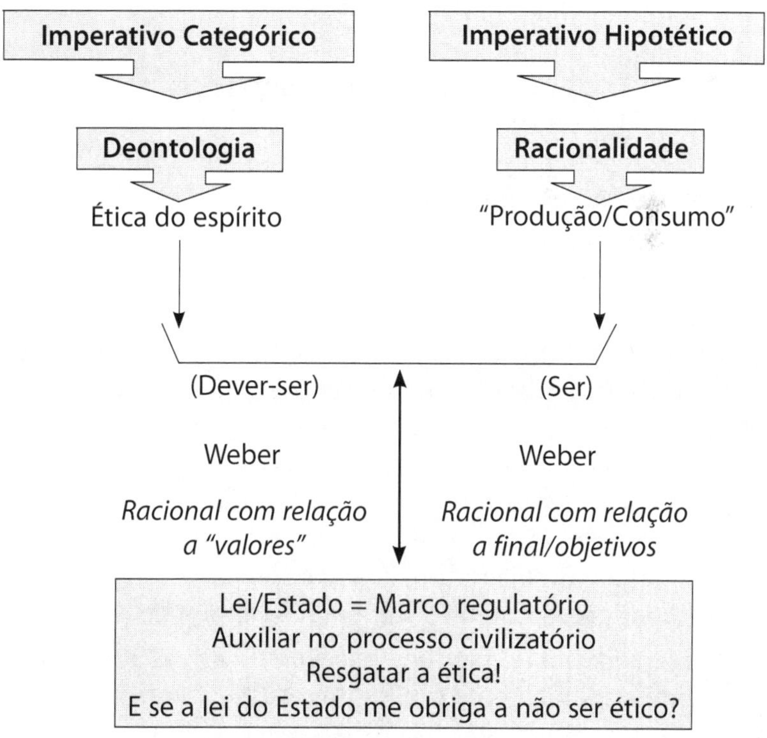

Figura 13.1 *Estado e direito.*

Figura 13.2 *Immanuel Kant*. Fonte: Guiadoestudante

FICHÁRIO: Kant; século XVIII; Königsberg – Alemanha (na época Prússia Oriental); Corrente Filosófica: Racionalismo; Escola: Criticismo; Obra: *A doutrina do direito/ Metafísica dos costumes*; Palavras-chave: Razão; Espírito, Moral e Ética, Paz.

De forma geral, a filosofia iluminista alemã prima por antepor ao racionalismo e ao empirismo social dos ingleses e franceses (crítica da razão pura) o idealismo centrado no resgate da metafísica – a transcendentalidade do espírito humano. É neste sentido que Kant recria (algo socrático-platônico e cristão) a centralidade espiritual como fundamento da felicidade e bem-estar humanos, sendo o espírito portador de uma máxima valorativa que *per si* se impõe à materialidade da existência; essa máxima é a "ética". Assim, como máxima espiritual, a ética – Imperativo Categórico – deve se realizar como aquilo pelo qual o comportamento enfrenta o cotidiano, cuja racionalidade perverte-se pela exigência da moderna produção-consumo – Imperativo Hipotético.

Pela perversidade da razão com "relação a objetivos" (Weber), a ética e o comportamento decente são "esquecidos", sublimando, nas sociedades modernas de mercado, industriais, a felicidade e o bem viver em bens de consumo (crítica da razão prática). Logo, o comportamento com "relação a valores" (Weber) carece de uma racionalidade "objetiva", pautada por máximas morais, haja vista que o próprio cotidiano da modernidade – com base no progresso das ciências da natureza e nos modelos liberais e contratualistas – realça o sucesso e o bem-estar a partir da conquista de resultados voltados para bens de consumo. Não sendo, no entanto, mais possível a volta para uma razão baseada em máximas morais – ética do espírito –, a civilização humana recorre ao terceiro, ao Estado e ao sistema de Direito, para que com base em leis procure "equilibrar" a obsessão por resultados materiais e empíricos, resgatando algo daquilo que é a própria essência humana, o espírito ético.

Desta forma, o cogito kantiano procura estabelecer pela metafísica dos valores a observância de três objetivos humanos imediatos, perdidos nas consciências dos homens modernos (criticismo): (1) ao resgatar a decência com base em máximas morais e éticas se reintroduz a própria humanidade nos homens – na verdade, se a ética é ontológica do espírito humano, se ela for perdida, o homem se desumaniza; (2) o sentido da civilização é introduzir na razão humana a objetividade, a inteligência capaz de não se submeter aos chamados supérfluos da modernidade – por isso, as leis e o sistema de Direito aparecem para Kant como uma síntese do progresso da civilização, como formas que conferem ao Estado a capacidade de pacificar os homens, não exatamente pelo resgate da igualdade material, mas pela observância do poder a serviço da moralidade, decência, ética (em tese, apanágio de toda a igualdade, liberdade e bem-viver); (3) ampliando, essa mesma pacificidade entre concidadãos deve-se verificar entre nações e Estados, com base nos mesmos princípios de valores morais, no nível da diplomacia e de leis internacionais, buscando a paz perpétua entre os povos civilizados.

Seção V

A FILOSOFIA DA MODERNIDADE: SÉCULO XIX – SÉCULO XX

14

FRIEDRICH HEGEL E O PAN-IDEALISMO

A crítica de **Hegel (1770-1831)** é em face da racionalidade do homem moderno e em face do empirismo social, da mesma forma que Kant. Assim, Hegel é considerado um idealista e não um materialista. Hegel trabalhará com o metafísico (espiritual). O espírito adquire uma abrangência singular, ou seja, é como causador dos fatos (tem-se uma ideia do absolutismo do espírito – Panlogismo).

Para Kant, o espírito humano se perde com o cotidiano; da mesma forma se perde a ética do homem. Para Hegel, o espírito humano se contrapõe em sua essência, representando uma espécie de dualidade. O próprio ser tem em sua essência o lado do bem e do mal. Assim, o antagonismo está no espírito dos homens.

Hegel trabalha com duas categorias de espírito: *o subjetivo e o objetivo*. *O espírito subjetivo* seria o Eu natural, essência de como as pessoas nasceram e são. Esse verdadeiro Eu não possui experiência social; seria a verdadeira personalidade, o ego das pessoas. Porém, a personalidade natural é bruta, pois o autor acredita que toda liberdade e todos os direitos são cabíveis a ela. Demonstrando o egocentrismo do espírito no que tange à sua liberdade extremada, a crítica de Hegel é mais séria em comparação aos demais autores, pois o espírito pode chegar ao absurdo de passar por cima do próximo para assegurar sua liberdade individual e seus direitos.

Aqui, a essência do espírito subjetivo não é a ética, mas a liberdade irrestrita. Também, não há a delegação da culpa para um terceiro, externo ao espírito humano, como em Kant (sociedade industrial moderna). O próprio homem luta com seu Eu frente à individualidade do Outro. Portanto, o Eu inato deve reconhecer a liberdade e a individualidade do Outro. É nesse confronto que o Eu inato cresce e reconhece que há a necessidade de limitação quanto à liberdade.

O primeiro confronto será em face das subjetividades distintas, e deste cria-se uma consciência de que a "liberdade absoluta" não é possível. Ou seja, conscientiza-se sobre os limites da liberdade. Assim, só resta a alternativa de que a "liberdade absoluta" não existe, mas apenas a "liberdade possível". Essa consciência da "liberdade possível" seria o chamado *espírito objetivo* do homem. A consciência da limitação não se estrutura em algo externo como o Estado, mas na própria lapidação espiritual do homem.

Hegel ditara que o espírito não cresce por se confrontar com a lei. Isso porque o homem nesta situação não olha para si e não se esforça para conviver e se conciliar com o próximo. Logo, não será pela lei o crescimento individual e coletivo; a lei aqui é considerada a falência da razão, pois o homem apenas aceita a limitação e não se conscientiza de que todos têm a mesma liberdade e direitos.

É a consciência que dá ao homem sua evolução e superioridade. Para Hegel, o Direito e o Estado deveriam ser consequências da lapidação do espírito humano. Ao contrário, a lei retardaria o desenvolvimento do ser humano. Felicidade e liberdade se dão através da consciência da limitação (abrir mão de algo em favor do próximo). São construídas pela aproximação dos seres e o estágio final desta concepção seria o Estado (aprimoramento dialético do homem). Portanto, neste prisma, o Estado não seria autoritário. O Estado seria o ápice do desenvolvimento espiritual humano. A dialética idealista é que constrói o Estado. A função do Estado seria a organização da vida em razão de sua complexidade, respeitando ao máximo a liberdade para que haja desenvolvimento espiritual e autonomia dos indivíduos.

14.1. FENOMENOLOGIA DO ESPÍRITO E DIALÉTICA

O *cogito* hegeliano pode ser classificado como um "idealismo dialético", e a categoria central de sua metafísica é o *espírito* humano em um processo de "lapidação" ou "crescimento". Inicialmente toma-se o *espírito* como "subjetivo", depois como "objetivo" e finalmente como "absoluto".

A resposta concernente ao Estado e ao Sistema de Justiça Criminal sobre o procedimento punitivo *não está* propriamente, ou pelo menos *não começa*, na filosofia do Direito de Hegel, mas na sua fenomenologia do Espírito. Diz Hegel no § 9 de sua *Filosofia do Espírito*:

> O desenvolvimento do espírito se opera:
>
> 1º Conforme a forma de uma relação consigo mesmo, onde a totalidade ideal da ideia, quer dizer, o que constitui sua noção do que se realiza dentro de si, não se realiza mais do que para si e onde seu ser consiste em encerrar-se em si mesmo, quer dizer, em permanecer livre [Porém livre com uma liberdade interna e virtual e, portanto, imperfeita]. Este é o *espírito subjetivo.*
>
> 2º Adquire a forma da realidade enquanto mundo que ele deve produzir e que (já) produziu [Este mundo, o mundo social e político, não é um mundo transcendente], e onde a liberdade existe enquanto necessidade [Enquanto necessidade que existe neste mundo objetivo. Esta é uma lei externa e positiva, que se vê acompanhada de sanção e é o fundamento da liberdade política]. Este é o *espírito objetivo.*
>
> 3º Unificado em (si) e por si, engendrando-se ele mesmo, eternamente, da objetividade do espírito e de sua idealização ou sua noção. Este é o espírito em sua verdade absoluta, o *espírito absoluto.*

Cada indivíduo possui um *espírito subjetivo*, uma matéria prima bruta, ou usando uma metáfora, cada indivíduo é em essência um "diamante bruto", enegrecido e envolto de cascalho, mas possui uma força *in natura* que é o desejo ilimitado pela liberdade, não conhecendo freios para sua ânsia de obter o que deseja, acreditando assim ser feliz.

É impossível não ver aqui o embrião da teoria psicanalítica de Freud, o ID, a energia psíquica mais profunda do Ser (*ontos*), pulsão do prazer, libido, desejo, Eros. Mas ainda, como *espírito subjetivo* esse Ser não é "pessoa". Sua ignorância e brutalidade (falta de conhecimento como em Sócrates, não exatamente violência) impedem uma personalidade, pois ontologicamente, universalmente este Ser não se distingue de outro vivente animado.

Aqui o *espírito subjetivo* não se distingue ainda de qualquer outra coisa (*res*), da mesma forma que um diamante bruto pouco valor tem em relação a outras coisas, a não ser, claro, pela sua potencialidade de "vir-a-ser". Contudo, cada *espírito subjetivo* de forma inexorável encontra outros espíritos subjetivos, o Eu entra em contato com "o mundo social e político"; dado que este mundo da "realidade exterior" não existe sem o Outro (um outro Eu), a dialética na filosofia do espírito de Hegel se verifica pela "oposição de vontades", a "contradição dos quereres" entre o interesse e liberdade particular, e o coletivo, de forma que a liberdade agora passa a ser uma necessidade.

Deve-se acrescentar que o processo dialético de Hegel complementa-se com a oposição entre "identidade" e "negatividade" como categorias ontológicas universais. O conhecimento começa pelo conceito de "identidade", que há de desenvolver-se e tornar-se a sua própria "negação", para finalmente alcançar uma racionalidade positiva em sua "superação". Veremos em seguida como da identidade (do espírito subjetivo) se chega à sua superação (no espírito absoluto), ou, pode-se dizer, do Eu ao Estado.

Todo Ser tem primeiro uma concepção de si mesmo, uma ideia imutável de si, portanto a ocupar uma posição existencial fixa e estável como "identidade"; mas, ao mesmo tempo, ele pode tornar-se diferente do que é, até seu contrário, por vias da "negação", e se afirmar como negador das *diferenças fixas* em relação uns aos outros, ou deixar o lugar imutável e estável que lhe foi atribuído no cosmo. Em resumo, todo homem, como ser *negador*, pode vir a ser uma síntese nova por aproximação dialética com outra identidade "não ser o que é e em ser o que não é" (*das nicht zu sein, was es ist, und das zu sein, was es nicht ist*).

Como se vê não existe alternativa para o *espírito*, a menos que ele se mantenha para sempre em isolamento: para o humano a liberdade desejada (pura, absoluta, solitária, pulsão primordial, Eros) constitui uma impossibilidade de fato, já que existe uma necessidade *prática* e *material* de "aproximação", à qual qualquer sujeito não pode se sobrepor, a sobrevivência que nos puxa para o coletivo, ou nas palavras de Nietzsche, a nossa precariedade e "indigência". Seja como for, desde logo o homem convive com o Outro, não porque o deseje, ao contrário, seu *espírito subjetivo* tende a repelir "naturalmente" os demais, mas a "necessidade", mãe de todos os afetos e todos os medos, o empurra para o convívio humano. Por isso o homem não é apenas Ser-estático-acabado (*Sein*) no espaço e natureza, mas também devir (*Werden*), *com* tempo e história (também, portanto, *dentro* do tempo e da história).

Para Hegel, é assim que os *espíritos subjetivos* se "lapidam". O convívio estabelece os limites da vontade e do querer de cada "identidade" tomada isoladamente; a dialética espiritual dos sujeitos transforma-os em *espíritos objetivos*. Não estando isolado, a *vontade* e o *querer* em cada *qual* está no limite possível da convivência que possibilita a supressão de necessidades: a sobrevivência faz do homem um ser "cordial", cultural, civilizado, um *espírito objetivo*. A liberdade é a liberdade possível, do ponto de vista de cada um. Do ponto de vista do *espírito objetivo* é a convivência, tendo por base a necessidade, "educadora", a lapidação dos instintos e da vontade sem limites, o que, por óbvio, possibilita a vida comum, coletiva e social. A vontade instintiva, entretanto, não é necessariamente entendida como "violência", como as teses mais pessimistas caracterizam (Hobbes), mas, em um sentido moderno, "pulsão de prazer".

Contudo, Hegel afirma que a realidade que "conforma" o Ser (espírito subjetivo), é "a realidade enquanto mundo que ele deve produzir e que (já) produziu", ou seja, o "exterior objetivo", a cultura, é também e concomitantemente elaborado por esse Ser. Daí que é fundamental que se diga que aquilo que se impõe externamente ao espírito e o "lapida" em objetivo, dando-lhe a forma de realidade, é uma força que se desenvolveu pela ação do próprio indivíduo, ou se se quiser, pela ação do *espírito subjetivo* em relação com o social e o político. É como se dissesse que *aquilo que se impõe ao Ser se impõe pelo que o Ser se importou em admitir como imposição.*

Claro que, pelo menos à primeira vista, surge a dúvida com relação ao *quantum* de liberdade que ainda resta para o sujeito (a "identidade" em processo)[1]. Grande parte das preocupações dos filósofos em relação a Hegel, bem como as interpretações mais conservadoras deriva daqui, e procuram justificar certo autoritarismo no pensamento de Hegel.

Entretanto, as críticas e preocupações infundadas, e as visões distorcidas sobre o pensamento hegeliano, são em grande parte derivadas da incompreensão do conceito de "dialética", princípio nerval na filosofia de Hegel. A "dialética", como se sabe, tese, antítese e síntese, não é a prevalência de uma das partes na relação, nem tampouco a simples somatória dos entes envolvidos. Portanto, *não é* o domínio de nada sobre nada, nem de alguém sobre alguém.

Em um verdadeiro *processo* dialético, a resultante é "algo" completamente diferente das partes e de sua somatória simples, isto é, o que resulta da contradição, oposição, da "negação", é algo novo, que pode até conter algo (não necessariamente) do que existia antes nas partes, mas "qualitativamente" diferente de tudo que existia. *Isto quer dizer que quem, ou a coisa, que entra em uma relação dialética, não sabe nada antecipadamente quanto à relação mesma e ao seu resultado, e não sairá dessa relação o mesmo, nem parcialmente*

---

1. Melhor seria, "o sujeito em processo", pois, de fato, o espírito absoluto está sempre em processo de "desenvolvimento", que elimina a primeira impressão que o indivíduo está "sujeitado".

o mesmo. O resultado – que não é um fim, mas um novo começo! –, é algo absolutamente novo, diferente e melhor, que leve à "superação" dos domínios anteriores. *Isto é possível porque o foco não está mais nos sujeitos (identidades em processo!), mas na "relação".* Obviamente que Hegel está aqui a pensar em um processo com liberdade.

14.2. ESTADO E POLÍTICA

No pensamento de Hegel o Estado é uma entidade coletiva, um domínio maior que correspondente à vontade de todos os *espíritos objetivos* que se reúnem, pode-se dizer, em uma rede ou grande "teia" e favorecem um "pacto" [2] geral.

Esta "vontade geral" – muito semelhante a Rousseau – é, portanto, resultado da evolução espiritual dos indivíduos, quando seus *espíritos objetivos* se encontram e se "superam", percebem as vantagens e a superioridade de uma vida boa, quando concorrem todos para o objetivo maior da coletividade. Este é um processo histórico, quer dizer, depende de um aprimoramento e de um estágio mais evoluído dos Seres: é uma conquista da razão e um atributo da vontade a "condição de aproximação" do espírito humano. Mas é essencialmente um encontro, uma "assembleia", uma grande assembleia de conciliação em que cada espírito objetivo dispõe-se a trocar vantagens e argumentos, mecanismos e aptidões que possuem em particular para proveito de todos.

> O Estado é a realidade da liberdade concreta. Contudo, a liberdade concreta consiste em que a individualidade pessoal e seus interesses particulares não apenas alcancem seu pleno desenvolvimento e o reconhecimento explícito de seus direitos (...), mas que, em primeiro lugar, se integrem por vontade própria ao interesse geral e, em segundo lugar, que conheçam e desejem o universal (...), que o reconheçam como seu fim e sei objetivo, e sejam ativos em sua busca. O resultado é que o universal não predomina nem se consuma a não ser através dos interesses particulares e da cooperação da consciência e da vontade particulares; do mesmo modo, os indivíduos não vivem como pessoas privadas que se voltam exclusivamente para seus interesses; no ato mesmo de desejá-los, desejam o universal à luz do universal,

2. Usaremos doravante o uso mais genérico do termo "pacto", pois ele designa aqui apenas a potencialidade de um conjunto de indivíduos poderem, por aproximação dialogada, estabelecerem o consenso e elaborarem uma agenda suficiente de convivência e solução de conflitos, sem, contudo, perderem sua autonomia ou se verem obrigados a lançar mão de um poder superior e exterior às suas liberdades/vontades; neste sentido, salienta-se que aqui o "pacto" não se confunde com a concepção clássica de "contrato social", porquanto, efetivamente, Hegel não é um autor contratualista.

> e sua atividade é conscientemente voltada para esse fim exclusivo. (Hegel, *Princípios de Filosofia do Direito*, § 260).

O Estado, assim, *não é* o formador de convívio e nem o controlador de paixões. Ele não está antes do Ser, mas depois dele, ou melhor, depois que ele se constitui plenamente no fenômeno social da convivência, da relação, da produção, da filosofia. Para Hegel o Estado é agora a "superação", o *espírito absoluto*: 1º absoluto porque o espírito, "ele mesmo", é já a "síntese" de como ele se "idealiza" em confronto com a "realidade objetiva"; 2º absoluto na medida da confluência das vontades, absoluto no "pacto" de convivência, absoluto no que ele representa, a evolução espiritual dos *espíritos objetivos* e sua "superação". Dito de forma resumida: *o Estado é absoluto porque deriva da comunidade de espíritos objetivos*. A "comunidade" aqui representa, por sua vez, a "superação" cristalizada no Estado.

Portanto, o historicismo espiritual de Hegel remete a um estádio de evolução do homem que acaba reconhecendo, livremente, a superioridade de estabelecer as regras e os benefícios, os direitos e os deveres de todos em relação a todos, como Aristóteles o afirmou, onde o *Justo Total* (coletivo) prevalece-se sobre o *Justo Particular* (individual). *Por aqui se constitui uma verdadeira política de afetos.*

De forma diferente do que se costuma ver, o olhar de Hegel não aponta para a submissão das vontades pelo Estado, para a domesticação e objetivação logística das pulsões e desejos, ou para a troca mercantil de energia humana por coisas, bens e valores. Como poderia o Estado, *democraticamente*, ou outra instituição social empoderar-se de tal forma que, *per se*, impusesse sobre todos os espíritos o dever e as obrigações, os direitos e benefícios, a distributividade da riqueza e o acesso aos benefícios da evolução científica e técnica, se não pela vontade livre dos cidadãos?

Qualquer forma diferente da autonomia das vontades e de sua lapidação seria arbitrária e fere os princípios da evolução histórica do espírito, do Ser. O Estado em Hegel é exatamente uma construção histórica espiritual por adesão, por acordo, por reunião e deliberação de todos. Fora isso, como nos regimes não democráticos, é o império do terror, tanto faz se sob uma orientação nazista, stalinista ou capitalista. Todas estas formas de vida social-política e econômica configuram, em última instância, "estatismo", onde o Estado se sobrepõe ao indivíduo e lhe retira o *animus* próprio da formação de sua autoconsciência.

De forma geral, a história da humanidade não foi *apenas* a história da luta de classes (Karl Marx), mas a história do despotismo do Um sobre a comunidade; mas foi assim, porque exatamente lá, onde as diferenças dos indivíduos foram agregadas, *arrebanhadas* ao máximo como grupos, estes lutaram insanamente por seus privilégios sempre em detrimento e à custa do esforço e energias dos demais grupos.

Por isso, as lutas de nosso tempo, de forma semelhante aos demais tempos na tradição ocidental, e cristã, levam a enfrentamentos que sempre acabam em algum tipo de "estatismo", na supremacia do Estado sobre as pessoas impedindo-as de se construírem autonomamente junto com as outras. *As guerras e as lutas sem sentido de nossos dias, de um lado e de outro, quase já superado o Estado capitalista tradicional, vão passar pelo "estatismo".*

Uma das mais grosseiras e perniciosas deduções que se fez e faz do pensamento hegeliano diz respeito a certa justificação do Nazismo como "espírito do povo" - *Volksgeist*. Na verdade, esta ideia tem mais a ver com a Escola Histórica do direito moderno do que com Hegel. Autores como Windscheid e Savigny, foram procurar na história antiga o direito contemporâneo, no Império Romano a "raça" e o "povo"3. Para eles o "povo" é universal, enquanto para Hegel o universal é o Estado, racional e objetivo. Na famosa passagem do § 258, da obra *Princípios de Filosofia do Direito*, Hegel diz:

> O Estado [...] é o racional em si e para si: esta unidade é um fim próprio absoluto, imóvel, nele a liberdade obtém o seu valor supremo, e assim este último fim possui um direito soberano perante os indivíduos que em serem membros do Estado possuem o mais elevado dever.

No pensamento de Hegel o Estado é a própria "substância" construída coletivamente e não o "espírito do povo". Não foi Hegel, portanto, que levou ao Nazismo, não foi Hegel que desconsiderou a "liberdade" ou o Estado racional como "vontade relacional" e não "espiritual coletiva".

Contudo, Hegel não deve ser confundido como defensor do liberalismo burguês, da individualidade, do livre mercado, do sujeito de direito, do Estado "mínimo". Sem dúvida que à burguesia da segunda metade do século XIX já não interessava mais a defesa incontinente da individualidade e liberdade,

---

3. Não deixa de ser "estranha" essa inspiração "purista" no caso do Império Romano (para não falar das demais civilizações antigas), pois a definição de "povo" foi dada pela outorga do imperador Caracala (*Constitutio Antoniniana* – 212 d.C.) que estendeu a cidadania a todos os habitantes dentro dos limites do Império. Na verdade, o Império Romano era uma "nação" de estrangeiros, de mestiços, polifônica e bastante multicultural, a não ser em relação às leis e aos tributos.

como antes da Revolução Francesa, quando tais princípios eram a bandeira contra o monarca absoluto. Uma vez no poder a burguesia, por conta da necessidade de acumulação do capital, o que exige certos mecanismos jurídicos de dominação e exploração da mão-de-obra, já não pode insistir na prática, e na ideologia, na "liberdade, igualdade e fraternidade".

O Estado que Hegel defende não é o Estado burguês que parte juridicamente de instâncias *autônomas* como sujeito de direito, liberdade contratual, negócio jurídico, autonomia da vontade etc. Estes conceitos têm a ver com uma dinâmica mercantil monetarista que está longe de perfazer a orientação filosófica e jurídica de Hegel. Para a burguesia o Estado ou a *forma-política* é um subsídio da *forma-mercadoria*, da produção de mercadorias e do capital. Em Hegel, o Estado é o *suprassumo* objetivo e racional de um "encontro" entre seres livres, de sua superação, livres em si mesmos e não "livres" por necessidade de mercado; livres para a lapidação e desenvolvimento de seus espíritos, algo que é impossível de fato em sociedades produtoras de mercadorias como valores de troca.

14.3. DIREITO E POLÍTICA CRIMINAL

Friedrich Hegel discorda que um indivíduo não possa dispor, pelo "contrato social", de sua própria vida e em qualquer situação, e não apenas no caso de um crime com alto grau de violência – esta discordância diz respeito diretamente a Cesare Beccaria (*Dos delitos e das penas*). Na verdade, para Hegel não se coloca a questão de classificação do delito, pois não faz diferença em sua metafísica o *grau* de periculosidade, ofensividade ou violência. Não é nestes termos que Hegel discorda de Beccaria, já que não é propriamente a reparação ou punição, ou o delito, que possivelmente se apresenta como mais importante em sua filosofia do Direito.

O que precisa ser explicado é qual o poder necessário e qual a justificativa para que "objetivamente" um indivíduo seja punido com a pena capital, já que do ponto de vista subjetivo, individual, difícil e de forma precária se poderá criar um consenso sobre esse tipo de punição.

Daí que Hegel não tem constrangimento em usar a mesma alegoria de Beccaria, para aludir a certa legitimidade objetiva, coletiva, portanto, que pode estar, segundo ele, consignada em um tipo de consenso como esse, *através de um "pacto"*.

Em sua obra *Princípios da Filosofia do Direito,* no § 100, Hegel diz: "Como é bem conhecido, Beccaria negava ao Estado o direito de aplicar punição capital. (...) Pelo contrário, é essa entidade mais elevada que reivindica essa própria vida e propriedade e exige seu sacrifício". Como o Estado pode "reivindicar" tal punição? Pelo "poder", coercitivamente, fomentando o medo e o terror?

A filosofia do direito que se apesenta como liberal e democrática, burguesa de fato, está convencida e tende a nos convencer que a pena de morte é admissível porque emana dessa entidade "sacra", logo "santa", esse terceiro com vida própria e acima de tudo e todos, porque *é* a vontade do "cidadão". O Estado *não é* efetivamente a vontade, mas, na melhor das hipóteses, *apenas um representante pífio* dessa vontade e interesse: pelo menos foi isso que John Locke, o pai desse liberalismo, afirmava em seu liberalismo de intervenção mínima.

Logo em seguida, no mesmo parágrafo (§ 100), Hegel ainda é mais contundente, e enigmático, chegando a afirmar que não seria honroso para o criminoso se ele não sofresse punição de morte (em caso de delito para tal), claro, se assim premeditasse o tal "pacto" que outorga o poder ao Estado para executá-lo:

> Visto que é assim, a pena é considerada como contendo o direito do criminoso e, por isso, ao ser punido, ele é reverenciado como um ser racional. Ele não recebe essa divida de honra, a menos que o conceito e a medida de sua punição derivem de seu próprio ato. Ele a recebe menos ainda se é tratado ou como um animal nocivo que deve ser tornado inofensivo, ou com a intenção de ser intimidado e reformado (...).

Que honra é esta que o criminoso recebe ao ser condenado à pena de morte? Por que essa punição, assim possivelmente concebida nas leis, pode ser vista como mais honrosa do que a prisão reformatória? E por que um cidadão aceitaria isso, contrataria sua morte e/ou mesmo a desejaria?

Se procurarmos por um *tipo psicológico* em Hegel, não vamos encontrar o do Ser criminoso, mas tão somente a fragilidade, o medo, a necessidade. Diante delas, a liberdade é a possível, porque só o Ente absolutamente cognoscível e onisciente pode ser completamente livre. Ultrapassar suas necessidades implica ao *espírito* encontrar outros como ele; ultrapassar está na medida destes mesmos encontros. A "liberdade" em Hegel não é a possível por causa da existência do Estado, como é comum se expor. Mas a "liberdade" possível é uma necessidade inerente ao *espírito* que só pelo Outro pode almejar a elevar-se acima da brutalidade e desejos desenfreados. Não é, pois, o Estado, ou outro órgão ou instituição, nem um conjunto de valores morais *a priori* que lapida e freia esses desejos ou a possibilidade de seu descontrole, mas o próprio *espírito*, o próprio Ser por opção *irrefutável* da aproximação.

Quando se lê o § 100, dos *Princípios de Filosofia do Direito*, acima citado como o ponto de partida da "anuência" de Hegel à punição capital, não se pode entender o "pacto", por exemplo, nos mesmos moldes com que o faz Kant. Kant nega o contratualismo e o *contrato social* de Rousseau e de Beccaria em sua "substância", quer dizer, o "conceito" e o "instrumento jurídico" em si mesmo contido no *cogito* contratualista, isso porque Kant não vê "como pode alguém ser juiz e autor ao mesmo tempo" (no "contrato"). Mas para Hegel, o cidadão é sim "juiz de si mesmo e antes": de forma objetiva, ele autoriza, "não ao outro" a sua morte, "mas a si mesmo", como vontade *sua* imanente da evolução de seu *espírito* no encontro com outros.

Veja-se que aqui não funciona a psicologia que analisa o indivíduo, o grau de periculosidade, prevenção punitiva, suspensão do delito no tempo etc., uma série de construtos *in abstrato e in absentia* que executam as políticas penais em termos de repressão e funcionalidade do delito e do autor. Quanto muito, em Hegel seria o *espírito* em processo de lapidação – na relação com o outro - que exige a reparação necessária.

A dialética histórica-espiritual de Hegel afasta os modelos, os padrões psíquicos e seus elementos estruturantes, tanto quanto o absoluto "ôntico" do *espírito* (ele está no tempo sem determinação ou definição prévia: *o encontro é a prática!*, como em Heidegger: *Ser e Tempo*). Estando o *espírito* em processo de "lapidação" e "aprimoramento", *o tipo psicológico está em desenvolvimento, logo, não "existe de fato"! Ao fenômeno social corresponde o fenômeno sujeito!*

O Estado em Hegel – a Ordem - é um *espírito absoluto* como resultado e "superação" dos *espíritos objetivos* - vontade composta de todos os cidadãos, ou mediação de todas as vontades. A Ordem não é coercitividade de um poder exclusivo, exterior, acima da sociedade, mas como fenômeno do desenvolvimento do *espírito* e da relação social subjacente a seu desenvolvimento. Na filosofia alemã, com exceções, existe uma tendência a procurar um fim maior para os atos humanos e a vida coletiva. Assim pode-se aferir quanto de intenção civilizatória existe na filosofia hegeliana (p. ex., como em Kant), pois o Estado – *espírito absoluto* - é sempre composto pela livre vontade dos indivíduos e seus *espíritos objetivos*, ele "encarna" uma superioridade enquanto processo civilizatório humano, histórico e determinado.

De forma simples, existe subjacente ao *cogito* hegeliano que "o todo é superior às partes"; mas superior à "simples somatória" das partes, sempre é bom que se diga. Da mesma forma que Kant (*Metafísica dos Costumes*) diria que a Lei tem a potencialidade de ajudar na correção do intelecto e resgatar a ética do espírito humano, Hegel diria que o Estado é um "fim em si mesmo" e não poderia se esquivar a proclamar a pena de morte (p. ex.) porque tanto a Lei como o Estado são emanações finais de estágios superiores de civilização. Mas o que isto significa?

Significa que o indivíduo que futuramente comete ato ilícito com pena comutada em morte, já havia aceitado, no plano de seu encontro espontâneo e livre com os demais indivíduos em sociedade, aquele tipo penal e aquela punição correspondente, e é essa "mediação" anterior que prescreveu tal conduta como ilícita e a pune de forma específica.

Como parte do todo que concordou – de forma consensual e negociada - com determinada política penal e determinadas instituições penais, não há como restringir a aplicabilidade da Lei, a não ser, claro, por nova negociação social; por isso se estiver "acordado" o infrator deve sofrer a punição porque ele é parte desse todo e seria desobedecê-lo não cumprir o que ele mesmo acordou em mediação anterior. Por isso nada pode ser atribuído a Hegel de "vingança", autotutela ou proteção subjetiva de alguém, mas apenas o Direito objetivo, coletivo, que emana da "relação".

Mas cabe pensar-se agora: em um processo de intersubjetividade espontânea e livre de encontros "afetivos" em que os espíritos individuais procuram se libertarem do irracional e superar a torpe brutalidade, existiria acordo compactuado em que se produziriam leis que exigissem tipos penais e punições de máxima violência? Em que ponto as circunstâncias externas aos encontros transformativos obrigariam os indivíduos em sua autonomia negocial aderirem a "pactos" de guerra, fome, mentira, violência, em uma palavra, barbárie?

FICHÁRIO: Hegel; século XVIII-XIX; Stuttgard - Alemanha; Corrente Filosófica: Idealismo; Escola: Idealismo Dialético; Obra: *Filosofia do direito*; Palavras-chave: Espírito, Intersubjetividade, História, Estado.

A metafísica iluminista alemã encontra em Hegel os princípios de uma futura teoria do comportamento psicossocial, ou da convivência intersubjetiva (Freud). Não é exatamente uma metafísica de valores, como em Kant, ainda que a centralidade desta filosofia permaneça no espírito. Mas a observância de um valor maior que o espírito deve aprender a reconhecer o Outro, como se a transcendentalidade da ética se cristalizasse objetivamente em um ente inquestionável, em torno do qual as máximas morais de decência e ética devem gravitar categoricamente: não uma máxima, mas o próprio homem, o semelhante.

Cada homem enquanto ser único possui um espírito que almeja toda a liberdade possível – Espírito Subjetivo. Semelhante à tradição do direito natural, Hegel afirma que cada espírito tem, por sua natureza, direito a toda a liberdade que deseja e, de alguma forma, esta é verdadeiramente a medida de sua felicidade. No entanto, isto é apenas uma possibilidade racional e empiricamente inalcançável: o limite desta dimensão de liberdade é o "outro", na medida em que nenhum ser humano existe distante e isolado. Simplesmente não existe humanidade a não ser pelo social. Logo, inevitavelmente, cada "espírito subjetivo" se depara com outros "espíritos subjetivos", e, portanto, cada liberdade desejável se encontra limitada pelo desejo de liberdade alheio. Este encontro limitante criará, gostem os homens ou não, a consciência do "outro", de seus direitos e, portanto, de minhas limitações e deveres – Espírito Objetivo.

Ora, esta consciência do "outro" já é em si mesmo o aprimoramento espiritual e psíquico que o "eu" constrói para si mesmo. Em última análise, esta é a máxima do *Direito Subjetivo: não fazer ao outro o que não gostaria que fosse feito a si*. Neste caso, pois, os direitos e os deveres, a convivência humana, não estão dados pelo ordenamento jurídico nem pelo sistema de Direito do Estado, mas, essencialmente, pelo respeito ao próximo e tolerância a ele como um igual a mim – com as mesmas prerrogativas e direitos (cristão!).

Finalmente, portanto, o pensamento hegeliano aponta para um sistema de Direito e Estado que é consequência – não causa! – da evolução do espírito humano, de uma fenomenologia de desenvolvimento do espírito e mente dos homens na medida em que cada um concebe a si mesmo como um igual e respeitador do "outro". Em tese, a máxima paz de espírito, o maior grau de felicidade e harmonia consigo mesmo é a dedicação ao próximo. Quanto às leis e ao Estado, apenas se absorve este desenvolvimento máximo da ética da convivência social.

15

STUART MILL E A DEMOCRACIA POLÍTICO-PARTIDÁRIA

Stuart Mill (1806-1873) foi um pensador que no século XIX desenvolveu teorias e conceitos relacionados à Democracia. Stuart Mill deu ênfase à existência dos Partidos Políticos na sociedade democrática burguesa e defendeu o Voto Universal.

Para ele, a democracia implica a possibilidade de todas as camadas sociais poderem participar da vida política. Mas essa participação é representativa, isto é, os cidadãos devem eleger seus representantes. Estes por sua vez devem se organizar dentro de partidos políticos, pois em Stuart Mill persiste a ideia de que democracia é embate de ideologias. Além disso, a democracia verdadeira tem que ter representação de *minorias*, e isto só é possível através da representação partidária.

15.1. PARTIDOS POLÍTICOS

Maquiavel, no final do século XVI, já fazia crer na necessidade dos *Partidos Políticos*, para que houvesse a organização de ideologias das classes de forma democrática.

Stuart Mill, no século XIX, vai reafirmar a importância dos Partidos em nome da organização social na democracia. Para ele as discussões, tensões e oposições, de forma geral, deveriam permanecer dentro dos Partidos, e não repercutir na sociedade causando polêmicas sociais, escândalos ou tumultos ideológicos perante a população.

Quanto maior for a centralização política, menor a necessidade de Partidos (Autoritarismo). Quanto maiores forem as oposições e ideologias, maior a necessidade de Partidos (Democracia). Através desse ponto de vista pode-se dizer que Stuart Mill dá maior importância aos Partidos do que às pessoas/candidatos de forma individual, pois os Partidos podem canalizar de forma organizada a diversidade de interesses sociais.

Outra questão que Stuart Mill analisou foi a de "tamanho" da representação política, defendendo a inclusão dos *Partidos Pequenos*. Como os Partidos se referem às Ideologias que os partidos representam na sociedade, e como elas não dependem do tamanho dos grupos sociais, mas de seus interesses e necessidades materiais, a democracia verdadeira possui partidos de todos os "tamanhos", inclusive os pequenos, pois as minorias também devem ser representadas na democracia, assim como a maioria.

Com a defesa da representação política em pequenos partidos, Stuart Mill antecipou muito daquilo que no século XX até hoje foi um ponto crucial na arte de governar. A própria história mostra como a falta de importância dada às pequenas ideologias dentro da democracia pode ser fatal para a sociedade.

O Nazismo, Fascismo, Stalinismo e muitas outras formas de governos totalitários foram originados através de pequenas ideologias ignoradas, que mais tarde impuseram seus pontos de vista à maioria. Essas minorias que não estavam incluídas no processo democrático burguês acabaram se fortalecendo e destruindo a própria democracia. O que não aconteceria se fossem representadas por Partidos, pois, ao estarem assim incluídas na vida pública, possibilitaria à sociedade saber de suas intenções e controlá-las, pois os Partidos têm de disponibilizar informações ao Estado através de legislação própria.

Ao participar do espaço público, e da vida política da Nação, até mesmo as pequenas ideologias devem ter o direito à criação de Partidos. Isto não significa que Stuart Mill apoia-se na existência de centenas de Partidos em uma sociedade. Seu raciocínio se baseava na ocupação total do espaço público para que não houvesse excluídos, onde os pequenos partidos podem se coligar e criar legendas mais consistentes para concorrer e ocupar espaço nos parlamentos.

Na sociedade moderna, é importante lembrar que de uma forma ou de outra o espaço público sempre estará ocupado. Se não for pelo pluralismo representativo e legítimo será pela prepotência dos mais poderosos. Esta é a verdadeira dimensão da defesa da representação de todos os cidadãos em instituições como os Partidos, de forma a impossibilitar que se crie um "vazio político" no Estado. Por outro lado, ao permitir a ocupação do espaço público, o governo impõe a participação dos cidadãos na sociedade.

15.2. VOTO UNIVERSAL (SUFRÁGIO UNIVERSAL)

Como visto em Montesquieu, desde a Antiguidade, a representatividade política se fazia através do *Voto Censitário*, onde apenas determinados grupos podem votar e podem indicar representantes. Em Stuart Mill, o voto se universaliza e os pleitos eleitorais devem ser compostos por todo o povo.

Um dos motivos pelos quais Stuart Mill é considerado um autor político moderno é que, nestes termos, o voto passa a ser entendido como um direito jurídico, legal, quer dizer, o Estado define em sua soberania e autonomia o critério jurídico para definir a cidadania e a participação na vida política. Diferente de Montesquieu que classificava o voto como um Direito Natural, relacionando o direito ao voto com herança.

Com o desenvolvimento do *Voto Universal*, surge então a relação democrática com os Partidos Políticos. Como o direito ao voto deve ser exercido através da representação partidária, isso significa, pelo menos em Stuart Mill, que todos os cidadãos devem encontrar seus interesses respaldados pela formação dos Partidos Políticos. Daqui deriva a necessidade de existirem partidos pequenos.

No entanto, existe outra consequência importante da filosofia política de Stuart Mill, pelo menos no caso brasileiro. Efetivamente não teria muito resultado prático existirem pequenos partidos e existir alguma votação neles se os mesmos nunca pudessem sabidamente alcançar alguma representatividade parlamentar.

É por isso que alguns países, como o Brasil, adotam o conceito do Voto Proporcional, cujo objetivo é possibilitar a participação dos grupos minoritários, através dos pequenos partidos, na vida política e na ocupação do espaço público. Resumidamente, o Voto Proporcional é um mecanismo que possibilita que os partidos pequenos possam eleger seus representantes a partir do total de votos que possuem, forma calculada proporcionalmente através de um "Coeficiente Eleitoral". Em geral se baseia nos votos diretos dados aos candidatos somados com os votos diretos da Legenda/Partido, o que garante um determinado número de representantes por partido.

Stuart Mill propõe dois pontos em relação ao voto:

1. **Voto Proporcional**: Mecanismo que possibilita que partidos pequenos possam eleger representantes a partir do total de votos que têm: existe um coeficiente de votos, a partir dos votos úteis dividido pelo número de cadeiras a serem ocupadas. Se a soma de todos os votos da legenda (incluindo os votos diretos dos candidatos) der superioridade a um partido sobre outros partidos, ele tem o direito de indicar proporcionalmente candidatos para ocupar cadeiras no parlamento. Assim, candidatos com menos votos do que outros podem se eleger.
   - Ponto ruim do Voto Proporcional: o candidato de um partido que recebeu maior número de votos diretos pode não ser eleito e o de outro partido que recebeu menor número de votos diretos ocupa uma cadeira no parlamento.
   - Ponto bom do Voto Proporcional: toda a sociedade estaria representada e ocuparia juridicamente os espaços da política pública, evitando que surgissem ditadores e sistemas totalitários.
2. **Voto Plural**: Objetiva que o interesse da maioria prevaleça, pois a *Vontade Geral* (de Rousseau: inclui vontade da minoria também!) é que deve sobrepor-se às demais. Também cogitou dar peso aos votos para reforçar o entendimento do funcionamento equidistante da democracia (por exemplo, o voto de intelectuais ter um maior peso – semelhante à proposta de Platão: o Sábio-Governante).
   - Ponto ruim do Voto Plural: fortalece a aristocracia, nem sempre atenta e compreensível aos desejos e necessidades do povo mais humilde. Tendência a se tornar oligarquia.

FICHÁRIO: John Stuart Mill; Séc. XIX; Londres – Inglaterra; Corrente Filosófica: Realismo; Escola: Utilitarismo; Obra: *O Governo representativo* (1861); Palavras-chave: Associativismo, Partidos, Voto Universal, Democracia.

É preferível existirem Partidos Pequenos que agregam minorias (que fazem parte do processo político democrático) a existirem minorias que não estão representadas em partido político algum, pois essa minoria que não se sente representada pode prejudicar a Democracia.

Ou seja, para ele é melhor minorias terem espaço na Democracia através de partidos (porque eles são controlados pela sociedade) do que essas minorias terem concepções e ações não controladas que fujam ao jogo democrático.

Como exemplo, a lei Cláusula de Barreira (que impede na prática que partidos pequenos existam) é totalmente contraditória à ideia de Stuart Mill.

Portanto, em Stuart Mill, a Democracia Formal apregoa a Liberdade, mas só com os pequenos Partidos pode-se controlar e evitar que uma minoria se revolte e destrua a Democracia; deve-se aprimorar a Democracia Real.

A importância de se ter os Partidos Pequenos é que eles preenchem as lacunas que os Partidos Grandes deixam. Se esses espaços não forem preenchidos por partidos, quem tiver mais poder os preencherá.

Na Sociedade Moderna, não podemos nos iludir: nenhum buraco político existirá vazio por muito tempo, alguém o preencherá, algum grupo social; se não forem os partidos, inclusive os pequenos, ou mesmo outras instituições sociais, os que têm poder preencherão esses "vácuos" no Espaço Público, como Hannah Arendt defendeu no século XX para explicar a ascensão dos fascismos, do nazismo e do stalinismo.

Ainda neste sentido, Stuart Mill, além de propor o Voto Universal, sugere um tipo de voto que dê representação aos pequenos partidos, o Voto Proporcional. O Voto Proporcional garante a Democracia, uma vez que possibilita que pequenos partidos elejam seus representantes, e que a política não seja dominada apenas por ideologias dos grandes grupos sociais. Pequenos Partidos podem se coligar a outros.

Stuart Mill é autor juspolítico moderno porque defende que o direito ao voto não é um Direito Natural, e sim um Direito Jurídico, um direito estabelecido pela Lei. Se o Estado não garantir o Voto Universal e Proporcional como Lei, as Elites e as Oligarquias tenderão a dizer que o direito ao voto é hereditário, voltando-se ao Voto Censitário da Antiguidade e que prevaleceu até o século XIX.

A tirania pode vir de qualquer lugar, daqueles que por terem muito se abstêm da vida política (tese de Alexis de Tocqueville – 1805-1859), ou daqueles que, por não terem nada, e nada a perder, aceitam os propósitos megalomaníacos de uns poucos (tese de Hannah Arendt – 1906-1975).

O fato é que a Democracia exige por todos os lados e por todos os meios a presença de todos os cidadãos na vida pública, mesmo porque a Democracia é o único regime, por princípio, onde a Liberdade faz com que tudo possa acontecer. Em outros termos, a Democracia nunca está acabada, o que exige de todos os cidadãos permanente vigilância quanto aos jogos de poder.

16

KARL MARX

Karl Marx (1818-1883), nascido em Trier, produziu uma ciência baseada em vários conhecimentos, sendo, portanto, a sua obra complexa. A filosofia e o método que Marx criou, junto com seu companheiro Friedrich Engels, chama-se *Materialismo Histórico Dialético.*

Marx elaborou sua teoria geral e o programa dos movimentos operários. Assim, o marxismo tem suas bases no socialismo científico e no materialismo histórico e dialético. Marx estabelece uma relação entre a realidade, a filosofia e a ciência. Considera a realidade social como uma concretude histórica, um conjunto de relações de produção construído pela sociedade no tempo e no espaço. Cada sociedade é representada pela sua totalidade, havendo diversas formas de organização humana diretamente influenciadas pela família, o poder e a religião. Em sua teoria, Marx tenta entender como a sociedade, em geral, funciona, tendo como base a sociedade do século XIX, cuja filosofia alemã era predominante.

Segundo Marx, é "necessária" a existência do homem, para que este possa pensar, ou seja, primeiro o homem tem que produzir suas condições materiais e concretas de vida, através do trabalho, que são os bens necessários para sua existência e para sua sobrevivência, e só depois disso o homem poderá filosofar.

A esse processo produtivo Marx deu o nome de "estrutura" ou também "infraestrutura". Existe uma base econômica na sociedade, que está relacionada às formas de produção de bens necessários para a sobrevivência. A própria sociedade cria necessidades sempre superiores em quantidade e qualidade, e são essas necessidades crescentes que incentivam o desenvolvimento constante das forças produtivas. Assim, o trabalho para o homem é ontológico, quer dizer, é indissociável da existência humana – não é uma opção. É o próprio ser.

O modo de produção consiste nas forças produtivas e nas relações sociais de produção, que juntas criam a existência numa sociedade, historicamente determinada, portanto, por essas forças produtivas.

Forças produtivas: força de trabalho (muscular e mental), tecnologia, ciência, conhecimento, processos e formas de trabalho.

As forças produtivas e as relações sociais determinadas por elas modificam-se a cada momento; por isso, são determinadas historicamente e este movimento se faz na medida em que vão aumentando as necessidades.

É materialismo porque o homem está produzindo sua existência de forma concreta, trabalhando e produzindo as coisas da vida, e, assim, cada mudança nessa maneira de produção faz com que mude a maneira de se viver também.

Para Marx, não são os pensamentos que determinam a vida; é a vida que determina os pensamentos: esta é a base do materialismo histórico em contraposição ao idealismo hegeliano. É a produção da vida na história, qualitativamente. Vivemos de acordo com a nossa época e produzimos os bens necessários para esse modo de viver, a cada época. Estabelecemos relações sociais para efetivar essa vida.

O materialismo histórico apregoa que a consciência do homem é determinada pela realidade social, ou seja, pelo conjunto de meios de produção, base real sobre a qual se eleva uma superestrutura jurídica e política e à qual correspondem formas de consciência social determinada. Se a desigualdade de propriedade é a característica preponderante do modo produtivo, então estão dadas as contradições que provocam um processo revolucionário: o sistema capitalista cria essas condições porque encerra em si a desigualdade ao nível da produção, quer dizer, ao nível das condições concretas da sobrevivência humana historicamente determinada.

16.1. CLASSES SOCIAIS

A história humana, determinada pelas contradições nos modos de produção situadas em uma formação social histórica (ela própria dominada por um modo de produção), implica a dominação de uma classe social por outra, acabando por instituir a luta de classes (burguesia operários – no caso do capitalismo).

Essas duas classes mantêm uma oposição de valores e de interesses, sendo produto da propriedade privada, e sempre existirão em função dela.

Enquanto a sociedade não teve propriedade privada, não existiam classes sociais determinadas. A partir do momento em que a sociedade passou a entender que a produção social era de direito de pessoas ou de famílias isoladamente, a propriedade privada estava instaurada. Na industrialização, a propriedade privada e a forma salário separam o trabalhador dos meios de produção; como consequência, separam o trabalhador do fruto do seu trabalho que foi apropriado pelo capitalista.

A história do homem é a história da luta de classes, da luta constante entre interesses opostos, embora esse conflito nem sempre se manifeste socialmente sob a forma de guerra declarada. No entanto, a luta na sociedade capitalista é "muito clara", pois jamais a dominação e a exploração humana foram tão evidentes, mesmo havendo uma pequena parcela de burgueses em relação aos operários.

O modo de produção capitalista, enquanto se reproduz em proporções cada vez maiores, reproduz também em idênticas proporções e em número crescente a classe dos operários privados de propriedade. A acumulação do capital não faz mais do que reproduzir esta relação (dominação/exploração) numa escala igualmente progressiva: com mais concentração de renda, por um lado, e com mais assalariados, por outro. Acumulação do capital é, ao mesmo tempo, aumento do proletariado e da exploração do trabalhador assalariado.

O que recria o proletariado não é apenas a pobreza natural, mas a pobreza artificialmente provocada. Não se trata da massa humana mecanicamente dobrada pelo peso da sociedade, mas corresponde a uma forma de produção determinada historicamente – capitalismo. O exército de reserva (trabalhadores disponíveis) é tanto mais numeroso quanto a riqueza social concentrada na classe burguesa. E quanto mais aumentar este exército de reserva comparativamente ao exército ativo do trabalho, maior a miséria. Quanto mais crescer esta camada de "lázaros" da classe assalariada, mais cresce a pauperização da classe trabalhadora.

É esta a lei absoluta e geral da acumulação capitalista. Só a produção capitalista, hoje com toda tecnologia, cria as riquezas e as forças produtivas necessárias para tal, criando ao mesmo tempo, com a massa dos operários oprimidos, a classe social que cada vez mais é obrigada a reivindicar a utilização dessas riquezas e dessas forças produtivas em favor de toda a sociedade e não em favor de uma classe monopolista.

16.2. A IMPORTÂNCIA DA FILOSOFIA NO MARXISMO

Tendo o poder nas mãos, a burguesia faz o discurso filosófico que convence os trabalhadores de que a proposta de modernidade seria o melhor para o futuro. O estado burguês de direito institui a ideia de igualdade, liberdade e fraternidade, conseguindo, com isso, a dominação através de sua ideologia.

A revolução burguesa é um sistema produtivo com inversão de valores. A burguesia tem poder econômico e consegue tomar o poder político para convencer a todos que esse é o melhor caminho.

> Na relação homem-mulher, se vê em que medida o ser humano precisa humanamente de outro ser humano, quer dizer, em que medida, em que existência mais individual o ser humano é ao mesmo tempo um ser social. Se supõe o ser humano como ser humano, colocado numa relação humana com o mundo, só pode trocar amor por amor, confiança por confiança etc. Nas condições da alienação, todavia, o dinheiro, o "poder alienado da humanidade" quantifica e realiza tudo, subverte todos os valores: transforma a fidelidade em infidelidade, o amor em ódio, o ódio em amor, a virtude em vício, o vício em virtude (Karl Marx, *Manuscritos*, 1844).

A burguesia faz uso de um discurso que consiste na afirmação de que todos têm direitos iguais, desde que aceitem a relação de exploração. O dono da fábrica fica com o lucro, cabendo ao assalariado o acesso às melhorias, ou seja, a propriedade privada deve permanecer intocável.

As desigualdades são a base da formação das classes sociais. Dividem os homens em proprietários e não proprietários. As classes sociais são complementares e interdependentes.

Existe consciência "em si" e "para si". Se vivo como burguês, penso como burguês. Somente uma diminuta parcela de indivíduos possui a concentração de riquezas; portanto, só através de uma consciência burguesa seria possível manter a hegemonia da classe burguesa.

16.3. SUPERESTRUTURA: O DIREITO E O ESTADO

A superestrutura tem que reafirmar que este modo de vida é o correto, a fim de manter o sistema. Agora, a filosofia empresta sua contribuição para a formação do Estado burguês.

Superestrutura: Estado, Leis, Normas. O poder vem de cima para baixo, dizendo que existe a lei e esta tem que ser respeitada.

A sociedade é composta de classes opostas. Existem os opressores e os oprimidos, ou seja, aqueles que detêm o poder e os outros que têm que segui-los. Existe um conflito constante de interesses opostos. A dominação, portanto, é mascarada, mas está presente.

Existe e sempre existiu a luta constante entre interesses opostos. O Estado, as leis e as normas existem para reproduzir o sistema burguês e com isso promover a alienação da consciência das classes. A Revolução Industrial acelerou o processo de alienação do trabalhador, dos meios de produção e dos produtos de seu trabalho. Não é dono dos meios e formas de trabalho e não tem acesso, na maioria das vezes, às mercadorias produzidas.

Marx acredita que, pelo fato de o homem ter perdido sua liberdade em função do trabalho, houve uma desvalorização do mundo humano, crescente em razão direta da valorização do mundo das coisas, porque o objeto que o trabalho produz, o seu produto, contrapõe-se como um ser estranho ao homem e ao seu próprio trabalho, como um poder independente do produtor.

A supremacia política do produtor não pode coexistir com a eternização da escravatura social. Para Marx, os trabalhadores deveriam servir de alavanca para derrubar as bases econômicas em que se fundamenta a existência das classes e, por conseguinte, a dominação de classes.

A ciência jurídica não está acima da sociedade. Não é uma ciência autônoma em relação à vida concreta das pessoas; é a vida concreta das pessoas que vai determinar a ciência jurídica. A classe burguesa tomou o poder e com isso dita as regras quanto à forma pela qual o direito deverá ser feito, pois como classe hegemônica precisa manter a sociedade civil sob a dominação de sua filosofia ou projeto político. Caso a classe operária venha a ter esse poder, tanto o direito quanto a ciência jurídica farão com que os privilégios sejam voltados para ela (classe operária), pois, neste caso, é ela que terá que manter a sociedade civil sob a dominação de sua filosofia ou projeto político. Havendo a extinção da propriedade privada, deixará de existir o Estado burguês, porque não haverá necessidade de garantir a exploração do homem pelo homem.

A dialética é o movimento contraditório cuja contradição leva sempre a um estágio de relações sociais superior de qualidade (homem/mulher; paz/guerra; verdade/mentira; realidade/sonho; aparência/essência). O materialismo histórico dialético, portanto, é que coloca a simultaneidade da matéria e do espírito, e a constituição do concreto por uma evolução concebida como "desenvolvimento por oposições, por contradições, por revoluções", gerando a evolução em um grau mais alto de qualidade, pela "negação da negação". É a "ciência das leis gerais do movimento dialético, tanto no mundo exterior, quanto no pensamento humano".

A sociedade é composta de contradições e oposições. Portanto, a luta de classes é incessante. A questão da objetividade só se coloca enquanto consciência crítica. A ciência, assim como a ação política, só pode ser verdadeira e não ideológica se refletir uma situação de classe e, consequentemente, uma visão crítica da realidade.

Como o Direito não pode se colocar acima das condições concretas de produção material da existência humana, produção e condições essas históricas e determinadas, o Direito será, sempre, como toda a filosofia que pretende regulamentar a convivência social, produto de seu tempo e da sociedade, como esta se produz concretamente.

Em algum momento, as condições materiais de vida e as relações sociais que delas derivam se chocam com o aparato do Estado e das Leis Jurídicas que lhes dão substância. Neste momento, ou mudam as Leis e o Estado, ou se entrava o desenvolvimento da sociedade (técnico e filosófico).

Assim, a Lei pode e deve ser vista como um aparato capaz de se adaptar, moldar, nas formas de produzir e de viver de cada sociedade, em cada momento dado.

Figura 16.1 *Karl Marx e Friedrich Engels (da direita para a esquerda), criadores do Materialismo Histórico Dialético ou Socialismo Científico.* Fonte: Operamundi.

Anexo

Prefácio à Contribuição à Crítica da Economia Política[1]
Londres, janeiro de 1859
Karl Marx

Examino o sistema da economia burguesa na seguinte ordem: Capital, Propriedade, Trabalho assalariado, Estado, Comércio exterior, Mercado mundial. Sob os três primeiros títulos, estudo as condições econômicas de existência das três grandes classes nas quais se divide a sociedade burguesa moderna: a relação dos três outros títulos é evidente. A primeira seção do primeiro livro, que trata do capital, se compõe dos seguintes capítulos: 1. a mercadoria; 2. a moeda ou a circulação simples; 3. o capital em geral. Os dois primeiros capítulos formam o conteúdo do presente volume. Tenho sob os olhos o conjunto dos materiais sob forma de monografias escritas com largos intervalos, para meu próprio esclarecimento, não para serem impressas, e cuja elaboração subsequente, segundo o plano indicado, dependerá das circunstâncias.

Suprimo uma introdução geral que esbocei porque, depois de refletir bem a respeito, me pareceu que antecipar resultados que estão para ser demonstrados poderia ser desconcertante, e o leitor que se dispuser a seguir-me terá que se decidir a se elevar do particular em geral. Por outro lado, algumas indicações sobre o curso de meus próprios estudos político-econômicos não estariam fora de propósito aqui.

---

1. Reproduzido conforme MARX, K. Prefácio à contribuição à crítica da economia política, organizado por Florestan Fernandes e publicado com o título *K. Marx*: teoria e processo histórico da revolução social, In: MARX & ENGELS, Coleção Grandes Cientistas Sociais, História, nº 36. São Paulo: Ática, 1983. p. 231-235. Edição comemorativa do centenário de falecimento de Karl Marx.

Minha área de estudos era a jurisprudência, à qual, todavia, não me dediquei senão de um modo acessório, como uma disciplina subordinada, relativamente à filosofia e à história. Em 1842-1843, na qualidade de redator da Reinische Zeitung [Gazeta Renana], encontrei-me, pela primeira vez, na embaraçosa obrigação de opinar sobre os chamados interesses materiais. Os debates da Dieta renana sobre os delitos florestais e o parcelamento da propriedade fundiária, a polêmica oficial que o Sr. Von Schaper, então governador da província renana, travou com a Gazeta Renana sobre as condições de existência dos camponeses do Mosela; por último, as discussões sobre o livre-câmbio e o protecionismo, proporcionaram-me os primeiros motivos para que eu começasse a me ocupar das questões econômicas. Por outro lado, nessa época, em que o afã de "avançar" sobrepujava amiúde a verdadeira sabedoria, fez-se ouvir na Gazeta Renana em eco entibiado, por assim dizer filosófico, do socialismo e do comunismo francês. Pronunciei-me contra essa mixórdia, mas ao mesmo tempo, confessei claramente, em uma controvérsia com a Allgemeine Augsburger Zeitung [Gazeta Geral de Augsburgo], que os estudos que eu tinha feito até então não me permitiam arriscar um juízo a respeito das tendências francesas. A ilusão dos diretores da Gazeta Renana, que acreditavam conseguir sustar a sentença de morte pronunciada contra seu periódico, imprimindo-lhe uma tendência mais moderada, ofereceu-me ocasião, que me apressei em aproveitar, de deixar a cena pública e me recolher ao meu gabinete de estudos.

O primeiro trabalho que empreendi, para resolver as dúvidas que me assaltavam, foi uma revisão crítica da Filosofia do Direito, de Hegel, trabalho cuja introdução apareceu nos Deutsch-Französische Jahrbucher [Anais Franco-Alemães], publicados em Paris em 1844. Minhas investigações me conduziram ao seguinte resultado: as relações jurídicas bem como as formas de Estado não podem ser explicadas por si mesmas, nem pela chamada evolução geral do espírito humano; estas relações têm, ao contrário, suas raízes nas condições materiais de existência, em sua totalidade, relações estas que Hegel, a exemplo dos ingleses e franceses do século XVIII, compreendia sob o nome de "sociedade civil" [burgerliche Gesellschaft]. Cheguei também à conclusão de que a anatomia da sociedade burguesa deve ser procurada na Economia Política. Eu havia começado o estudo desta última em Paris, e o continuara em Bruxelas, onde havia me estabelecido em consequência de uma sentença de expulsão ditada pelo Sr. Guizot contra mim. O resultado geral a que cheguei e que, uma vez obtido, serviu-me de guia para meus estudos, pode formular-se, resumidamente, assim: na produção social da própria existência, os homens entram em relações determinadas, necessárias,

independentes de sua vontade; estas relações de produção correspondem a um grau determinado de desenvolvimento de suas forças produtivas materiais. A totalidade dessas relações de produção constitui a estrutura econômica da sociedade, a base real sobre a qual se eleva uma superestrutura jurídica e política e à qual correspondem formas sociais determinadas de consciência. O modo de produção da vida material condiciona o processo de vida social, política e intelectual. Não é a consciência dos homens que determina o seu ser; ao contrário, é o seu ser social que determina a sua consciência. Em certa etapa de seu desenvolvimento, as forças produtivas materiais da sociedade entram em contradição com as relações de produção existentes, ou, o que não é mais que sua expressão jurídica, com as relações de propriedade no seio das quais elas se haviam desenvolvido até então. De formas evolutivas das forças produtivas que eram, essas relações convertem-se em entraves. Abre-se, então, uma época de revolução social. A transformação que se produziu na base econômica transtorna mais ou menos lenta ou rapidamente toda a colossal superestrutura. Quando se consideram tais transformações, convém distinguir sempre a transformação material das condições econômicas de produção – que podem ser verificadas fielmente com a ajuda das ciências físicas e naturais – e as formas jurídicas, políticas, religiosas, artísticas ou filosóficas, em resumo, as formas ideológicas sob as quais os homens adquirem consciência desse conflito e o levam até ao fim. Do mesmo modo que não se julga o indivíduo pela ideia que faz de si mesmo, tampouco se pode julgar uma tal época de transformação pela consciência que ela tem de si mesma. É preciso, ao contrário, explicar esta consciência pelas contradições da vida material, pelo conflito que existe entre as forças produtivas sociais e as relações de produção. Uma sociedade jamais desaparece antes que estejam desenvolvidas todas as forças produtivas que possa conter, e as relações de produção novas e superiores não tomam jamais seu lugar antes que as condições materiais de existência dessas relações tenham sido incubadas no próprio seio da velha sociedade. Eis por que a humanidade não se propõe nunca senão os problemas que ela pode resolver, pois, aprofundando a análise, ver-se-á sempre que o próprio problema só se apresenta quando as condições materiais para resolvê-lo existem ou estão em vias de existir. Em grandes traços, podem ser designados, como outras tantas épocas progressivas da formação econômica da sociedade, os modos de produção asiático, antigo, feudal e burguês moderno. As relações de produção burguesas são a última forma antagônica do processo de produção social, antagônica não no sentido de um antagonismo individual, mas de um antagonismo que nasce das condições de existência sociais dos indivíduos; as forças produtivas que se desenvolvem no seio da sociedade burguesa criam, ao mesmo tempo, as condições

materiais para resolver este antagonismo. Com esta formação social termina, pois, a pré-história da sociedade humana.

Friedrich Engels, com quem (desde a publicação nos Anais Franco-Alemães de seu genial esboço de uma crítica das categorias econômicas) eu mantinha constante correspondência, por meio da qual trocávamos ideias, chegou por outro caminho – consulte-se A situação da classe trabalhadora na Inglaterra – ao mesmo resultado que eu. E quando, na primavera de 1845, ele também veio domiciliar-se em Bruxelas, resolvemos trabalhar em comum para salientar o contraste de nossa maneira de ver com a ideologia da filosofia alemã, visando, de fato, acertar as contas com a nossa antiga consciência filosófica. O propósito realizou-se sob a forma de uma crítica da filosofia pós-hegeliana. O manuscrito, dois grossos volumes em oitava, já se encontrava há muito tempo em mãos do editor na Vestfália, quando nos advertiram que uma mudança de circunstâncias criava obstáculos à impressão. Abandonamos o manuscrito à crítica roedora dos ratos, tanto mais a gosto quanto já havíamos alcançado nosso fim principal, que era ver claro em nós mesmos.

Dos trabalhos esparsos, que submetemos ao público nessa época e nos quais expusemos nossos pontos de vista sobre diversas questões, mencionarei apenas o Manifesto do Partido Comunista, redigido por Engels e por mim, e o Discurso sobre o livre-câmbio, publicado por mim. Os pontos decisivos de nossa maneira de ver foram, pela primeira vez, expostos cientificamente, ainda que sob forma de polêmica, no meu trabalho aparecido em 1847, e dirigido contra Proudhon: Miséria da Filosofia. A impressão de uma dissertação sobre o Trabalho assalariado, escrita em alemão e composta de conferências que eu havia proferido na União dos Trabalhadores Alemães de Bruxelas, foi interrompida pela Revolução de Fevereiro e pela minha subsequente expulsão da Bélgica.

A publicação da Neue Rheinische Zeitung [Nova Gazeta Renana], em 1848-1849, e os acontecimentos posteriores interromperam meus estudos econômicos, os quais só pude recomeçar em Londres, em 1850. A prodigiosa quantidade de materiais para a história da Economia Política acumulada no British Museum, a situação tão favorável que Londres oferece para a observação da sociedade burguesa, e, por fim, o novo estágio de desenvolvimento em que esta parecia entrara com a descoberta do ouro na Califórnia e na Austrália, decidiram-me a começar tudo de novo e a submeter a um exame crítico os novos materiais. Esses estudos, em grande parte por seu próprio caráter, levaram-me a investigações que pareciam afastar-me do plano original e nas quais tive, contudo, de deter-me durante um tempo mais ou menos prolongado. Mas o que, sobretudo, abreviou o tempo de que dispunha foi a necessidade imperiosa de me dedicar

a um trabalho remunerador. Minha colaboração, iniciada havia oito anos, no New York Tribune, o primeiro jornal anglo-americano, trouxe consigo, já que não me ocupo senão excepcionalmente de jornalismo propriamente dito, uma extraordinária dispersão de meus estudos. Todavia, os artigos sobre os acontecimentos econômicos marcantes, que ocorriam na Inglaterra e no Continente, constituíam uma parte tão considerável de minhas contribuições, que tive de familiarizar-me com pormenores práticos que não são propriamente do domínio da ciência da Economia Política.

Com este esboço do curso dos meus estudos no terreno da Economia Política, eu quis mostrar unicamente que minhas opiniões, de qualquer maneira que sejam julgadas e por pouco que concordem com os preconceitos ligados aos interesses da classe dominante, são o fruto de longos e conscienciosos estudos. Mas no umbral da ciência, como à estrada no Inferno, uma obrigação se impõe:

"Qui si convien lasciere ogni sospetto;

Ogni vilta convien chi sia morta."

["Convém abandonar aqui toda suspeita;

Convém matar aqui toda covardia."]

FICHÁRIO: Marx; século XIX; Trier – Alemanha; Corrente Filosófica: Materialismo; Escola: Marxismo – Materialismo Histórico Dialético; Obra: *Manifesto do Partido Comunista*; Palavras-chave: História, Revolução, Classes, Desigualdade, Capitalismo, Comunismo.

A filosofia histórica de Marx denomina-se Materialismo Histórico Dialético. Diferentemente de Hegel e do idealismo alemão de forma geral, qualquer sistema de Direito e o papel do Estado moderno – Superestrutura – não são emanações do desenvolvimento do espírito humano, mas, pelo contrário, essas formas políticas e jurídicas e o próprio espírito humano são desmembramentos das formas concretas pelas quais as sociedades produzem os meios e as formas de sobrevivência material – Estrutura. A primeira necessidade de sobrevivência física produz economicamente formas de produção específicas e relações sociais capazes de suportarem a sobrevivência de todos. Então, uma vez garantidos como seres vivos, os homens pensam intelectualmente sobre si e sobre sua inserção na natureza, sobre as determinadas relações de convivência que desenvolveram e como continuarão a desenvolvê-las para sobreviver. Nesta etapa do desenvolvimento humano, e só agora, formas jurídicas e de organização política serão condensadas em grandes sistemas que, necessariamente, derivarão da base concreta e real e sobre a qual se erigirá o Estado.

Em segundo lugar, o desenvolvimento e o aprimoramento do ordenamento jurídico e do sistema de Direito não se verificam pelo embate da contradição latente ao espírito entre a liberdade desejada e a possível pelo contato com o "outro" – dialética do espírito –, mas no nível das formas históricas de produção, entre classes sociais antagônicas que ocupam posições diferentes no processo produtivo e, portanto, possuem interesses opostos – dialética materialista.

Por fim, há de se compreender que o processo histórico derivado das lutas pela sobrevivência material entre classes remete diretamente ao poder que cada uma possui nesse processo produtivo, e que, consequentemente, apenas diante da abolição da desigualdade na posição dos homens nas instâncias do trabalho, poder-se-á apontar para uma sociedade efetivamente democrática e igualitária. Esta igualdade e bem-estar não são decorrência da elevação espiritual, mas da conquista real da igualdade entre os homens nas formas concretas como efetivamente reproduzem sua sobrevivência material.

Inevitavelmente, enquanto um grupo dominar as formas e for proprietário privado dos meios de produção da vida, a esse grupo estará dada a possibilidade de dominar a Filosofia e os níveis de consciência de todos, uma vez que por essa dominação se coloca como detentora da prerrogativa de idealizar as formas jurídicas e políticas do Estado. Agora, este lhe serve de meio, de instrumento de "dominação ampliada"; de forma hegemônica, pode controlar, julgar e punir por um viés de classe, capaz de transformar um modelo particular – de classe –, em geral para todos.

Ora, é impensável que a classe dominante produza um sistema de Direito contra seus próprios interesses e continuação de seus privilégios. Por isso, para o marxismo, o Estado pouco poderá fazer contra a desigualdade, pois ele já é produto dela. Isto é válido, à luz do Materialismo Histórico Dialético, para toda a sociedade de classes.

17

FRIEDRICH NIETZSCHE: O DIREITO E O ESTADO

Friedrich Wilhelm Nietzsche (1844-1900) é um dos autores mais publicados, mais lidos e mais discutidos atualmente. Sobre ele já se falou de tudo: louco (o pai faleceu num sanatório para doentes mentais e ele sofria de crises de enxaqueca até ser hospitalizado em um hospício), frustrado (devido à desilusão amorosa de sua juventude onde acreditou ser possível um tipo de relacionamento amoroso livre das convenções morais de sua época), arrogante (tendo participado da amizade de intelectuais, romancistas, poetas e compositores como Richard Wagner, acabou por se afastar de todos e criticar suas obras) e nazista (em muito devido à sua obra Vontade de Poder, publicada tardia e postumamente por sua irmã – sabidamente adepta do nazismo! – que organizou essa obra de forma bastante duvidosa). Obviamente que Nietzsche é um filósofo polêmico, principalmente por sua obra estar à frente de sua (nossa?) época, por ser uma obra com alguma complexidade e, principalmente, por ser difícil de "aceitar", na medida em que "mexe" com muitos dos valores morais, sociais, políticos e psicológicos com os quais somos educados nas sociedades industriais burguesas. Logo, muito pouco crédito se deve dar aos "mexericos" com que normalmente se trata Nietzsche. Mas isso não significa que não devemos ter certos cuidados ao refletir sobre este autor.

Aqui nos interessa abordar apenas os aspectos políticos-jurídicos da obra de Nietzsche; para isso selecionamos o que se encontra na obra *A Vontade de*

Poder[1] (principalmente do aforismo §716 ao §789). Esta obra é um conjunto de aforismos que Nietzsche anotou em alguns cadernos, ao longo de toda a década de 1880. Na obra do autor os vários aspectos da existência humana encontram-se espalhados, inclusive as questões relacionadas ao Estado e ao Direito; aqui aproveitamos a leitura de algumas afirmações contidas nesta obra, que além de ser a obra do Nietzsche mais maduro, é possivelmente a mais polêmica. Assim, o que é necessário inicialmente é uma postura de "espírito aberto". Deve-se lembrar de que já no *Assim Falou Zaratustra*, Nietzsche nos apresenta o filósofo que afinal decide deixar o seu isolamento, descer a montanha e compartilhar da sabedoria com os homens, repetindo o gesto daquele outro personagem que volta à "caverna" para iluminar o conhecimento de seus semelhantes. Como desde sempre, os homens tendem mais a desdenhar e a reprimir aquilo que fere seu saber petrificado do que a possibilitar que o "novo" possa acrescentar algo à sua existência.

17.1. A CRÍTICA DOS VALORES

De forma resumida, podemos dizer que Nietzsche faz uma "crítica dos valores" baseada na refutação de três características psíquicas enraizadas na educação ocidental cristã e liberal: o *remorso*, o *ressentimento* e o *ascetismo*. De forma sucinta, tais valores podem ser explicados assim: o *remorso* advém, em última instância, da noção de "pecado" e da forma bastante cristã do "mal" – ao cometermos um ato falho ou que a moral nos diz ser errado com relação a outro, imediatamente tendemos a nos sentirmos culpados e a ficar com remorsos.

Da mesma forma, aquele que sofre uma ofensa ou é sujeito de um ato maldoso por parte de outro, se sente vítima e até exige uma reparação – as sociedades ocidentais desenvolveram ao longo dos séculos, em tese, os sistemas de justiça exatamente para "cobrir" de muitas formas esse *ressentimento* que provoca ódio e pode se transformar em vingança, isto é, o Direito procura ser uma alternativa estatal à transformação do *ressentimento* em justiça do tipo "pelas próprias mãos".

O ascetismo é a contemplação, a dedicação do humano à pura observação e meditação, à adoração, comportamentos, segundo Nietzsche, que se

1. NIETZSCHE, Friedrich Wilhelm. *A Vontade de Poder*. Trad. de Marcos Sinésio Pereira Fernandes; Francisco José Dias de Moraes. Rio de Janeiro: Editora Contraponto, 2008. Todos os aforismos constantes neste capítulo foram retirados desta edição.

eventualmente contribuem para apaziguar o *remorso* e o *ressentimento*, por outro lado, contribuem mais ainda para a inanição, a prostração, para o "quietismo" – assim, o ascetismo é uma arma poderosa para que o mundo não se modifique, pois leva, segundo o autor, à apatia, ao descaso e à adoração de ícones postos pela tradição que retira as forças criativas do homem comum.

Por mais que nos tenhamos tornado homens modernos, e agora pós-modernos, ainda sentimos o mundo à nossa volta orientado por estes valores que conformam o ser humano, na visão do autor, a uma "moral de rebanho". Portanto, a crítica nietzschiana é, antes de tudo, ao conformismo, à domesticação da vontade, ao "quietismo" latente e, principalmente, à moral que amordaça e diminui a potencialidade humana em todo seu esplendor. Daqui já se depreende o porquê do título *Vontade de Poder* (algumas vezes traduzido por "Vontade de Potência"). O "poder" é o poder realizar, criar, ser "livre". É, em suma, o poder de fazer, o poder-fazer que está em pauta.

Então, neste momento não se está a falar ainda de poder como a característica que define o Estado moderno, o de usar a "violência" de forma legítima (Weber, Arendt). Não se trata do poder político, mas da potencialidade criativa do homem. Antes de tudo precisamos entender que é esta ideia de potência criativa que emana da vontade e crença do que é possível ao espírito humano, acreditar que se pode muito mais "para além do bem e do mal", das fronteiras dos valores a nós atribuídos social e religiosamente (e devemos lembrar Maquiavel que predisse a separação da política da religião!). Portanto, a questão política que se deve resgatar daqui é que o cogito nietzschiano está antes de tudo preocupado com a "liberdade", muito mais do que com a "igualdade", como se verá melhor em seguida.

Na nossa tradição moral, cristã e liberal (burguesa), somos compelidos o tempo todo ao "enfraquecimento", "à falta de vontade", "à letargia", segundo Nietzsche. Primeiro o remorso, o arrependimento nos torna cativos do passado e seus erros ou males. Depois, ainda pesa sobre nós o rancor, o ódio, o desejo de vingança, e tudo isso nos desnorteia, embota nosso caminhar, nos amesquinha e inutiliza a capacidade de inovação. Um e outro sentimento pode parecer muito cristão (partilhar da dor do outro), e "demasiadamente humano" (o revanchismo), mas leva ao sofrimento perene e consequentemente à fraqueza e debilidade das forças ativas e criativas a inibir a ação política dos homens. Assim, daqui decorre uma ideia nova e radical de Nietzsche: embora nunca tenha claramente se colocado contra o liberalismo, o autor nos induz a pensar que o liberalismo não é de fato nada liberal na tradição cultural ocidental, judaico-cristã, e jurídica burguesa (Nietzsche está escrevendo no final do século XIX, portanto dentro do sistema de livre mercado burguês, e sua obra, assim como sua vida, reflete o desencanto dos jovens e dos intelectuais diante dessa sociedade – de certa forma, Nietzsche pode ser visto como pertencente ao movimento literário e cultural do Romantismo).

17.2. NIILISMO E OTIMISMO

O "niilismo" nietzschiano instiga o político e a legalidade. Muitas vezes quando ouvimos falar de niilismo o relacionamos com o pessimismo e imediatamente com o "quietismo". O niilismo como pessimismo é de Schopenhauer (1788-1860). Exatamente porque este filósofo não vê saída política, quer dizer, não acredita na potência política do homem em transformar a realidade, acreditou na impossibilidade da felicidade humana e apregoou a contemplação – o ascético que Nietzsche rejeita! – como forma de desligamento do mundo real, da práxis, da ação política renovadora. É exatamente aqui que vemos o quanto Nietzsche se afasta dessa "desconsideração" da vida, pois ainda que o infortúnio e a nossa educação nos incite à obediência, ao "rebanho", nosso filósofo estava convencido de que a forma mais adequada e profícua de alcançar a felicidade e a liberdade era apostar na "transvaloração" desobediente do homem, um homem ativo e consciente politicamente.

Contrário ao que se supõe – não se quer que o percebamos?! -, a contemplação simples e pura pouco haverá de mudar nas condições concretas de vida das pessoas e das sociedades, esse ascetismo perpetua muito mais o *status quo* atual do que propõe ou almeja modificá-lo. Logo, visto desta forma, a responsabilidade política de cada um de nós, mesmo que seja pelo "niilismo" (acreditar que as coisas não têm sentido), não significa que não possa o homem, um ser político, usar sua condição humana para revelar e modificar a realidade das relações subjacentes à "domesticação" (para usar o termo de Foucault). A *apatia* serve de fato ao que está. Neste pormenor Nietzsche é um "revolucionário".

Nietzsche é otimismo, ele pensa em evoluir, aprimorar, expandir, portanto ser livre, superar-se, tornar-se melhor. Mas nossos valores e educação servem, segundo o autor, para nos privar da força potencial da vida e de sermos livres, ou politicamente impede o desenvolvimento de forças capazes de "estabelecer o convívio com liberdade". Aqui temos, portanto, o problema político fundamental de sempre: o homem e sua circunstância pública. O homem político nietzschiano, a frisar, é um homem livre e um ativista arredio. Não é um pessimista que busca na contemplação a fuga, mas alguém que acredita que a mudança começa pela transmutação dos valores e do inconformismo. Grande parte dos mal-entendidos sobre Nietzsche parte exatamente dessa ânsia de querer fazer, de querer ser, de querer transformar. A "força" e a "coragem" que nos transmite são incomparáveis.

17.3. SUBJETIVISMO E ESTADO

O inconformismo é subjetivo, *não estatal*, isto significa que a direção da ação política também deve ser invertida, ou seja, é o sujeito que se revoluciona que revoluciona o Estado, e não o Estado que deve revolucionar o homem, o que não implica que a *força legítima* não deva ajudar no projeto sociopolítico e mesmo educacional dos indivíduos. Nietzsche foi possivelmente o primeiro filósofo moderno a esboçar uma *psicofilosofia* do poder e do Estado. Vejamos o que Nietzsche contrapõe ao pessimismo da culpa e da indignação (*A Vontade de Poder*):

> § 767: O indivíduo é algo inteiramente novo e criador do novo, algo absoluto, todas as ações dizem respeito inteiramente a ele. Os valores para suas ações, o indivíduo as retira, em última instância, de si mesmo: pois ele também deve interpretar para si, de modo inteiramente individual, as palavras legadas pela tradição. Ao menos a interpretação das fórmulas é pessoal, mesmo que ele não crie também novas fórmulas: como intérprete, ele sempre cria.

Podem-se referenciar aqui vários autores que são de nosso conhecimento e que poderão ser relacionados a Nietzsche. Antes dele, Tocqueville (*Democracia na América*) havia nos alertado para o perigo do *niilismo político*, isto é, quando por beneficies industriais e conquistas materiais, deixamos de nos interessar pela política. Isto não é possível na filosofia nietzschiana. A ocupação do espaço público, de Aristóteles a Hannah Arendt (*A Condição Humana*), tem sido o farol de toda uma série de teses e discursos ao longo do século XX, e ainda hoje, a indicar que grande parte das mazelas e distúrbios que o Estado tem provocado no exacerbamento de sua força se deve ao esvaziamento da vontade política das pessoas.

Depois surge muito forte essa mesma ideia tantas vezes desconsiderada ou mesmo aviltada, a ideia de Hegel, que o Estado é o resultado da evolução do espírito humano, que ele chamou de "espírito absoluto". Vemos em Nietzsche essa mesma ideia, a de que o homem não é indolente e não renuncia a si mesmo, à sua capacidade política transformadora. Esse humano é radicalmente ativo, desobediente, um ativista que pode desconstruir e reconstruir, e o Estado é que se produzirá nesta vontade, nesta "verve", nos indivíduos que sobrepujarão a si mesmos e depois às condições sociais mais abrangentes. Tem bastante de subjetivismo "psicologisante" na teoria nietzschiana do Estado e do direito:

> § 766: Erro fundamental: colocar os fins no rebanho e não nos indivíduos isolados! O rebanho é meio, nada mais! Mas agora se busca compreender o rebanho como indivíduo e atribuir-lhe uma posição mais elevada do que a do indivíduo isolado, - tal é o mais profundo mal-entendido!!.

Pode-se notar a mesma ideia depois de Nietzsche em Max Weber, quando ele trabalha os tipos de dominação e nos conduz para a tipologia de "dominação racional legal", característica do Estado moderno. Uma troca, em termos weberianos, entre os benefícios imediatos ou futuros que a legalidade proporciona racionalmente ao cidadão, portador de toda e inalienável soberania. Essa "coerção jurídica" de Weber tem proximidade com a ideia nietzschiana, que qualquer ato individual em relação ao Estado deve ser, no mínimo, voluntário, e comportar algum tipo de beneficio bastante concreto para uma realização pessoal subjetiva aceitável pelo indivíduo.

Para "além do homem", quer dizer, para *um outro* e *renovado* homem, é o objetivo nietzschiano de cada um. Ajudar a isto é a razão do Estado. N'*A Vontade de Poder*, Nietzsche procura integrar a função do Estado e a *superação* do próprio homem, a transmutação do "último homem". As palavras são muitas vezes contundentes e é nisso que muito se alicerçou uma visão mais radical e autocrática de Nietzsche, acusando-o mesmo de "eugenia", a defesa da raça pura, o extermínio de pessoas, não só adversários políticos, prisioneiros de guerra, mas de povos, como os judeus, alvo preferível e *baseline* da purificação, os negros, os doentes, os homossexuais, tudo em nome de uma "solução final" para as "fraquezas", "mazelas" e "sofrimentos" inerentes à condição humana. Ainda há pouco ele chamou os judeus de bem-sucedidos; não bate com uma visão "nazista", certo?!

17.4. DIREITO PENAL E VINGANÇA

No fundo, mais do que outra coisa, o que Nietzsche persegue é a liberdade capaz de elevar o espírito humano a uma superação de si mesmo, de suas angústias e deformações de caráter, pois, para ele, essa superação e elevação são possíveis, na medida em que são mais construções derivadas de um aproveitamento falso e cínico da moralidade cristã e de valores seculares, cuja filosofia desprestigia a potencialidade humana, do que uma condição inata ou uma predestinação divina:

> § 765: Falta um ser que possa ser responsabilizado pelo fato de alguém estar aí, ser de um determinado modo, ter nascido sob tais circunstâncias e em certa circunscrição. – É um grande alívio que falte um tal ser... Nós não somos o resultado de um desígnio eterno, de uma vontade, de um desejo: conosco não foi feita a tentativa de se alcançar um 'ideal de virtude', - não somos tampouco o erro de Deus, diante do qual ele mesmo devia angustiar-se (- o Antigo Testamento começa com este conhecido pensamento).

Ora se essa pequenez e essa redução do espírito humano pelo peso da culpa e da vingança, e do medo do além, desde Sócrates e Platão, é uma construção humana, eminentemente humana, então é uma construção política que pode ser politicamente desconstruída e descontinuada. O problema político nietzschiano, se assim se pode dizer, é que essa desconstrução e essa superação começam no indivíduo, quer dizer, é pela *transmutação dos valores* que o oprimem e o amesquinham que um "novo homem" poderá reinventar a ação política e a política do convívio no espaço público. À superação desse homem corresponde a superação deste Estado e do direito atual, e não o contrário como normalmente estamos habituados a pensar.

Questão a se pensar: como o foco é a liberdade e a superação do próprio homem e do homem político, a igualdade não é muitas vezes valorizada nos aforismos nietzschianos. O que temos de novo? O "velho" e definitivo problema que Rousseau (*O Contrato Social*) nos havia colocado: liberdade ou igualdade, o que vem primeiro?

Vejam-se aqui passagens importantes, onde especificamente Nietzsche relaciona o direito penal e a questão da vingança. Diz ele:

> § 740: O crime pertence ao conceito 'rebelião contra a ordem social'. Não se 'castiga' um revoltoso: faz-se com que ele se dobre (...) Deve-se reduzir o conceito de punição ao conceito: repressão de uma rebelião, normas de segurança contra os reprimidos (reclusão total ou parcial). Mas não se deve manifestar desprezo com a punição: um criminoso é, em todo caso, um homem que arriscou a vida, a honra, a liberdade – um homem de coragem (...) Não se deve fechar ao criminoso a possibilidade de fazer as pazes com a sociedade: desde que ele não pertença à raça da criminalidade (...) Só se podem elevar os homens que não tratamos com desprezo; o desprezo moral é um aviltamento e um prejuízo maior do que qualquer crime.

Em seguida:

> § 742: No antigo direito penal havia um conceito religioso poderoso: o a força expiatória da punição. A punição purifica: no mundo moderno, ela suja... Não se faz apenas as pazes com a sociedade, ganha-se também novamente o respeito próprio, - 'pureza'... Hoje, a punição isola ainda mais do que o delito; a fatalidade por trás de um delito cresceu de tal modo que ele se tornou insanável. Da punição resulta um inimigo da sociedade... Há doravante um inimigo a mais...

Mais à frente:

> §765: Por toda a parte onde se buscaram a responsabilidade, era o instinto de vingança que então as procurava. Esse instinto de vingança tornou-se a tal ponto senhor da humanidade no último milênio, que ele marcou toda a metafísica, a psicologia, a representação histórica, mas, sobretudo, a moral... Toda a doutrina da vontade, essa falsificação funesta na psicologia até agora, foi essencialmente inventada para o propósito da vingança. Foi a utilidade social do castigo que garantiu a esse conceito a sua dignidade, o seu poder e a sua verdade.

É evidente que Nietzsche persegue a "liberdade" e uma preocupação constante e tenaz em não potencializar o crime com o castigo, defendendo o homem enquanto portador de dignidade e valor que mesmo diante do ato ilícito não deve ser desprezado e aviltado, pois este delituoso, pelo *ressentimento*, tornar-se-á mais um inimigo da sociedade.

Penas não podem ir além do delito, a inserção deve ser sempre possibilitada, a punição não deve impedir o homem de se redimir e a sociedade e o Direito não podem e não devem retirar o respeito próprio do infrator. Nietzsche compreende que o homem que carrega a cruz do pecado, ou da vingança, só poderá "ressuscitar" no Deus, nas liturgias eclesiásticas e no "juízo final", e isto implica uma quantidade considerável de *ascetismo* (como no caso das ações missionárias de igrejas nos presídios). Tudo serve, segundo Nietzsche, ao enfraquecimento e ao "espírito decadente", ao "pessimismo". A apatia e a indolência se fortificam na esperança vindoura do além, e este por sua vez se alimenta da dor, da angústia e do sofrimento humano. A decadência, o "quietismo", a indolência leva à degeneração da virtude e capacidade de fazer, nega o poder-fazer. A vida prosaica e nostálgica é o que resta. Claro, alguém, ou alguns, ou o próprio sistema sociopolítico tiraniza os cidadãos na medida em que esses "enunciados" servem aos discursos do poder, ou melhor, às forças que subjugam por trás das relações de poder e do Direito:

> § 765: Os malsucedidos, os *décadents* de todo o tipo estão em revolta e necessitam de sacrifício para não saciar em si mesmos a sua sede de aniquilação (o que, em si, talvez tivesse a razão a seu favor). Para isso, eles

> precisam de uma aparência de direito, isto é, de uma teoria, a partir da qual podem descarregar o fato de sua existência, o seu ser tais como são, em algum bode expiatório.

E o mais interessante é que Nietzsche aqui vai enumerar alguns bem-sucedidos que servem de bode expiatório, e entre eles cita os judeus:

> § 765: Esse bode expiatório pode ser Deus, ou a ordem social, ou a educação e a instrução, ou os judeus, ou os nobres, ou em geral os bem-sucedidos de toda e qualquer extração.

Em grossos traços já temos aqui panorâmica suficiente para caracterizar, como daqueles valores de *remorso* e *ressentimento*, Nietzsche extrai a conclusão que o Direito e o sistema de justiça cumprem a função mais de simular uma "atenção civilizada" quanto aos delitos para evitar que o ódio e a vingança esgarcem completamente o tecido social quando dirigidos contra os poderosos, as elites, os bem-sucedidos. E como esse ressentimento que leva à *vendetta*, é consequência da dominação e domesticação (como Foucault irá ler em Nietzsche), religiosa e estatal, das forças criativas do homem, Nietzsche chega à conclusão que os que se rebelam são corajosos, e são eles que servirão de "bode expiatório" para uma sociedade que não tem de fato "liberdade" - o sistema de justiça e o sistema penal deveriam considerar tais verdades. Os demais, os homens obedientes, diz o autor, estão fadados a ser "massa", a ser "rebanho".

Fichário: Nietzsche; século XIX; Röcken, Lutzen – Alemanha; Corrente Filosófica: Idealismo; Escola: Niilismo; Obra: Assim Falou Zaratustra (1883-85); Palavras-chave: Niilismo, Transmutação dos Valores, Vontade de Poder, Liberdade, Abolicionismo.

O ser humano é possivelmente a única entidade capaz de refletir sobre si. Esta reflexão, no entanto, não se dá sempre da mesma forma, quer dizer, sob o mesmo prisma (como um caleidoscópio que nos fornece imagens e cores diferentes do mesmo cristal). O conjunto ordenado das diversas formas como podemos refletir sobre nós mesmos, forma a área de conhecimento humano que chamamos de Ciências Humanas. Assim, para refletir sobre o que somos e o que realizamos, usamos vários enfoques, várias formas de "olhar" o mesmo objeto de estudo, neste caso, o Homem. A filosofia é uma disciplina das Ciências Humanas. Existem outras disciplinas que estudam o ser humano, como por exemplo, a sociologia, a história, a antropologia, a ciência política.

Existe uma "psicofilosofia" importante em Nietzsche, quer dizer, uma abordagem do Homem no sentido de pela filosofia libertá-lo dos dogmas e da cultura restritiva ocidental. Essa restrição da livre realização da potência de cada indivíduo deve-se aos dogmas culturais que no Ocidente remetem à "seriedade" com que a existência humana é tratada, com o peso da tragédia (greco-romana), da crucificação (judaico-cristã), sempre a "sucumbir" os homens e, em consequência, a controlá-los dogmaticamente diante da máxima moralidade e noção de *pecado* – uma vida rastreada pela dor e pela infelicidade (embora já Epicuro houvesse denunciado isso, na Grécia do século IV-III a. C.).

É isto que Nietzsche almeja contrariar, libertar o homem desses dogmas, desse peso de sofrimento, lhe dar a satisfação, de lhe restituir o prazer de viver. Mas para isso, o homem ocidental tem que conseguir transformar-se, a si em primeiro lugar, libertar-se desses valores embutidos nele pela tradição trágico-religiosa. Em *Assim Falou Zaratustra*, Nietzsche cria uma parábola para mostrar o quanto o homem, um "super-homem" deve se esforçar para se libertar e "renascer", digamos assim, para uma vida mais plena: "O Camelo que vira Leão, o leão que se transforma em Criança" (Camelo, o que carrega o fardo desta vida, para desaprender os dogmas que lhe ensinaram necessita da força do Leão (super-homem) e só então, como Criança, pode transformar-se e aprender a viver por novos valores e a realizar livremente sua potencialidade como ser e como pessoa).

Ora, se existe um conhecimento, uma ciência mais dogmática e formalista, essa ciência é o Direito. A filosofia "especula" sobre a natureza humana e, portanto, sobre o sentido da vida. Este especular é adverso à dogmática jurídica e à tendência para o conservadorismo nos sistemas de justiça, por exemplo, quanto à doxa da "segurança jurídica" e da "periculosidade geral". Pode-se afirmar que a filosofia preocupa-se com as especulações mentais e as razões dos questionamentos e angústias humanas, enquanto, neste caso, o Direito preocupa-se, de antemão, com a inevitabilidade, segundo seus próprios cânones, das reações adversas mais ou menos violentas dos homens, não no sentido de acolhê-los e compreender, mas no sentido de controlá-los e punir (exceção a isso, destarte o sistema geral de justiça penal, poderia ser o exemplo das Audiências de Custódia).

Esta postura positivista do Direito, emprestada das demais ciências naturais da virada do século XIX para o século XX, não é a única: a necessidade de se afirmar como ciência autônoma fez acontecer o mesmo, por exemplo, com a sociologia (Auguste Comte). Sempre é mais adequado a uma nova ciência seguir métodos de experimentação empírica, repetição e seleção de eventos pesquisados, neutralidade e objetividade, que são premissas das ciências naturais e biológicas. Depois, o progresso científico e industrial verificado induzia a que, longe das especulações metafísicas da filosofia o pensamento e os sentimentos humanos seriam mais bem compreendidos, se seguisse os métodos laboratoriais das demais ciências naturais.

É óbvio que o conhecimento sempre anda próximo do poder. A adequação do Direito à área de conhecimento das ciências naturais é cativa da lógica técnico-científica das sociedades de livre mercado, mas tem raízes profundas na própria tradição e cultura ocidentais, da matriz dos valores morais e religiosos de expiação e constrição do mal. Neste sentido, a eficiência do Direito e da Justiça, da política quanto aos sistemas de justiça penal e civil, destina-se a predizer e controlar as ações humanas, como um braço perverso da política e poder do Estado moderno (como na *biopolítica* de Michel Foucault).

A finalidade da filosofia, afinal como do Direito, é proporcionar a felicidade ao ser humano, algo que só pode ser conseguido se forem banidas a ansiedade e angústia a que está submetido o homem moderno. Desta forma, o Direito, segundo Nietzsche, é uma ciência moderna porque pretende responder também a esta necessidade – esta é uma necessidade real. Afinal, o que distingue o homem moderno de seus antepassados medievais e antigos, é que a modernidade elevou o potencial de "sofrimento" na medida em que o sentido da vida mais e mais pode ser questionado à luz não só das novas descobertas do conhecimento, mas, fundamentalmente, da *depreciação* do ser humano. Por isso, nos diz o filósofo alemão, o Direito deveria estar mais preocupado em libertar o humano, do que a persegui-lo e aprisioná-lo, pois aprisionado ele já está.

18

POSITIVISMO E POSITIVISMO JURÍDICO

Auguste Comte (1798-1857), nascido em Montpellier, França, foi discípulo de Saint-Simon, de quem sofreu enorme influência. Sua principal característica foi a devoção aos estudos e à filosofia positivista.

A filosofia de Auguste Comte para a sociedade é vista como uma ciência positiva, experimental, denominando-a, inicialmente, de "física social". Baseando-se nesta definição, bem como se apoiando nos pensadores empiristas do século XVIII, que afirmavam que podemos entender as leis da sociedade humana aplicando os instrumentos da ciência, Auguste Comte insere uma nova teoria da sociedade, denominada "positiva".

A "teoria positiva" parte do princípio de que os homens devem aceitar a ordem existente, não devendo contestá-la. Assim, também, ao ser humano cabe "revelar" o mundo, não existindo a possibilidade de "mudá-lo". O positivismo está alicerçado na prática da coleta de dados sobre determinada sociedade, cuja análise será feita através da constatação e confirmação desses dados. É composto pela experimentação, pelo pragmatismo e pelo empirismo. Não basta, portanto, a apresentação de ideias vagas, sem consistência, e, principalmente, sem fundamentação.

Para Auguste Comte, as leis estabelecidas pela ciência deverão ser aceitas, não podendo haver nenhum tipo de contestação quanto ao que elas afirmam ou impõem. A crença no que de fato existe é primordial. A verdade científica trata dos fenômenos ou fatos dominantes ou constantes, não tendo como objetivo atingir as causas, limitando-se apenas a constatar a "ordem que reina no mundo".

A evolução do intelecto e da consciência do homem só será possível se estes se voltarem para o passado; portanto, a ciência deve revelar uma ordem e permitir a ação do homem; caso contrário, sua existência de nada valeria.

As leis da natureza são sólidas, verdadeiras. Trata-se do mundo inteligível, motivo pelo qual Auguste Comte diz que o homem não deveria estar preocupado com as questões futuras, nem se prender a detalhes. Para Auguste Comte, havia uma hierarquia na natureza, podendo compor-se de fenômenos simples ou complexos, sendo de natureza orgânica ou inorgânica, inerente aos seres vivos e ao homem. Sua visão era de que o mundo poderia ser interpretado partindo-se do princípio de que havia um condicionamento que era feito "do inferior ao superior", porém não havia como determiná-lo, ou seja, os fenômenos da vida ou fenômenos sociais eram condicionados, porém não determinados pelos fenômenos químicos e físicos.

Assim, as ciências humanas, segundo Comte, devem exercer uma espécie de magistratura espiritual, pois todas as ciências se voltam para ela, por representar o nível mais alto de complexidade, de nobreza e de fragilidade. A humanidade é o único referencial para se obter as informações necessárias quanto aos conhecimentos e métodos existentes. Portanto, a Filosofia é a ciência do entendimento, pois, para se entender o espírito humano, será necessário observar sua atividade e sua obra na sociedade, através dos tempos. O modo de pensar e a atividade do espírito são solidários com o contexto social, estando vinculados a uma determinada época de cada pensador.

Para Auguste Comte, o homem precisa amar algo que seja maior do que ele, pois a sociedade necessita de um poder espiritual, ou seja, o homem deve amar aqueles que, de alguma forma, perpetuaram suas ideias ou ideais e que, com isso, colaboraram com a humanidade.

FICHÁRIO: Comte; século XIX; Montpellier – França; Corrente Filosófica: Positivismo; Escola: Determinismo; Obra: *Curso de filosofia positiva*; Palavras-chave: Ciência, Estática e dinâmica, Comportamento social.

Para o Direito Positivo, a filosofia positivista se apresenta em vários momentos, entre eles: (1) a oposição à visão jusnaturalista – direitos naturais dos homens, que na visão de Comte remonta as explicações metafísicas e religiosas arcaicas; (2) a sublimação dos fenômenos sociais como base concreta da lei; (3) a formalização, escrita, sistematizada e organizativa do real, a ideia de uma ciência que descobre a realidade a partir de determinados métodos de experimentação prática e (4) a concepção de garantir ou propor uma certa ordem capaz de proporcionar e determinar o bem-estar e o progresso social.

O positivismo jurídico de Comte pode ser explicado assim: (1) características e propriedades imutáveis dos fenômenos sociais, fazendo com que os mesmos não se modifiquem no tempo e no espaço – logo, leis perenes e ordenamento estável; (2) despreocupação com as determinações históricas atuantes sobre os fenômenos sociais, no sentido de não objetivar propor mudanças ao *status quo* existente – logo, o sistema de Direito é "transparente" para o poder e "invisível" para quem dele mais precisa; (3) entender que a ordem – princípio estático da sociedade – deve prevalecer sobre o progresso – princípio dinâmico da sociedade, ou em outros termos, é a ordem social que produz o progresso e não o contrário; logo, o Direito é instrumento de controle do Estado; (4) a ordem dos fenômenos sociais se assemelha a um trem, ainda que pilotado pelo homem, só pode chegar aonde os trilhos levarem; a história está dada de forma quase divina (os trilhos) e os homens de forma passiva (não revolucionária) conduzem o trem da vida – logo, o Direito não faz "justiça", mas cumpre o ordenamento jurídico; (5) o pesquisador deve se manter neutro em relação aos fenômenos sociais como condição *sine qua non* para captar a natureza das coisas e não interferir no resultado de seu entendimento; logo, o direito é "neutro".

18.1. JURISPRUDÊNCIA E POSITIVISMO

A partir da Filosofia Positiva de Comte, ao longo do século XIX, vão surgir diversas visões sobre como aplicar o positivismo ao Direito, tendo como premissas:

1. os fatos sociais são vistos como "coisas"; portanto, com propriedades imutáveis – fatos sociais imutáveis, leis "imutáveis";
2. a realidade fática é determinante para as futuras ilações do pensamento dedutivo – aquele que depreende empiricamente da experimentação dos nexos causais;
3. a Ordem (estática) deve prevalecer sobre o Progresso (dinâmica) – a lei tem por papel principal garantir a ordem e a segurança jurídica a

qualquer custo, pois ao final o desenvolvimento daí decorrente justificará os meios empregados.

É a partir destas premissas que o positivismo jurídico passa a elaborar o conceito de Jurisprudência, no sentido de definir afinal qual o papel do Judiciário e a autonomia dos operadores do Direito, principalmente do magistrado.

Jurisprudência Filosófica: é uma discussão sobre a autonomia que o operador do Direito tem (magistrado) em relação à interpretação sobre o que o legislador escreveu. É uma discussão sobre o poder, que a sociedade deve fazer em relação à autonomia da "justiça".

Doutrina: faz-se sentir no momento da confecção da norma (legislativo).

O Direito não julga o *fato social*, o Direito julga o sentido da *conduta humana* que se transformou em fato social.

18.2. TIPOS DE JURISPRUDÊNCIA

A jurisprudência filosófica pode ser classificada em dois "tipos": *Jurisprudência de Conceitos e Jurisprudência de Interesses.*

A. *Jurisprudência de Conceitos*:

(geral)	**LEI**	
	↓	Método **dedutivo**
(particular)	***CASO***	

Figura 17.1 *Lei e caso.*

Características:

1. adequar o caso à lei;
2. pouca autonomia da decisão jurídica;
3. mais respaldo normativo, pois não vão dizer que a decisão está "errada", já que usou o que está na lei (não significa dizer que terá mais segurança);
4. neste caso, você se obriga a obedecer possivelmente a leis "injustas".

B. Jurisprudência de Interesses (Principal autor: Ihering):

(geral)	***LEI***	
	↑	Método **indutivo**
(particular)	**CASO**	

Figura 17.2 *Caso e lei.*

Características:

1. adequar a lei ao caso;
2. mais autonomia da decisão jurídica;
3. poderá ser dito que foi tomada uma decisão "errada";
4. não se obriga a obedecer a leis "injustas".

No tipo de *Jurisprudência de Conceitos*, ainda se verifica uma subdivisão de *Escolas de Jurisprudência*, conforme as grandes discussões da filosofia do direito efetuadas ao longo do século XIX.

18.3. ESCOLAS DE JURISPRUDÊNCIA (DE CONCEITOS)

1. Pandectista (Alemã) – Principal autor: Puchta.
2. Exegese (Francesa) – Principal autor: Os jurisconsultos de Napoleão.
3. Analítica (Inglesa) – Principal autor: Austin.

Todas têm enfoque no texto jurídico, sendo a mais "usada" no Brasil a Escola de Exegese, devido ao extremo normativismo e legalismo de nosso Direito, herança ainda do Código Romano e do sistema cartorial jurídico de Portugal.

Apesar de todas as escolas da *Jurisprudência de Conceitos* terem por fundamento o texto jurídico e uma lógica formalista acentuada, elas divergem, no entanto, quanto ao grau com que adotam esse formalismo.

Escola Pandectista: Tem-se a oportunidade de fazer críticas ao legislado, ao texto da lei, ainda que cumprindo e obedecendo a ela.

Exemplo: Para muitos doutrinadores e juristas, a Lei de Crimes Hediondos (Lei no 8.072, de 25 de Julho de 1990) não se aplica, pois, desde que foi publicada, muitos veem esta lei como inconstitucional, ferindo princípios basilares, como a ampla defesa, o contraditório, a proporcionalidade, ou mesmo prerrogativas de progressão de regime de prisão previstas no Código Penal; esses dispositivos estão quase que todos eliminados ou bastante reduzidos na Lei de Crimes Hediondos.

Escola Exegese: forte no Direito brasileiro. Tem-se a intenção de olhar para o "imperador" e de que não perca o controle do seu império. A lei deve ser cumprida, mantendo a ordem no Estado. É a Escola com menos autonomia possível para as decisões jurisprudenciais. Obriga a Constituição e demais códigos a serem muito detalhados para manter a ordem. Tais códigos perdem a atualidade jurídica muito rapidamente.

Exemplo: A Lei de Introdução às Normas do Direito Brasileiro (Lei nº 12.376, ratificada em 30 de dezembro de 2010), criada em 1942, dispõe em seu Art. 3º, que "ninguém pode alegar o desconhecimento da lei". Tal disposição legal demonstra bem a "força" estatal (de império) que exegeticamente se impõe e exige do cidadão, ainda que pese a existência de normas abrandadoras de seu rigor, posto que, de forma fática, não se pode exigir tal conhecimento em sua abrangência e complexidade ao cidadão comum.

Escola Analítica: conhecida como *Common Law*, essa escola tem base em leis, mas o código é pequeno, seguindo mesmo assim a lei. Não se escrevem no código leis morais e éticas, pois é exatamente aí que reside grande parte do gigantismo dos códigos e de sua rápida desatualização, pois valores morais e éticos são permanentemente alterados de acordo com a dinâmica histórica de cada povo. Aquilo que moralmente foi indesejado outrora pode ser hoje aceito, da mesma forma que aquilo que hoje é desejável pode deixar de o ser no futuro. O importante para esta escola, base do direito inglês e anglo-saxônico de forma geral, é que o texto enxuto seja compreendido e, portanto, aceito por amplas camadas e grupos da sociedade. Portanto, não se trata de ignorar os valores da sociedade como fonte do Direito, pois os mesmos serão absorvidos no ato de resolução dos conflitos e decisão sentencial.

Exemplo: O Supremo Tribunal Federal (STF) já se prenunciou em sede de Súmula Vinculante nº 11 de 13 de agosto de 2008, que não é admitido o uso de algemas em condução coercitiva ou mesmo flagrante, por parte do agente policial, caso não exista fundado receio de fuga ou perigo à integridade física própria ou alheia. Contudo, dia e noite, de forma contumaz, a decisão superior do tribunal colegiado não tem se verificado de fato. Aqui se pode ver a interferência dos valores na execução da Justiça, em dois sentidos opostos: a decisão do STF baseia-se enormemente no princípio da "dignidade humana", o mesmo valor que nem sempre a força policial do Estado tem pra si como certa e líquida.

De origem também alemã, **uma outra Escola de Jurisprudência,** que não pode ser exatamente classificada nos Tipos de Jurisprudência anteriores, foi desenvolvida por Savigny, chamada de Escola Histórica. A Escola Histórica é uma corrente filosófica que "agride" a visão dogmática do Direito, questionando, de sua forma, o positivismo jurídico. Dela sairão, com ressalvas, visões de Direito *mais* livres do estrito cumprimento da lei e a crítica à própria confecção do legislador, partindo para uma visão e aplicação mais "zetética" do Direito, fazendo do Direito uma instituição que deve acompanhar as realizações históricas e coletivas da sociedade. Assim, o foco na jurisprudência *cresce* a partir da premissa que o Direito, afinal, é a relação histórica do projeto social de um povo

Exemplo: No Brasil pode-se citar a Teoria Tridimensional de Miguel Reale como exemplo tangencial da Escola Histórica. Quando na Teoria Tridimensional se fala de "valores" o que se propõe é o resgate, não exclusivamente de uma determinada "moralidade", mas mais de uma "identidade", de uma "nacionalidade" que pode ser resgatada, segundo Savigny, nos mitos fundadores da Nação e nos seus grandes acontecimentos históricos. Não por acaso, a Escola Histórica costuma ser fortemente resgatada na Jurisprudência nos momentos políticos mais propícios às narrativas nacionalistas seletivas, o que levou, por exemplo, Ihering e Kelsen a questionar se a abordagem valorativa era realmente coerente com os princípios do Direito, como isonomia, equidistância, neutralidade e urbanidade. De certa forma, a defesa historicista de Savigny, *tida como política*, suscitou, como resposta, nova ofensiva dos jusfilósofos positivistas na defesa da normatividade e seu formalismo com vistas a uma Justiça apartidária e não ideológica.

Com exceção da Escola Histórica, o movimento pela formalização positivista do Direito, iniciado pelos contratualistas do século XVIII, culminará na obra científica de Hans Kelsen, que será a base para o posterior desenvolvimento de sistemas jurídicos positivistas no século XX.

18.4. CONCEITOS IMPORTANTES

Positivo: significa que se formalizaram normas.

Positivismo Jurídico: usam-se as normas para controle social.

Dogmatismo: centralidade na norma sem admitir outros fundamentos jurídicos – sistema fechado ou hermético.

Zetética: filosofia do direito que absorve vários fundamentos jurídicos – sistema aberto ou interdisciplinar.

19

HANS KELSEN

Hans Kelsen (1881-1973) era austríaco e, como pensador do Direito, qualifica-se dentro do diversificado movimento que se costuma chamar de *positivismo jurídico*.

Mesmo aqueles que não gostam de Kelsen precisam dele para fazer suas críticas para evoluírem. Kelsen diz que uma ciência deve ter *método e objeto*. Da mesma forma que a Sociologia estuda o comportamento humano na sociedade, a Psicologia estuda o comportamento humano na forma de psique, o Direito deve ter seu objeto próprio de estudo. Toda ciência necessita de um objeto próprio e uma metodologia adequada; para o Direito, *o objeto* próprio é *a norma*; *o método* para estudar essa norma é *o positivismo*. E é de Auguste Comte que Kelsen tira esse pensamento.

Kelsen, na tentativa de fazer do Direito uma ciência, nos leva a "abrir" outras discussões sobre um sistema normativo com base em uma lógica jurídica formal. Se essa norma é formal, podemos dizer que é *direito posto* (feito pelo homem para o homem). Kelsen tem o desejo de elaborar uma *teoria pura* para uma base científica jurídica, e é por esse motivo que o Direito de Kelsen deixa de ser uma ciência humana para ser uma ciência quase exata (Direito Positivo). E a ciência do Direito se transforma em puro normativismo, fundamentada em uma extrema *lógica formal jurídica*.

Uma obra fundamental de Kelsen chama-se *Teoria pura do direito*, e é nessa obra que Kelsen consegue positivar mais sua teoria do Direito, apesar de existir um capítulo dedicado exclusivamente à *interpretação jurídica*.

O método usado por ele para transformar o Direito em uma ciência é o método comtiano cujo princípio é a prevalência da ordem sobre o dinamismo social; portanto, uma ciência preocupada fundamentalmente com *controle, vigilância e punição*. Não que Kelsen tenha feito uma obra voltada para sistemas autoritários, mas o fato é que, nesta ânsia de tornar o Direito ciência, ele escolhe um método que acaba sendo usado por governos autoritários.

19.1. NORMATIVISMO E JUSTIÇA

Kelsen não faz aproximação do Direito com a sociedade, pois o objetivo dele é explicar o Direito por dentro das normas. Na *Teoria pura do direito*, discussões de valores não aparecem, a centralidade do Direito é a *norma*, mas isso não significa dizer que o Direito "como um todo" não possua valores.

Para o positivismo kelseniano, a norma jurídica é o "alfa" e o "ômega" do sistema normativo, ou seja, o princípio e o fim de todo o sistema jurídico.

LEGALIDADE (Norma) é diferente de **LEGITIMIDADE** (Soberania Popular)

↓

O sistema só pode ser legítimo se existir a participação e o aval da população.

Figura 18.1 *Legalidade e legitimidade em Hans Kelsen.*

Kelsen separa a *legalidade* da *legitimidade* – algo que para povos democráticos significa a mesma coisa. Quando Kelsen disse nos EUA (onde se refugiou do nazismo nos anos 40) que o sistema nazista era *legal*, o povo americano interpretou que o sistema era *legítimo*. Mas como pode alguém sendo judeu e estar fugindo do nazismo "defender" o sistema nazista? Para ele, a validade normativa é pura racionalidade normativa e não se confunde com valores como legitimidade. Kelsen referia-se à validade normativa e não a valores morais ou políticos.

Exemplo: o Direito como ciência é teoria **PURA**, *sem valores*, e o Direito como totalidade é o Direito *com valores*. A justiça de Kelsen existe dentro do Direito como totalidade, embora não tenha base científica devido à sua adequação permanente à dinâmica dos valores morais e éticos de um povo. Assim, o conceito de Justiça existe para Kelsen enquanto "momento de decisão do magistrado"; portanto, existe no sistema jurídico como totalidade, embora não no Direito como ciência. A decisão sentencial é o momento em que o Direito se realiza de fato, e isso chamamos de Justiça, mas já é um momento fora da Ciência Jurídica.

19.2. CONCEITOS NORMATIVOS DE KELSEN

1. A primeira categoria normativa de Kelsen chama-se *Cascata de Normas*.

Kelsen diz que existe uma certa hierarquia normativa de tal forma que a norma para ser válida tem de estar relacionada com uma norma que a antecede, seja ela qual for; não necessariamente a norma imediatamente antecedente.

Hermética jurídica: constitui um sistema que se autovalida, pois há relação das normas com as suas antecedentes dentro da jurisprudência de conceitos; Escola de Exegese e completude jurídica.

Kelsen criou um conceito teórico chamado *norma fundamental* que não podemos considerar que seja a Constituição, já que esta é norma formal. Quando ele fala de norma fundamental, quer tratar de um conceito axiológico, como sendo esse o ponto de partida. Único momento em que Kelsen aproxima-se da base social. A norma fundamental é um princípio, pelo qual o Direito vai desenvolver a tal da hierarquia normativa.

Numa concepção pura do Direito isto faz sentido: Norma Fundamental é uma norma não formalizada na estrutura normativa, é o início de tudo.

2. *Responsabilidade e Irresponsabilidade Legal*: a norma que pune é a mesma norma que absolve.

Exemplo: é o caso de Obediência Hierárquica (Código Penal, art. 22), Legítima Defesa (Código Penal, art. 25), Doente Mental (Código Penal, art. 26), Menor de 18 anos (Código Penal, art. 27), entre outros.

No caso do doente mental, do incapacitado e do adolescente em conflito com a lei, não é o juiz que absolve e sim a própria lei. Nessa visão kelseniana, o juiz não tem função de absolver, porque isso é função da lei.

No caso da legítima defesa, a lei também absolve, mas os operadores do Direito devem analisar o caso, ou seja, deve-se provar que realmente foi legítima defesa, e é aí que se encontra a diferença desse para os outros casos (doente mental, incapacitado, menor de idade), em que não é necessário julgamento, já que a lei encarrega-se de absolver.

Da visão do filósofo Kelsen pode-se dizer que a legítima defesa faz parte do conceito de *irresponsabilidade legal.*

3. *Causalidade* (ser) e *Imputação* (dever-ser)

Kelsen afirma que toda norma é prescritiva, ou seja, é escrita antes do fato concreto que venha a acontecer. Existe uma relação do fato anterior com o fato futuro: é com base no fato anterior que se faz a lei para o fato futuro (lei essa que vai intermediar a ação e a decisão sentencial pela interpretação).

Fato Anterior ← **LEI** → Fato Futuro

O "problema" da prescrição é que ela parte da análise de fatos anteriores para prever fatos futuros; isso quer dizer que não pode absorver 100% a realidade fática.

Direito não é causalidade (toda vez que acontecesse determinado fato, a aplicação da lei seria sempre a mesma). Direito é imputação. Só poderia a lei dar conta dos acontecimentos futuros se as múltiplas determinações do fato passado repetissem de forma absolutamente igual, o que para a existência social humana é impossível.

O *dever-ser* de Kelsen é a prescrição normativa. Quanto mais normativo, menos margem para erros, pelo menos nesta visão dogmática, tecnicista e positivista do direito. No entanto, exatamente porque a lei é prescritiva, ela deixa possibilidades de não ser adequada ou de obrigar à interpretação na procura da adequação ao caso fático. Assim, o dever-ser de Kelsen é aquilo que *deve ser*, não necessariamente *o que é.*

19.3. TEORIA PURA DO DIREITO

A principal crítica que se faz ao modelo da "Teoria Pura do Direito" de Hans Kelsen é que em sua visão a legalidade é autossuficiente na medida em que uma norma, para ser válida, basta que se reporte a outra, anteriormente editada, o que perfaz uma validade normativa em cascata, desde o topo, uma norma fundamental (não a constituição) até a base da pirâmide. Por este modelo, está descartada a necessidade da participação popular ou qualquer outro mecanismo democrático de elaboração e validação do Legislativo e do Direito, aparecendo estes totalmente desvinculados dos interesses dos cidadãos.

Nesta medida, na ânsia de criar para o Direito uma teoria capaz de lhe dar cientificidade, Kelsen acabou proporcionando justificativa metodológica e teórica para que governos autoritários – ainda hoje – justificassem seu arbítrio a partir da construção de normas que derivaram de normas anteriores que, no entanto, já haviam sido repudiadas e mesmo atualizadas ou eliminadas por legislação mais competente e atual.

Na verdade, Kelsen nunca pretendeu defender regimes autoritários e totalitários, como o nazismo que o perseguiu como judeu, mas, mesmo nunca tendo dito que sua cascata de normas legitimava (validar não é sinônimo de legitimar) o poder, a acusação é que seu modelo jurídico sustenta o arbítrio e o despotismo de Estado; fica pelo menos o alerta de que, na verdade, legalidade não sustenta direitos democráticos, quiçá quando não os elimina da vida social.

19.4. VONTADE E CONSCIÊNCIA

Vontade e Consciência são conceitos que estão relacionados e que são de fundamental importância em nosso ordenamento jurídico, pois, em muitos casos, a falta de consciência parcial ou total atenua a pena e pode mesmo absolver (p. ex. Código Penal, arts. 26 e 27).

Existem na Teoria do Crime duas vertentes que podem nos servir de base para discutirmos jusfilosoficamente Vontade e Consciência: Teoria Bipartida ou Finalista e Teoria Tripartida ou Causal.

Na Bipartida, vontade e consciência formam um conjunto irrecusável e inalienável. Onde existe Vontade existe consciência e vice-versa. Logo, se sempre existe vontade com consciência e se toda consciência é produto de uma ação voluntária, sempre haverá 1. Conduta Humana Voluntária (dolo ou culpa), 2. Nexo causal, 3. Resultado, 4. Tipicidade (Subsunção-Princípio da Legalidade). Isto configura o que chamamos de Fato Típico. Portanto, se sempre existe vontade e consciência juntas, sempre haverá fato típico irrecusável. Filosofias de justiça do tipo "aplicação máxima do Direito" tendem a este tipo de concepção, e, muitas vezes, justificam atos penais de exceção, penas do talião, violência e mesmo crueldade punitiva, passando por cima de princípios humanísticos e da legislação ordinária e Constituição.

Procede-se mais ou menos assim (figurado): Existe crime – apuro o crime pelo inquérito – artigo do Código Penal ou contravenção penal – dolo ou culpa presumida – devido processo legal – possível atenuar – difícil absolvição.

Observe-se: parto do crime como fato típico, procuro as causas e motivações, as provas, procuro a legislação punitiva, a pena, e solicito ao Ministério Público que denuncie o "réu". Se no processo instaurado houver argumentação plausível e hermenêutica suficiente perante o tipo legal, pode-se usar a lei para atenuar a pena, mas dificilmente haverá absolvição, pois, se já é crime, elementos existem para isso e o sentido do processo legal será mais para agravar do que para atenuar. Neste caso não se deveria falar em "Antijuridicidade", posto que não se pode alegar "exclusão de ilicitude", a menos, claro, que exista falha no sistema criminal, como, por exemplo, na investigação e determinação dos fatos, erro interpretativo ou processual.

Na Tripartida, vontade e consciência são coisas distintas: portanto pode haver três situações: 1. existir, possivelmente, vontade e consciência juntas, sem buscar o resultado, posto que a vontade é cega (como no caso do art. 155; § 2º; CP, furto de bagatela); 2. existir vontade sem consciência, total ou parcial, principalmente quanto ao universo dos resultados possíveis supervenientes da ação (no caso de exclusão de ilicitude, a legítima defesa – art. 23, II, CP – pode ser assim, ou, na inimputabilidade, o adolescente em conflito com a lei ou o doente mental, ou ainda no caso de embriaguez completa e acidental – arts. 26 e 27, CP); 3. não existir a vontade mas existir a consciência, total ou parcial, nas mesmas proporções do item anterior (coação irresistível física ou inexigibilidade de conduta diversa: sequestro de família de gerente de banco para o obrigar a participar do roubo, obediência à ordem não manifestamente ilegal de superior – art. 26, CP).

Aqui, na Tripartida, também existirá Fato Típico, Conduta Humana Voluntária, Nexo Causal, Resultado e Tipicidade. Mas o dolo e a culpa que estão, no caso da Teoria Bipartida, na conduta humana voluntária, encontram-se aqui como culpabilidade, pois agora trata-se antes de tudo de potencial consciência do ilícito. Ao invés de partir da presunção de culpa, procura-se antes a "verdadeira antijuridicidade", olhando se a ação, e/ou seu sentido, podem ser descartados como crime ou punição. Este procedimento evita os excessos punitivos, a truculência do Estado e retira a aridez da Lei.

Procede-se mais ou menos assim (figurado): Existe "Fato Social" – nexo causal e motivação – art. do Código Penal ou contravenção penal – inocência presumida – exclusão de crime e/ou inimputabilidade total ou parcial – se não, existe crime – devido processo legal.

Observe-se: neste caso, jusfilosoficamente, podemos fazer uma interpretação mais "extensiva" do conceito de antijuridicidade (não confundir com antijurídico ou extrajurídico ou fato atípico – não previsto pela lei).

Lembrando, pois, de Kelsen, pelo princípio da responsabilidade normativa, a lei que condena é a mesma que absolve. Antijuridicidade não está fora da lei, mas é a conduta dos agentes de justiça em verificar se a lei pode excluir o dolo ou a culpa, ou se alcançar inimputabilidade total ou parcial, isto é, atenuantes significativas. Em tese, só se falaria de antijuridicidade com relação à exclusão de ilicitude – CP. Título II – e não, propriamente, ao Título III de Inimputabilidade (CP), haja vista que neste segundo caso há o crime e se fala apenas de pena. De qualquer forma, na Teoria Tripartida aplica-se o princípio da legalidade, do exato cumprimento da lei – legalismo –, no sentido de aplicar-se um direito menos agressivo.

Anexo

Ato Institucional nº 5,

de 13 de dezembro de 1968

O Presidente da República Federativa do Brasil*, ouvido o Conselho de Segurança Nacional, e*

Considerando *que a Revolução brasileira de 31 de março de 1964 teve, conforme decorre dos Atos com os quais se institucionalizou, fundamentos e propósitos que visavam a dar ao País um regime que, atendendo às exigências de um sistema jurídico e político, assegurasse autêntica ordem democrática, baseada na liberdade, no respeito à dignidade da pessoa humana, no combate à subversão e às ideologias contrárias às tradições de nosso povo, na luta contra a corrupção, buscando, deste modo, "os meios indispensáveis à obra de reconstrução econômica, financeira, política e moral do Brasil, de maneira a poder enfrentar, de modo direito e imediato, os graves e urgentes problemas de que depende a restauração da ordem interna e do prestígio internacional da nossa pátria" (Preâmbulo do Ato Institucional nº 1, de 9 de abril de 1964);*

Considerando *que o Governo da República, responsável pela execução daqueles objetivos e pela ordem e segurança internas, não só não pode permitir que pessoas ou grupos antirrevolucionários contra ela trabalhem, tramem ou ajam, sob pena de estar faltando a compromissos que assumiu com o povo brasileiro, bem como porque o Poder Revolucionário, ao editar o Ato Institucional nº 2, afirmou, categoricamente, que "não se disse que a Resolução foi, mas que é e continuará" e, portanto, o processo revolucionário em desenvolvimento não pode ser detido;*

Considerando *que esse mesmo Poder Revolucionário, exercido pelo Presidente da República, ao convocar o Congresso Nacional para discutir, votar e promulgar a nova Constituição, estabeleceu que esta, além de representar "a institucionalização dos ideais e princípios da Revolução", deveria "assegurar a continuidade da obra revolucionária" (Ato Institucional nº 4, de 7 de dezembro de 1966);*

Considerando*, no entanto, que atos nitidamente subversivos, oriundos dos mais distintos setores políticos e culturais, comprovam que os instrumentos jurídicos, que a Revolução vitoriosa outorgou à Nação para sua defesa, desenvolvimento e bem-estar de seu povo, estão servindo de meios para combatê-la e destruí-la;*

Considerando *que, assim, se torna imperiosa a adoção de medidas que impeçam sejam frustrados os ideais superiores da Revolução, preservando a ordem, a segurança, a tranquilidade, o desenvolvimento econômico e cultural e a harmonia política e social do País comprometidos por processos subversivos e de guerra revolucionária;*

Considerando *que todos esses fatos perturbadores, da ordem são contrários aos ideais e à consolidação do Movimento de março de 1964, obrigando os que por ele se responsabilizaram e juraram defendê-lo, a adotarem as providências necessárias, que evitem sua destruição,*

Resolve editar o seguinte

Ato Institucional

Art. 1º São mantidas a Constituição de 24 de janeiro de 1967 e as Constituições estaduais, com as modificações constantes deste Ato Institucional.

Art 2º O Presidente da República poderá decretar o recesso do Congresso Nacional, das Assembleias Legislativas e das Câmaras de Vereadores, por Ato Complementar, em estado de sítio ou fora dele, só voltando os mesmos a funcionar quando convocados pelo Presidente da República.

§ 1º Decretado o recesso parlamentar, o Poder Executivo correspondente fica autorizado a legislar em todas as matérias e exercer as atribuições previstas nas Constituições ou na Lei Orgânica dos Municípios.

§ 2º Durante o período de recesso, os Senadores, os Deputados federais, estaduais e os Vereadores só perceberão a parte fixa de seus subsídios.

§ 3º Em caso de recesso da Câmara Municipal, a fiscalização financeira e orçamentária dos Municípios que não possuam Tribunal de Contas, será exercida pelo do respectivo Estado, estendendo sua ação às funções de auditoria,

julgamento das contas dos administradores e demais responsáveis por bens e valores públicos.

Art. 3º O Presidente da República, no interesse nacional, poderá decretar a intervenção nos Estados e Municípios, sem as limitações previstas na Constituição.

Parágrafo único. Os interventores nos Estados e Municípios serão nomeados pelo Presidente da República e exercerão todas as funções e atribuições que caibam, respectivamente, aos Governadores ou Prefeitos, e gozarão das prerrogativas, vencimentos e vantagens fixados em lei.

Art. 4º No interesse de preservar a Revolução, o Presidente da República, ouvido o Conselho de Segurança Nacional, e sem as limitações previstas na Constituição, poderá suspender os direitos políticos de quaisquer cidadãos pelo prazo de 10 anos e cassar mandatos eletivos federais, estaduais e municipais.

Parágrafo único. Aos membros dos Legislativos federal, estaduais e municipais, que tiverem seus mandatos cassados, não serão dados substitutos, determinando-se o quorum parlamentar em função dos lugares efetivamente preenchidos.

Art. 5º A suspensão dos direitos políticos, com base neste Ato, importa, simultaneamente, em:

I – cessação de privilégio de foro por prerrogativa de função;

II – suspensão do direito de votar e de ser votado nas eleições sindicais;

III – proibição de atividades ou manifestação sobre assunto de natureza política;

IV – aplicação, quando necessária, das seguintes medidas de segurança:

a) liberdade vigiada;

b) proibição de frequentar determinados lugares;

c) domicílio determinado.

§ 1º o ato que decretar a suspensão dos direitos políticos poderá fixar restrições ou proibições relativamente ao exercício de quaisquer outros direitos públicos ou privados.

§ 2º As medidas de segurança de que trata o item IV deste artigo serão aplicadas pelo Ministro de Estado da Justiça, defesa a apreciação de seu ato pelo Poder Judiciário.

Art. 6º Ficam suspensas as garantias constitucionais ou legais de: vitaliciedade, inamovibilidade e estabilidade, bem como a de exercício em funções por prazo certo.

§ 1º O Presidente da República poderá mediante decreto, demitir, remover, aposentar ou pôr em disponibilidade quaisquer titulares das garantias referidas neste artigo, assim como empregado de autarquias, empresas públicas ou sociedades de economia mista, e demitir, transferir para a reserva ou reformar militares ou membros das polícias militares, assegurados, quando for o caso, os vencimentos e vantagens proporcionais ao tempo de serviço.

§ 2º O disposto neste artigo e seu § 1º aplica-se, também, nos Estados, Municípios, Distrito Federal e Territórios.

Art. 7º O Presidente da República, em qualquer dos casos previstos na Constituição, poderá decretar o estado de sítio e prorrogá-lo, fixando o respectivo prazo.

Art. 8º O Presidente da República poderá, após investigação, decretar o confisco de bens de todos quantos tenham enriquecido, ilicitamente, no exercício de cargo ou função pública, inclusive de autarquias, empresas públicas e sociedades de economia mista, sem prejuízo das sanções penais cabíveis.

Parágrafo único. Provada a legitimidade da aquisição dos bens, far-se-á sua restituição.

Art. 9º O Presidente da República poderá baixar Atos Complementares para a execução deste Ato Institucional, bem como adotar, se necessário à defesa da Revolução, as medidas previstas nas alíneas d *e* e *do § 2º do art. 152 da Constituição.*

Art. 10. Fica suspensa a garantia de habeas corpus, nos casos de crimes políticos, contra a segurança nacional, a ordem econômica e social e a economia popular.

Art. 11. Excluem-se de qualquer apreciação judicial todos os atos praticados de acordo com este Ato institucional e seus Atos Complementares, bem como os respectivos efeitos.

Art. 12. O presente Ato Institucional entra em vigor nesta data, revogadas as disposições em contrário.

Brasília, 13 de dezembro de 1968;
147º da Independência e 80º da República.

A. Costa e Silva
Luís Antônio da Gama e Silva
Augusto Hamann Rademaker Grunewald
Aurélio de Lyra Tavares
José de Magalhães Pinto

Antônio Delfim Netto
Mário David Andreazza
Ivo Arzua Pereira
Tarso Dutra
Jarbas G. Passarinho
Márcio de Souza e Mello
Leonel Miranda
José Costa Cavalcanti
Edmundo de Macedo Soares
Hélio Beltrão
Afonso A. Lima
Carlos F. de Simas

FICHÁRIO: Kelsen; século XX; Praga – República Tcheca (na época, Império Austro-Húngaro); Corrente Filosófica: Positivismo; Escola: Normativismo; Obra: *Teoria pura do direito*; Palavras-chave: Ciência do Direito, Norma, Imputação, Justiça.

Hans Kelsen é o primeiro jusfilósofo moderno a pretender efetivamente transformar o Direito em uma Ciência. A modernidade se caracteriza por validar os conhecimentos humanos a partir de modelos empíricos e matemáticos. O tecnicismo científico, isto é, a possibilidade de conclusões a partir de modelos experimentais e de cálculo, objetivando uma relação de causa-efeito, acabou por ter em Kelsen o seu maior representante jurídico. Toda ciência, para ser considerada como tal, precisa ter, no modelo técnico-científico moderno, um método e um objeto próprio de estudo: com Kelsen, o Direito ganhou um método, o positivismo, aquela filosofia capaz de emprestar às humanidades o modelo das ciências da natureza; e ganhou um objeto único de pesquisa para desenvolver sua ciência, a norma jurídica, a lei.

Paradoxalmente, Kelsen não achava que o Direito fosse causa-e-feito – Causalidade –, mas dizia que era o mundo do "dever-ser", que também cunhou com o termo *imputação*. A "flexibilidade" do dogmatismo jurídico, neste caso, fica por conta de que o "dever-ser" não é necessariamente "aquilo que será", pois, no caso jurídico, pode ser que uma norma não atenda com a completude desejada ao caso concreto, *sub judice*. Mas o desejável na visão de Kelsen é que o Direito pudesse um dia alcançar a perfeição da completude jurídica, constituindo um sistema fechado, capaz de, pela validade normativa – encadeamento de norma sobre norma –, dar conta da realidade fática.

Assim, o Direito é tanto mais ciência (Ciência do Direito) quanto mais puder abarcar todo o dinamismo social naquilo que a lei prescrever, para punir ou para absolver – na verdade, os operadores entram no sistema jurídico como coadjuvantes, pois é a lei que diz da culpabilidade, e qual a pena, e da absolvição possível, total ou parcial e em quais casos. A Justiça, por exemplo, em Kelsen, é o ato decisório do magistrado, e é impossível negar o quanto nesse ato vai de interpretação, valores, circunstâncias e experiências pessoais. Por isso, é desejável separar Ciência do Direito de Sistema de Direito: Justiça, como ato decisório final do julgador, faz parte de qualquer Sistema de Direito, do Direito visto como totalidade, mas não faz parte da Ciência do Direito.

No entanto, a maior crítica que se pode fazer ao normativismo kelseniano talvez seja o fato de apregoar um ordenamento jurídico autossuficiente, em que a validade de uma lei se dá pela observância de algum dispositivo normativo anterior, independente de contextualização histórica, determinações sociopolíticas ou de outra natureza que não seja a norma como início e fim em si mesma – Dogmática Jurídica. Obviamente que se uma norma é válida só porque está relacionada a outra anterior a ela, e não necessariamente à imediatamente anterior, então qualquer governo e o Estado, em qualquer situação de anormalidade constitucional e jurídica, pode elaborar leis que lhe favoreçam o arbítrio e a truculência do poder, bastando para isso que se escrevam normas a partir de outras, desconsiderando os avanços legais, e se instaure a ilegitimidade sem ferir a legalidade – este foi o caso dos Atos Institucionais instaurados pela ditadura militar recente no Brasil, como os famosos AI1, AI2... AI5.

20

CARLOS COSSIO: REMODELANDO O NORMATIVISMO

Carlos Cossio (1903-1987), argentino, aluno de Kelsen, deu continuidade aos estudos de seu professor, sendo, no entanto, um crítico do positivismo. Cossio concordava com muitas ideias de Kelsen, e é com Cossio que vamos entender melhor alguns conceitos do próprio Kelsen (por exemplo, o conceito de "dever-ser" ou imputação).

De qualquer forma, Cossio desenvolveu conceitos próprios que vão muito além do normativismo positivista de Kelsen, como:

- sentido da conduta humana;
- tempo jurídico;
- intersubjetividade jurídica.

1. *Sentido da conduta humana*

Cossio cria a teoria EGOLÓGICA (Ego), que é Direito Subjetivo (EU). Cossio vai concordar com a estrutura de normas de Kelsen, porém acredita que essa estrutura é apenas um instrumento de análise; o foco de Cossio não é a lei e sim o *sujeito*. Saímos então de um Direito Objetivo para entrar em um **Direito Subjetivo.**

Vale ressaltar que isso não significa dizer que Cossio nega as leis. Para Cossio, não é necessário partir do zero toda vez que se for fazer uma lei (é irrelevante quem FEZ a lei). Então, o que Cossio propõe é o aproveitamento possível da lei "antiga" para fazer outra lei.

No entanto, a legitimidade normativa de Cossio é o quanto o Direito está dentro de cada cidadão, e isso é Direito Subjetivo. Para ele, até mesmo a Constituição não passa de "papel com tinta" se não for "sentida" como parte de uma cultura a que cada indivíduo do povo está submerso.

Isso não significa dizer que não existe o Direito posto e o Direito positivo, quer dizer que as pessoas fazem algo porque estão com o Direito "introjetado" nelas. Neste sentido é que Cossio diz que o Direito é o sentido da conduta humana, não é o fato social, e não é a norma.

Exemplo: O Código Penal faz diferença entre Calúnia (art. 138), Difamação (art. 139) e Injúria (art. 140), mas quem vai julgar isso? Isso é subjetivo, vai depender das circunstâncias e do juiz, das causas, do sentido da conduta; a lei diz o que vai fazer depois de ter descoberto o sentido, mas a decisão **não está na lei**, ou seja, a lei não contém o sentido da decisão e não é a decisão, mas apenas orientação para a sentença e punição; o sentido está na ação do indivíduo. A conduta é o que está por trás daquilo que provocou o fato. Por exemplo, Bulling pode ser entendido como lesão corporal, violência moral, descriminação entre outros.

O sentido de se falar em Direito Subjetivo advém do fato de um indivíduo poder, por sua autonomia e vontade, agir, reclamar ação danosa sobre si ou pretender a efetivação de seus direitos e garantias constitucionais. Quando o Direito Material inclui testemunha em um processo judicial, usa o indivíduo não de forma subjetiva, mas procurando a **verdade formal**, reconstituindo os fatos (**verdade real**) e dando base para resolução de conflito ou decisão sentencial. A verdade formal neste caso é Direito material e processual, Direito objetivo, ainda que utilizando o indivíduo. Aqui o Estado usa a "denúncia" da testemunha, o testemunho como prova, o que na concepção de Cossio não seria parte de Direito Subjetivo, pois a testemunha não tem a ver com o sentido da conduta humana do caso em juízo. Este é um caso flagrante em que o indivíduo é usado pelo Estado em detrimento do *princípio de autonomia da vontade*, punindo o falso testemunho (Código Processo Penal - CPP, art. 210).

Doutrinadores como Silvio de Salvio Venosa (*Introdução ao Estudo do Direito*), entendem que toda a ação subjetiva tem por trás uma lei e/ou um processo material, capaz de recepcionar a demanda do indivíduo, seja ele o agente de um delito ou o reclamante de um direito de obrigação. Assim, não existiria um Direito subjetivo sem a concorrência de Direito objetivo. No entanto, pode existir casos em que a demanda do indivíduo seja atendida por analogia *legis* ou *juris*, isto é, de acordo com sentença e análise de caso semelhante ou lei semelhante. Pode ser citado, como exemplo, a figura constitucional brasileira de Mandado de Injunção (Constituição Federal/88, (CF) Art. 5º, Inciso LXXI). Mais: ainda pode existir demanda sem qualquer lei ou caso anterior julgado, o que significa que a subjetividade do agente ou autor não encontra qualquer respaldo em direto objetivo material existente, cabendo somente acompanhar o Direito processual.

2. *Tempo jurídico*

Para o filósofo (Cossio), o tempo jurídico é um tempo virtual, pois não se julga no tempo em que realmente aconteceu o ato; logo, para o Direito o tempo **não é real**. Mesmo na doutrina brasileira, o tempo do crime, por exemplo no homicídio, é o momento da ação ou omissão do agente (teoria da atividade); exatamente por isso, quando da decisão sentencial haverá de ter passado um tempo que poderá alterar a interpretação dos fatos, se mostrando as circunstâncias, ao tempo da sentença, mais ou menos privilegiadoras ou qualificadoras ou mesmo a reforma da norma.

Do ato até o julgamento, ocorrem muitos procedimentos, passa muito tempo, podendo ainda um crime deixar de ser crime (*abolitio criminis*) e até mesmo se perder o sentido da conduta humana. Se um delito for perpetrado pelo agente em determinado momento, e posteriormente uma reforma normativa derrogar esse ato como crime, a lei retroagirá para beneficiar o réu. Por exemplo, no caso de prisão por crime cuja pena de reclusão fosse de 10 anos, regime fechado, uma nova lei (*novacio legis in melius*) reforma-se o crime cometido para teto legal de 5 anos, essa lei beneficiará o apenado de qualquer forma, mesmo vindo depois da coisa tramitada e julgada, caracterizando, assim, um **conflito de normas no tempo**. A lei retroagirá sempre que beneficiar o réu. O réu pode, neste caso, mudar de regime, por exemplo de fechado para semiaberto, caso ainda tenha que cumprir a pena. Mas se a pena já foi cumprida de acordo com a nova lei que reduziu a dosimetria, o réu deve ser colocado em liberdade imediatamente, embora na lei brasileira não esteja prevista reparação nesta situação de cumprimento de pena maior do que a estipulada pela nova lei.

Pode acontecer, contudo, que a pena inicial seja 5 anos e a reforma da lei aumente a pena para 10 anos de prisão. Neste caso, a lei não retroage para prejudicar o réu. Contudo, se uma nova lei institui um crime que não havia, apenas se considerará o efeito da norma de forma *ultrativa*, quer dizer, que não pune a ação antes da sua vigência. Existe ainda o caso de crimes *continuados* (assalto reiterado no tempo) *e permanentes* (como no caso de tortura). Aqui se tem o momento do crime todo o tempo do crime, e desta forma a nova lei incidirá sobre a ação ou omissão do agente, visto que o momento do crime é todo o momento do crime. O crime de tortura não prescreve (permanente) (Constituição Federal/88, (CF) Art. 5º, Inciso XLIII e Lei Nº 9.455/97), considerando-se assim que esse crime existe na lei antiga e na lei nova, ou só na lei nova se inexistia lei anterior. Assim, a lei "retroagirá" em detrimento do réu, ou não haverá, *stricto sensu*, de se falar em retroatividade, pois o tempo do crime permaneceu desde a ação ou omissão criminosa. Deve-se entender a ação permanecendo ao longo do tempo.

3. *Intersubjetividade jurídica*

É a relação de um indivíduo com o outro. Por **exemplo**, na relação de pai e filho, eles não buscam o certo e o errado na lei, e se resolvem entre si. Outro **exemplo** é uma pequena batida de carro, que geralmente é resolvida entre as partes.

Obviamente, não é possível o Estado resolver todos os litígios do dia a dia, com pena de se aniquilar pelo gigantismo das ações em processo. Assim, a segurança jurídica, tão defendida pelo positivismo normativo, é, na verdade, consequência da possibilidade de uma condição de respeito e convivência minimamente pacífica entre os agentes sociais. Os limites que cada cidadão coloca para si, em relação aos direitos que não podem ultrapassar os dos outros, viabilizam que apenas uma parte ínfima de litígios se reporte ao judiciário. Daqui nascem os institutos de autocomposição na resolução dos conflitos: Mediação, Conciliação e Arbitragem.

FICHÁRIO: Cossio; século XX; San Miguel de Tucuman – Argentina; Corrente Filosófica: Culturalismo; Escola: Egologia; Obra: *El derecho en el derecho judicial*; Palavras-chave: Cultura, Direito Subjetivo, Conduta Compartilhada.

Obviamente, quanto maior a responsabilidade de cidadania os indivíduos apresentarem em um grupo determinado, maior a tendência de que o amálgama social, o respeito ao Outro e sua reciprocidade, seja sentido como dever e assim "esvazie" potencialmente o Direito.

A tese da conduta egológica é de que o inverso é absolutamente verdadeiro, motivo pelo qual, a partir de determinado momento histórico de um povo, esta recíproca se *cristaliza nas consciências* como a verdade sem a qual não podem mais os indivíduos sobreviver a não ser atrelados a um poder estatal e instituições reguladoras e punitivas vistas como capazes de proporcionar um mínimo de harmonia com respeito mútuo. Não percebemos, mas isto representa, a bem da verdade, mais do que o fracasso da convivência social responsável, mais do que a condição de cidadão, representa a derrocada da própria condição humana!

Na medida em que não é a subjetividade que conduz ao aprimoramento moral e ético, pela intersubjetividade autônoma e livre em meio à práxis dos indivíduos, a objetividade colocada pelo Estado, pelo Direito, não formata apenas as possibilidades da convivência e respeito, cidadania etc., mas concretamente está dada a plenitude da alienação e da desconfiguração do Ser, do humano, exatamente porque deixa de ser sua vontade e liberdade em juízo de reconhecimento de suas próprias limitações no espaço social. É por este motivo que, necessariamente, a história do Direito positivo e positivista, ordem e progresso, não logrou e jamais o poderá fazer.

Deste ângulo erram aqueles que ainda estabelecem como causa da violência moderna a ineficiência estatal e seus estamentos, o esvaziamento das instituições familiar, religiosa e escolar. Normalmente, estas visões se apegam a um único fator controlador da "anomia" social para reafirmarem instituições de controle social mais tradicionais: a impunidade. É claro que a impunidade pode acelerar esse processo de estranhamento entre o Eu e o Outro e conduzir a passos largos para situações de extrema frieza e isolamento do tipo "salve-se quem puder" ou "fazer justiça pelas próprias mãos". Mas este é apenas um fator de entre tantos outros.

A maior importância da Egologia para a moderna Filosofia do Direito talvez esteja exatamente aqui, neste espaço, nessa lacuna, nesse vácuo a que o Ser, igualmente o Ser jurídico, político, está submetido como em meio a um turbilhão do nada. A melhor saída, a única saída razoável e profícua, é o Dever-ser como ética, tanto mais ético quanto a estética jurídica é sobre reflexões de sentidos de condutas alheias, em um tempo virtual pós-fato.

21

MIGUEL REALE: CULTURALISMO E LEGITIMIDADE DA LEI

O professor Miguel Reale (1910-2006) foi o mais notório jusfilósofo brasileiro, reconhecido internacionalmente por sua *Teoria Tridimensional do Direito*. Apesar de sua obra ser bastante abrangente no estudo do Direito e do Estado, foi essa teoria que o fez, quiçá, um dos maiores pensadores modernos no âmbito da Filosofia do Direito.

21.1. TEORIA TRIDIMENSIONAL DO DIREITO

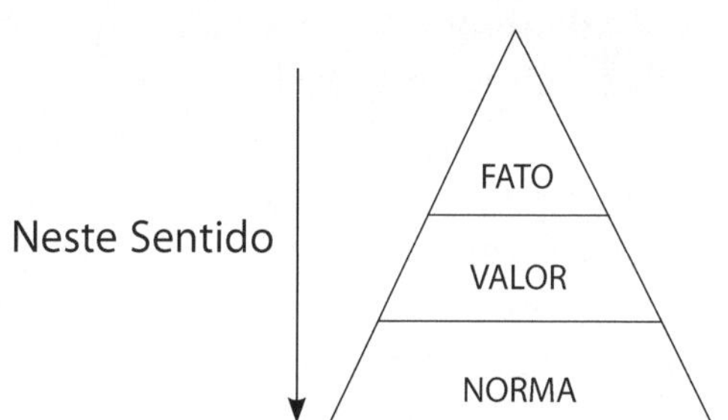

Figura 20.1 *Teoria Tridimensional do Direito*

Se fossemos eleger uma hipótese na jusfilosofia de Miguel Reale, poderíamos dizer que a sua teoria procura responder à seguinte indagação: O que faz com que uma determinada lei seja obedecida pelo cidadão em um

Estado Democrático de Direito? A resposta deve ser a sua "legitimidade". No caso dos Estados democráticos essa legitimidade, por sua vez, tem origem na "soberania popular".

Diz a nossa Constituição de 1988, em seu Artigo 1º: A República Federativa do Brasil, formada pela união indissolúvel dos Estados e Municípios e do Distrito Federal, constitui-se em Estado Democrático de Direito e tem como fundamentos:

I – a soberania;

II – a cidadania;

III – a dignidade da pessoa humana;

IV – os valores sociais de trabalho e da livre-iniciativa;

V – o pluralismo político.

E em seu Parágrafo Único: "Todo o poder emana do povo, que o exerce por meio de representantes eleitos ou diretamente, nos termos desta Constituição".

Destaca-se que o "Estado Democrático de Direito" é uma união onde o poder emana do povo, e por ele é exercido, por representantes (democracia indireta ou representativa) ou diretamente (democracia direta ou popular). Portanto, fica claro que a legalidade tem por detrás de si, a soberania do povo; Rousseau o definiu como "Vontade Geral". Logo, a questão da teoria jusfilosófica adquire predominância política: só o próprio povo, em sua soberania irrecusável e inalienável pode validar uma lei legitimando-a.

É neste sentido que a Teoria Tridimensional pode ser entendida como uma peça jurídica capaz de responder à demanda que se impõe na obediência à juridicidade normativa em sociedades democráticas, pois quando os "valores" aparecem no diagrama como que anteriores e antecedendo a "norma", significa exatamente que a norma deve derivar dos valores sociais e da comunidade onde posteriormente ela exercerá seu poder "coercitivo" – no sentido de autoridade e não de autoritarismo, evidentemente. A proposta da Teoria Tridimensional é voltada para a possibilidade de, democraticamente, o cidadão aceitar obedecê-la, e impede, neste sentido inalienável que a lei ou norma é que venha a se impor sobre os valores, costumes e interesses da sociedade politicamente organizada.

Partindo-se do "fato social" uma lei (norma jurídica) terá a oportunidade de se consagrar se forem levados em conta, doutrinariamente, esses valores, costumes e interesses sociais. Perceba-se que 1. O "fato social" deve ter impacto, magnitude e abrangência social relevante para que possa legislativamente vir a compor a legislação e ordenamento jurídico, e 2. A "doutrina" é exatamente a etapa intermediária que percebe, coleta e interpreta aqueles valores, costumes e interesses impressos no grupo social, se não de forma homogênea, pelo menos suficientemente genérica para que a lei tenha chances de se realizar como instrumento de demanda coletiva e não de interesse corporativo, oligárquico ou ditatorial.

De fato, pensando-se democraticamente, é dessa doutrina ou interpretação da "vontade e pertinência social" que uma norma jurídica poderá ser considerada legítima. O inverso, a norma jurídica determinando esses valores, costumes e interesses, está-se diante não só do arbítrio, como ainda ter-se-ia que pensar no ordenamento jurídico determinando, em última instância, o próprio "fato social", o que por si só seria um paradoxo e uma arbitrariedade insustentável. O importante é que a "tese" de Miguel Reale exige a soberania popular como legitimidade normativa, distinguindo assim Estado Democrático de Direito de Estado de Direito (que pode editar normas sem legitimidade).

Por exemplo, se tomarmos David Hume como parâmetro, tanto a Moral como a Lei derivam da "utilidade". Assim, os "valores" e a "norma" (usando a linguagem de Reale) podem igualmente e concomitantemente se legitimarem, não pela "soberania popular" (conceito político), mas pela "simples" utilidade que apresentam aos agentes sociais. Falar de "utilidade" não é o mesmo que dizer "soberania" ou "vontade", na medida em que algo pode ser "útil" sem, contudo, estar alicerçado e solidificado na vontade e no interesse livremente expressado dos cidadãos. Efetivamente, uma lei pode ser absolutamente arbitrária e ser "imposta" por mecanismos de absoluto arbítrio, e neste caso, obviamente, não há como falar de "legitimidade" apenas porque os cidadãos a praticam. Ainda que em Hume exista uma relação entre Moral e Lei, o que as "valida", em última análise, é a utilidade social.

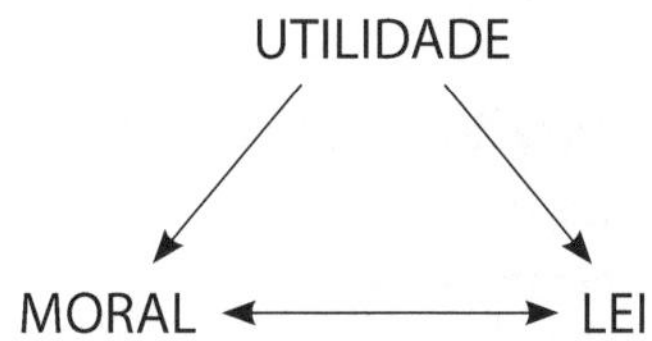

Figura 20.2 *Teoria Utilitarista de David Hume*

21.2. O PROBLEMA DO CULTURALISMO BRASILEIRO

Como se vê, na Teoria Tridimensional do Direito, ao se falar de "valores" remete-se a outra categoria, a Cultura. Igual a Carlos Cossio, que parte dos valores incorporados no espírito ou Ego dos cidadãos, Miguel Reale também precisa dos valores e costumes do povo a partir dos quais a doutrina substancia a norma jurídica. Portanto estamos diante, em seu conjunto, daquilo que se chama de Cultura.

O problema do culturalismo, no entanto, é que para que esses valores e costumes possam servir de doutrina a orientar democraticamente a feitura da norma, é exigido um mínimo de consistência e generalidade na Nação, ou em outras palavras, exige-se uma Identidade Nacional, um conjunto de valores morais, hábitos, costumes e interesses suficientemente coesos capazes de orientar a doutrina jurídica de forma uniforme.

Países em formação, países novos, países cuja história política ainda está em construção, ou ainda países formados por uma disparidade significativa de povos, raças, religiões, hábitos e valores, tendem a dificultarem essa construção de Identidade Nacional, ou, se se quiser, a terem uma cultura homogênea. Nestes casos, o nível "valor" da Teoria Tridimensional fica prejudicado, dificultando a doutrinação necessária a impor os parâmetros da vontade geral, simplesmente porque possivelmente não se identificará um grande número de princípios e valores aceites e praticados pelo menos por uma parcela extensa da sociedade, com pena, portanto, de grupos ou cidadãos que criaram entre si culturas próprias (como acontece no Brasil em determinadas regiões ou grupos identificados por características bastante particulares), não legitimarem as leis promulgadas.

Não se trata de minorias, mas de uma construção de vivência coletiva multicultural que em si mesma não é danoso à coletividade e tampouco impede a convivência com alteridade e respeito à diversidade, mas que, do ponto de vista das teorias culturalistas, criam uma dificuldade teórica na filosofia do direito, cuja resolução prática, isto é, na confecção e realização do ordenamento jurídico, podem levar, e leva ao desenvolvimento de um Direito dogmático, autocrático e arbitrário, de cima para baixo, vez que sempre haverá a justificativa possível de impor a lei ao povo, destarte sua soberania, pois, em última instância, as oligarquias sequer vislumbram "o povo", a identidade nacional", a "vontade geral". Ou em outros termos, a falta de um "pacto social" cria uma lacuna e um vazio político que a lei pode preencher arbitrariamente, claro, neste sentido, em detrimento do que apregoa o artigo primeiro de nossa Constituição Federal. Disto se aproveitam igualmente minorias que, por fatos históricos pretéritos, ou valores e características particulares, reivindicam prerrogativas e benefícios às custas do esforço de toda a Nação.

FICHÁRIO: Miguel Reale; século XX; São Paulo (Brasil); Corrente Filosófica: Positivismo; Escola: Culturalismo/ Historicismo; Obra: Teoria Tridimensional do Direito; Palvras-chave: Cultura, Valores, Norma, Positivismo, Teoria Tridimensional.

Não sem motivos a Teoria Tridimensional do Direito sempre foi admirada internacionalmente, mas sempre foi, efetivamente, pouco praticada em solo pátrio. O Direito brasileiro tem um problema de fato: não pode esperar unanimidade de valores oriundos da soberania para construir-se. No entanto, isto não significa que não possa exercer sua liderança quanto às justas reivindicações do povo por igualdade e justiça. Menos ainda, em virtude disso, arbitrar-se ou servir aos interesses das oligarquias e dos poderosos, impondo-se autoritariamente de cima para baixo, ferindo a soberania consagrada na Constituição do País.

Desenvolvida no período de hegemonia das ideologias de direita de matriz fascista (Reale foi adepto da Ação Integralista Brasileira (AIB), movimento de extrema direita de 1932 a 1937 no Brasil), a obra de Miguel Reale foi um marco para a filosofia do direito por introduzir no positivismo restritivo e extremamente normativista brasileiro, a variável "social", ainda que por vias da dimensão dos "valores", e não por vias da autonomia e dinâmica das relações sociais como fundamento da organização social. Quer dizer, quando se fala de "valores", como no tripé Fato, Valor e Norma, não se refere propriamente à diversidade cultural e à multiplicidade de pertencimento e representatividade de grupos, mas especificamente a uma certa prevalência de valores baseados na Ordem e Moralidade cristã, hegemonia dos grupos culturais política e culturalmente *melhor representados* na sociedade brasileira.

De forma geral, este mesmo pensamento pode ser encontrado em juristas e jusfilósofos desde o desde XIX, como a Escola Histórica de Savigny, que preconiza um sistema de Justiça e um Direito que remontassem às melhores tradições históricas centradas nos fatos pertencentes à *epopeia* de um povo, algo inspirado na cultura clássica grego-romana. Neste caso, o Direito seria uma espécie de "realização histórica de um povo", "representa o espírito coletivo" e sua vontade. A Escola Histórica e o historicismo jurídico devem ser considerados com atenção, pois a introdução de "valores" no Direito pode subjugar os princípios normativos de isonomia e neutralidade sob o *primaz* da lei, e derivar para um Direito de subsídio ao poder com pena de graves deturpações da "democracia".

22

HANNAH ARENDT

Hannah Arendt (1906-1975) nasceu em Linden, subúrbio de Hannover (Alemanha). Filha de família judia, foi uma das principais pensadoras de filosofia e política no século XX. Desde jovem, foi vítima de perseguição nazista, o que a fez emigrar inicialmente para Paris, em 1933 e, em 1940, para New York, onde se naturalizou norte-americana no ano de 1951.

Nesse mesmo ano, Arendt publicou seu primeiro livro, intitulado *As origens do totalitarismo*. Foi a partir daí que ficou claro que ela não se alinhava com os pensamentos ideológicos extremos, vindo a construir um pensamento independente e crítico. Assim, Hannah Arendt fez uma releitura sobre o "poder", afirmando que este não se confunde e muito menos coexiste necessariamente com a "violência".

Com isso, o *locus* de sua compreensão gira em torno do que determinou "totalitarismo", tratado como meio de desnaturação da política no que tange ao seu conceito moderno. A bem da verdade, ela retrata o "avesso" do poder como sendo a violência, assinalando a disparidade – e não a verossimilhança – entre ambos.

Segundo ela, tanto a democracia quanto a legalidade – ou o Estado Democrático de Direito – não são suficientes para sustentar a não violência e, consequentemente, não são suficientes para evitar a exacerbação e o autoritarismo do Estado.

Isto porque, segundo Arendt, a política se efetiva em sociedade através do chamado "espaço público", assim considerado todo lugar onde o cidadão deve – e obrigatoriamente participa – da vida coletiva e social. Ou seja: todo homem é um ser político, e aquele que se isola e não participa da convivência humana torna-se impotente (participação negativa ou indolência).

Assim, afirma que o poder é gerado pela convivência (positiva – ação – negativa – omissão), e a violência é gerada pela ausência de interação, colaboração e cooperação com os semelhantes e, pois, quanto menos a participação do espaço público, maior exacerbação do poder ocorrerá.

Portanto, a política se efetiva no chamado "espaço público" e acaba explorando os conceitos de comunicação e sociabilidade, em que, tanto a ação quanto a omissão interferem no bem-estar coletivo. E, por consequência, dão vazão a lacunas de poder na sociedade.

Daí, conclui-se que a participação positiva no "espaço público" gera um poder legítimo e, consequentemente, a autoridade será exercida no chamado Estado Democrático de Direito. No entanto, se houver a participação negativa ou omissão no "espaço público", a autoridade será de quem preencher o Poder e, mesmo diante da possibilidade de haver legalidade, será exercido o autoritarismo. Este é o chamado Sistema Totalitário designado por Hannah Arendt.

22.1. A NÃO VIOLÊNCIA COMO POSSIBILIDADE JURÍDICA DO ESTADO

A primeira grande noção de filosofia política que Hannah Arendt deixou como contribuição à reflexão do homem moderno é a separação entre *poder* e *violência*. Tradicionalmente, é bastante comum igualar estes dois conceitos; muitas vezes, para além de os apresentar como sinônimos, chega-se a derivar de forma absoluta a violência do poder. Assim, de forma geral e pelo senso comum, onde existe poder, já ali existiria como condição imediata violência. Para muitos, o homem já é um ser violento; tendo poder, daria asas à sua violência. No entanto, no mundo jurídico também não nos é desconhecida a premissa de que o poder é condição necessária a refrear a violência, mas, infelizmente, na prática isso resulta, nas cabeças dos homens jurídicos e nas forças policiais do Estado, em mais violência, a estatal, esta, claro, uma violência legal. Para Hannah Arendt nem uma coisa nem outra.

A autora tem noção plena e defende a ideia de que o esvaziamento do poder pode suscitar males maiores à sociedade, pois se abrem nessas condições possibilidades para que ideologias minimamente coerentes em si mesmas e com algum tipo de organização acabem por se instaurar nessas lacunas de poder. Por isso, nesta visão, o esvaziamento de poder pode ser extremamente pernicioso haja vista que aí estão dadas condições para que em nome de alguma estabilidade e organização social, política e econômica, sistemas e ideologias pouco democráticas subjuguem todos os cidadãos pelo novo poder que arbitrariamente se constitui.

O arbítrio, nestes casos, pode vir, e quase sempre vem, acompanhado de uma regulação legal e um sistema jurídico que fornece certa legalidade aos que o poder detém, sem que, contudo, se possa falar de legitimidade. No caso de Arendt, os exemplos irrefutáveis que ela nos apresenta são os sistemas totalitários que se fizeram presentes de forma absolutamente repudiável na primeira metade do século XX: o nazismo na Alemanha e o bolchevismo na ex-União Soviética. Nestes dois casos, o poder não foi alcançado de forma arbitrária; foi instaurado posteriormente de forma arbitrária após a tomada do poder, no caso alemão pelo sistema liberal burguês e no caso russo por uma revolução popular de massa que levou a esquerda ao poder.

De fato, não se trata de fugir do poder cujo perigo é exatamente abrir possibilidades danosas à humanidade. Também não é a apologia do poder pelo poder, com pena de se instaurar a violência legal e se solidificarem governos autoritários cuja pretensão ideológica última é sempre o totalitarismo. Por isso, o pensamento arendtiano é tão rico: ao mesmo tempo em que nega a truculência e o autoritarismo do Estado e alerta para as possibilidades "democráticas" e "legais" de governos que tendem ao totalitarismo, nega, igualmente, a possibilidade de existirem sociedades modernas extremamente diferenciadas sem que haja um sistema de poder que, contudo, não está autorizado, nem à luz da filosofia política nem da possível anuência dos cidadãos, a exercer essa legalidade de forma violenta, seja que em situação socioeconômica e política for.

Então, coerentemente, a solução paradigmática passa pela desconstrução da similitude entre poder e violência. Ao efetuar esta separação, Hannah Arendt não só obriga a se pensar nas limitações legais de todo governo, como também a se repensar que poder não é necessariamente, e não deve sê-lo nunca, violento; legalidade não é sinônimo de legitimidade e democracia liberal representativa, burguesa em sua essência, não é garantia de respeito ao ser humano e seus direitos fundamentais, como liberdade e igualdade, bases de todo desenvolvimento das potencialidades pessoais. Rousseau já havia demonstrado que liberdade não é igualdade; Tocqueville, que igualdade não é liberdade; Arendt explicou que liberdade e igualdade não estão *per si* no Estado legal e tampouco na ausência dele.

Não podendo prescindir do Estado e do poder legal que o sustenta e dele emana, só resta uma alternativa: controlá-lo o quanto isto seja possível. Controlar o Estado moderno é na verdade controlar o poder. Controlar o poder é lhe dar legitimidade para existir como tal e a um tempo criar mecanismos de limitação pela soberania participativa do povo – a Vontade Geral de Rousseau. Então, a cidadania é, de um lado, o direito ao bem-estar e desenvolvimento livre das potencialidades humanas subjetivas, visando ao conforto e à felicidade gerais e, de outro lado, um dever cívico-político na medida que, pela autonomia e participação, os indivíduos moldam os apetites de arbítrio e autoritarismo do poder nas mãos dos governantes.

O Ser individual ou coletivamente tomado precisa de esperança para construir a felicidade; a esperança na felicidade se constrói no mínimo de bem-estar pessoal e comum e, obviamente, isto pressupõe ética e autoridade dos governantes e das instituições com seus funcionários públicos. Em Arendt, a estética do Ser e das instituições do Estado, como seus poderes legislativo, executivo e judiciário, é bipolar: ética e autoridade. Não pode existir autoridade sem ética, e tampouco a ética se concretiza em prática profícua para os cidadãos se não tiver autoridade. Mas esta autoridade ética precisa de legitimidade para se realizar e realizar o projeto social de bem-estar e desenvolvimento das potencialidades humanas, um projeto coletivo que, portanto, só pode dar certo se sua dinâmica "praxiana" partir da intervenção desses mesmos cidadãos. Esta é a diferença entre autoridade e autoritarismo, a diferença entre poder e violência, a diferença entre legalidade simples e legitimidade, entre liberdade e servidão, entre desenvolvimento e pobreza, tanto espiritual como material, entre "descompromisso" e alienação e responsabilidade e consciência prepositiva, afinal, entre ser e não-ser, entre Ser e Dever-ser, entre Direito e Dever. Não é a violência e sim a consciência!

22.2. ESPAÇO PÚBLICO E DEVER-SER

A segunda grande ideia a ser perseguida em Hannah Arendt diz respeito ao conceito de *espaço público*. Exatamente pela ocupação consciente e proativa desse espaço público – e aqui não significa apenas a esfera política institucional (partidos, congresso, governo etc.), mas igualmente todos os espaços e momentos do cotidiano onde a soberania popular possa se manifestar (ONGs, agremiações, sindicatos, conselhos populares, voluntariado, manifestações culturais/educacionais etc., e também plebiscitos, referendos e projetos de lei populares etc.) –, é que está dada a possibilidade de refrear os apetites do poder e lhe dar substância de autoridade necessária – Democracia Direta/ Semidireta de Rousseau.

Infelizmente, os homens modernos foram induzidos a ver autoridade como autoritarismo e liberdade como libertinagem; em consequência, legalidade virou legitimidade e poder sinônimo de violência. Desta feita, humano é coisa! No plano filosófico, as ideias políticas de Arendt remetem ao resgate do processo de humanização (como em Kant) pela participação política, pela ocupação do espaço público do povo, uma democracia o mais direta possível, condição de direito como homem político, condição de dever coletivo pelas estratégias de sobrevivência comuns!

Esquematicamente, pode-se dizer que temos duas direções vetoriais no pensamento da autora: uma leva à possibilidade do poder não violento e da democracia social plena; a outra direção leva ao poder exacerbado, ao autoritarismo e tendencialmente ao totalitarismo. Depende do tipo de ocupação no espaço público, ou do tipo de participação política dos cidadãos, enquanto ainda o são. Ocupação e/ou participação positiva, gera autoridade com base em legitimidade: poder não violento amplamente cerceado pela legalidade que respeita a soberania popular autônoma e livre. Ocupação e/ou participação negativa, reativa, gera autoritarismo com base em legalismo: poder violento parcamente cerceado pela legalidade que desrespeita a soberania popular vista como entrave aos superiores desígnios do Estado e dos governantes. No primeiro caso, reforçam-se a esperança e a possibilidade da felicidade a ser construída de forma pessoal, segundo suas potencialidades, e de forma coletiva, segundo suas necessidades mais prementes.

No segundo caso, reduz-se ao mínimo a ordem e a organização cidadã, o descaso e o "descompromisso" que só geram mais violência por parte dos cidadãos – tipo "justiça pelas próprias mãos" –, frustrados em seus projetos sociais e como seres, cuja reação é a maior truculência e o arbítrio das forças policiais do Estado. No primeiro caso, a tendência é o aprofundamento dos laços de respeito e solidariedade coletivos. No segundo caso, prevaricação e corrupção. No primeiro caso, segurança jurídica e democracia de fato para o povo. No segundo caso, insegurança jurídica generalizada e perda de direitos os mais fundamentais da condição humana, principalmente em relação ao Estado.

Figura 21.1 *Hannah Arendt.* Fonte: Elpais.

Anexo

Pensamento de Gandhi

Autobiografia: minha vida e minhas experiências com a verdade[1]

Mahatma Gandhi

I

[...] O ahimsa (não violência) é a base da busca da Verdade. Todos os dias percebo que a busca é vã, a menos que seja apoiada no ahimsa. É apropriado oferecer resistência e atacar um sistema, mas oferecer resistência e atacar seu autor é equivalente a oferecer resistência e atacar a si próprio. Pois somos todos farinha do mesmo saco, e filhos do mesmo Criador, e portanto os poderes divinos em nós são infinitos. Menosprezar um único ser humano é menosprezar aqueles poderes, e assim prejudicar não apenas aquele ser, mas também o mundo inteiro [...].

Sobre a verdade e o poder da não violência[2]

Mahatma Gandhi

II

[...] Satyagraha (conectado com a verdade) é literalmente agarrar-se à verdade e isso significa, portanto, a força da verdade que vem da alma ou espírito. Isso exclui o uso da violência, porque o homem não é capaz de punir conhecendo a força absoluta da verdade. Essa palavra foi cunhada na África do Sul para distinguir a resistência não violenta dos indianos na África do Sul da contemporânea "resistência passiva" dos eleitores e outros. Ela não foi concebida como uma arma do fraco.

Pelos últimos 30 anos eu venho pregando e praticando Satyagraha. Os princípios da Satyagraha, como eu os concebo hoje, constituem uma evolução gradual.

1. GANDHI, Mohandas. *Autobiografia:* minha vida e minhas experiências com a verdade. São Paulo: Consulado Geral da Índia: Palas Athena, 1999.
2. Apud DALTON, D. *Mahatma Ghandi*: non violent power in action. New York: Columbia University Press, 1993.

Satyagraha difere da resistência passiva como o polo Norte do Sul. Esta última foi concebida como uma arma do fraco e não exclui o uso da força física ou violência com o propósito de alcançar determinado fim, enquanto a Satyagraha foi concebida como uma arma forte e exclui o uso da violência em qualquer forma ou feitio.

Na prática do Satyagraha eu descobri nos primeiros momentos que a busca da verdade não admite que a violência seja utilizada contra um oponente, mas que ele deve ser avisado de seu erro pela paciência e simpatia. Porque o que parece ser verdade para um pode ser erro para outro, e paciência significa autossofrimento. Assim, essa doutrina pretende ligar-se à verdade não pela inflição de sofrimento em seu oponente, mas nele mesmo.

FICHÁRIO: Arendt; século XX; Linden – Alemanha; Corrente Filosófica: Realismo; Escola: Aristotélica; Obras: *A condição humana/Da violência*; Palavras-chave: Razão, Práxis, Ética, Poder e Liberdade, Não violência.

Este dever público, este dever-ser político, contudo, só pode se realizar de forma coletiva. Para Arendt, não existe poder individual nem mesmo de minorias; mesmo quando aparentemente alguém ou alguns poucos parecem ter poder suficiente para determinar a história de uma comunidade ou de um povo, o que efetivamente está a acontecer é o apoio ou a omissão da maioria.

A omissão também é uma forma de participação, típica da ocupação negativa do espaço público mencionado. Daqui, pois, tiramos fundamental premissa da responsabilidade existencial do Ser: todos estamos obrigados à tarefa de ocupar politicamente o cotidiano. Isto não é apenas um direito – efetivamente, se não o fizermos, perderemos esse direito; é, melhor dizendo, um direito de dever que, devendo, cria e recria o direito de o ter, e assim sucessivamente. Não é um direito fundamental e sim um dever fundamental. É, na verdade, o Dever-ser do Ser, individual e coletivo.

Assim, a liberdade, por exemplo, não é um direito, mas um dever: a liberdade é uma condição ontológica do Ser para o dever, eticamente para o dever de se indignar com o arbítrio, mas antes se indignar com a omissão e o descompromisso dos homens. Inadmissível será posteriormente alegar desconhecimento ou o poder tirânico de alguém ou de alguns poucos, ou até o medo de tudo isso. A responsabilidade do Ser consigo mesmo e com o Outro é preventiva pelas estratégias políticas da maioria.

23

JEAN-PAUL SARTRE E A FILOSOFIA EXISTENCIALISTA

Em nenhum outro autor o conflito entre *Direito* e *Dever* parece aflorar tão magnificamente como no Existencialismo, sobretudo no de **Jean-Paul Sartre (1905-1980)**. Vários são os autores existencialistas (Jaspers, Heidegger, Sartre, Camus, Marcel), mas todos compartilham de uma mesma axiologia que, em linhas gerais, pode ser assim resumida: (1) a existência precede a essência; (2) nenhuma decisão é, *a priori*, passível de ser considerada "melhor" do que outra; (3) a única "verdade" possível é a contingência; (4) errar é tão "natural" como acertar; (5) a liberdade é o único fundamento ontológico humano "irreduzível"; (6) o homem ou é, antes de tudo, um "Ser-para-si", ou não o será para ninguém em nenhuma circunstância.

Em grossos traços, pode-se afirmar que o existencialismo sartreano é uma leitura "amarga" do marxismo e da razão dialética. Contribuíram para tal a própria experiência de militante socialista de Sartre e as posteriores frustrações a partir das práticas totalitárias do stalinismo e das invasões soviéticas aos países do Leste Europeu após a Segunda Grande Guerra – Polônia, República Tcheca e Eslava, Hungria. Tais experiências, em confronto com as atitudes racistas e o xenofobismo europeu de extrema direita – fascismos e nazismo –, fizeram ressuscitar a não tão nova ideia (Nietzsche, Kierkegaard) de que o condicionamento e o aprisionamento do Eu ao coletivo poderia resultar em graves erros de consequências funestas e irreparáveis. De certa forma, assim nasce a filosofia existencialista.

23.1. EXISTÊNCIA E DECISÃO

Antes de tudo, ela nasce pela práxis, ou seja, a partir da prática da vida humana, da vida humana como palco das manifestações concretas, das ações humanas diante da criação dessa mesma vida. A existência é esse conjunto de práticas criativas que coletivamente possibilita aos homens a realização circunstanciada de sua sobrevivência material e vivência espiritual.

Portanto, qualquer pensar filosófico, níveis de consciência, opções de conteúdo, valores culturais, moral e ética são remetidos sempre à vida como ela é produzida criativamente pelos homens. Neste ponto, o existencialismo também é materialismo. No fundo, como em Marx ou Arendt, a existência determina a consciência. O Direito como valor e cultura emana da prática dos sujeitos. Onde está a diferença então? É que esta prática coletiva constrói em cada Ser uma identidade única; depois, esta construção única de cada indivíduo não tem necessariamente uma história determinada, por nenhum fator, menos ainda pelo fator preponderantemente econômico do materialismo histórico.

Na verdade, não existe um Sujeito, um Ser sujeitado. Só existe o Ser se construindo por si, ainda que coletivamente, um "Ser-para-si". Esta construção é uma autocriação, que vai da concretude da vida material em suas estratégias de sobrevivência coletiva, mas que se distancia tanto quanto necessário é transformar o animal/coisa homem – "Ser-em-si" –, em homem com plenitude humana – "Ser-para-si". Por este prisma, o "Ser-para-si" existencialista afugenta a noção de consciência coletiva, a "consciência para si" de classe de Marx e mesmo o conceito de "poder de maioria" a ocupar o espaço público, nas teses de Arendt.

A possibilidade de cada Ser se transformar em um indivíduo, único, vem de dois fatores: primeiro, por suas escolhas e decisões; segundo, por compor e ser composto de um emaranhado indizível de circunstâncias tão plurais como voláteis e multidimensionais. A vida de cada ser é uma teia "crocheteada" a cada instante – como em Nietzsche –, cuja linha é a decisão da consciência diante de cada novo e inusitado fato. A vida social é o emaranhado dessas teias pela intersubjetividade de cada indivíduo em querer ser. Esse emaranhado já é, outrossim, parte da linha que cada Ser usa para decidir.

Cada decisão é, ainda assim, por isso mesmo, um "salto no escuro", um "pulo abismal" – abismal por adentrar no profundo incognoscível "buraco-negro" da tomada de decisão e abismal por sua dimensão imensurável à própria fortificação do Ser que se autoconstrói pela possibilidade do erro. Não se trata, evidentemente, do erro banal por falta de seriedade ou compromisso, ou a sua repetição descuidada e irresponsável, mas daquele que provém naturalmente da coragem de assumir as responsabilidades da vida diante de si e diante de seus semelhantes. É famosa a afirmativa de Sartre de que o "existencialismo é humanismo". Nada mais humano e humanizante que a opção, a decisão, e, igualmente, consequentemente, o erro! Só o homem decide e erra!

23.2. LIBERDADE E DIREITO

Exatamente porque a vida é decisão contingencial e nada pode antecipadamente afirmar se ela é acertada ou errada – e quantas vezes só muito depois do ato decisório sabemos de suas consequências mais intrínsecas? – é que o direito de decidir se torna um dever de decidir. O Ser gostaria, anseia, por não decidir, mas está obrigado a fazê-lo, como forma ontológica mesma de ser o que é. Seu sonho é seu pesadelo: a liberdade de optar é sua condenação à responsabilidade de tê-lo que fazer incessantemente, racionalizando suas consequências.

Daí que o Ser esteja eternamente condenado à escravidão da liberdade; para o Ser que quer ser um para-si, a liberdade lhe põe sobre os ombros o peso da existência em cada passo rumo ao incognoscível momentâneo diante dos fatos circunstanciais da existência. Não há saída: ou isto ou não se é nada! Se ser algo só pode ser para si mesmo, então não é de forma coletiva que devo colocar para mim muito claramente a responsabilidade do agir, mas, fundamentalmente, tomando consciência individual de minha importância e de meu papel no palco das ações cotidianas que, posteriormente, se reverterão em princípios e pressupostos das opções dos demais. Em outras palavras, o coletivo assim visto é mais consequente e produtivo quanto mais cada Ser for sujeito de si mesmo. Por isso, o dever de ser ético, decente, exemplo!

A única e primordial dádiva inegociável do Ser é a liberdade. Na exata medida em que sobre ele pesa a responsabilidade de decidir, e assumir integralmente a ressonância dessa decisão, lhe é de direito a liberdade para que possa ser senhor dessa decisão e consequências. Por assim dizer, retoma-se a fórmula aristotélica de educar para a cidadania para se cobrar a cidadania. Dá-se o direito de liberdade para que o Ser tenha o dever de decidir sem prejuízo e mesmo em benefício da teia maior da vida e dos seres que nela compartilham um mesmo viver. Liberdade e imposição; direito e dever. De forma análoga aos autores anteriores: o dever de pensar adequadamente essa liberdade optativa é a medida limite de se dar a possibilidade do direito de sua existência. E então a questão jurídica retorna.

23.3. O INÍCIO DE TUDO: KIERKEGAARD

Soren Aabye Kierkegaard (1813-1855) nasceu na capital dinamarquesa, Copenhague. Teve um relacionamento muito difícil com seu pai, pois sua personalidade ficou marcada como a do "filho da velhice".

Todo o pensamento de Kierkegaard foi desenvolvido a partir do seu íntimo, com base em sua experiência pessoal, notadamente a relação com seu pai e com sua noiva, cujo rompimento o fez vivenciar um grande período de profundidade literária. Daí, sua primeira obra é uma tese de Doutorado em Teologia, *O conceito de ironia em Sócrates*, pois o considerava um pensador existencial.

Kierkegaard foi um pensador de grande destaque na corrente existencialista, sendo considerado o primeiro filósofo desta corrente. Sua filosofia, assim, não é outra coisa senão ele mesmo, enquanto indivíduo e possuidor de condições de existência. Ele confrontou ideias e afirmou que, dentre estas, deveria estabelecer-se uma dialética e, através desta dialética, buscou uma explicação para a sua existência à luz do Cristianismo (o qual considera uma consciência moderna).

Na luta contra o luteranismo oficial, Kierkegaard desenvolveu um sistema religioso doloroso, afirmando que o Cristianismo não podia ser considerado apenas um acontecimento histórico. A fé é uma escolha pessoal, irrevogável, portanto não pode ser confundida como instituição cultural como o Cristianismo (a Cristandade se desdobrou em muitas instituições políticas quando culturalmente foi destinada a uma diversidade muito grande de crenças). Assumiu posições anti-hegelianas, apontando o desespero do homem ao deparar-se com o vazio que não é preenchido nem pelos prazeres estéticos nem pelas obrigações éticas.

Segundo Kierkegaard, o indivíduo atravessa três estágios ao buscar sua realização, quais sejam:

a) *estágio estético*: em que estão presentes as necessidades instantâneas (desejos) e a impossibilidade de realizá-las, o que traz a frustração e a sensação de vazio ao indivíduo;

b) *estágio ético*: o indivíduo busca seu lugar dentro da vida social. Ao deparar-se com o vazio que não é preenchido nem pelos prazeres estéticos nem pelas obrigações éticas, o indivíduo é atingido por uma aflição extrema;

c) *estágio religioso*: o indivíduo coloca-se diante de Deus, fazendo uma reflexão frente à sua existência; aqui, valoriza a possibilidade das escolhas no decurso da vida do indivíduo que é a opção que traz o caráter de um indivíduo existencial, enquanto vivencia uma existência autêntica.

Portanto, para Kierkegaard, o que interessava era o existir e tudo o que o indivíduo pudesse vivenciar à sua volta. E também, para ele, a verdade tinha cunho meramente subjetivo, já que não era essencial aquilo que se compreendia apenas com a razão.

FICHÁRIO: Sartre; século XX; Paris – França; Corrente Filosófica: Fenomenologia Dialética; Escola: Existencialismo; Obra: *O existencialismo é um humanismo*; Palavras-chave: Existência, Consciência, Liberdade, Poder, Justiça.

A radicalidade dos existencialistas é firme em sua subjetividade jurídica: como pode o Estado exigir legalmente o cumprimento de normas se já normatizou institucionalmente a própria liberdade? Ou melhor, como cobrar a conduta humana se esta conduta não é sua conduta, mas uma conduta sujeitada? Ainda que se tenha por balizamento que existe um "desejável esperado" que seja definido pelo interesse coletivo, ainda assim não é a decisão do indivíduo. Claro que não se espera que o indivíduo, tendo direito a essa liberdade de decidir, venha a se comportar de forma inadequada e danosa para a coletividade. Não se trata disso, pelo contrário.

O que se questiona é a condição de dogmatismo, a coisificação do Ser, a alienação premeditada, a inversão do real pelo supérfluo, os interesses oligárquicos e elitistas, porque aí não é o Ser que opta; já optaram por ele! Em que lógica jurídica poderá então responder por seus atos? A maior responsabilidade e o mais difícil ato humano é a tomada de decisão, é o escolher, na medida em que a escolha é sempre o descartar outras possibilidades. A adjudicação e a punição podem vir a fazer sentido para aquele que decidiu por vontade própria; mas valem pouco para quem acredita não ter tido a oportunidade da opção, ou sequer ter tido outra opção.

A liberdade é fundamento ontológico do Ser irreversivelmente ético; compõe a estética da ética no Ser e no Direito. Se assim fosse praticado, menos se precisaria de julgar e condenar. Mas como o coeficiente de responsabilização pela liberdade é irrisório, o de punição é enorme, apesar da falta de lógica deste mecanismo de domesticação do Ser. Na verdade, a normatização da liberdade é a normalização da vida, quiçá o maior instrumento de controle dos homens, e por isso utilizado pelo poder para se manifestar em nome de "certos" interesses!

Seção VI

A SEGUNDA METADE DO SÉCULO XX – DIAS ATUAIS

24

JOHN RAWLS E O NEOCONTRATUALISMO

John Rawls (1921-2002) nasceu em Baltimore, no Estado de Maryland, região Nordeste dos EUA. Filho de família influente na política, seu interesse por questões sociais começou ainda na juventude, quando constatou que a população negra de sua cidade natal vivia em condições absolutamente distintas e precárias em relação à população branca daquele lugar.

Seu campo de interesse variava bastante – matemática, química, história da arte – até optar definitivamente pelo curso de Filosofia, na Universidade Princeton. Foi aí que, influenciado por um de seus professores, Rawls escreveu sua primeira tese e dissertação sobre a questão da determinação do caráter.

Entre 1952 e 1953, ao passar num programa de convênio na Universidade de Oxford, John Rawls começou a elaborar sua ideia de justificar os princípios morais de acordo com um processo deliberativo construído para este fim. Foi o primeiro passo para ser nomeado professor na Universidade de Cornell, tornando-se editor do famoso jornal *Philosophical Review* e adentrando na carreira acadêmica efetivamente.

Rawls enfatizou as questões de justiça – e não apenas de legitimidade –, adaptando a Teoria do Contratualismo, de John Locke. Assim, abriu uma nova etapa na história do Liberalismo, acrescentando às dimensões fundamentais do pensamento político moderno (justiça e legitimidade) a democracia.

Locke, na Teoria do Contratualismo, trazia a democracia como uma "essência do Estado-Mínimo", cuja visão era a da mínima interferência possível do Estado na sociedade, o que favoreceu o Sistema Capitalista Burguês; e falava em justiça, tratando da passagem dos direitos naturais para o direito positivo através do contrato social, em que aqueles não poderiam ser alterados por leis, sendo que a lei deveria interferir o menos possível na vida social. Ele tratava os direitos naturais como inalienáveis, responsáveis pela manutenção da paz e harmonia da sociedade, não podendo ser alterados pelo contrato social, pelos governantes e pelos legisladores.

Todavia, no início do século XX, o liberalismo apregoado por Locke desfaz-se diante dos conflitos das duas Grandes Guerras mundiais. E ao final, entre a Segunda Guerra Mundial até a crise dos Direitos Civis (nos EUA e Europa), o Direito Público foi mais forte do que o Direito Privado (interferência do Estado na sociedade); mas, a partir da década de 70, a sociedade civil impôs limites ao Estado Intervencionista, vindo este a recuar novamente para o Liberalismo, ou seja, retornou ao "Estado-Mínimo", àquele que deveria colaborar na solução dos litígios, mas não poderia interferir política e economicamente na sociedade.

Daí nasce a denominação de Neoliberalismo, ou seja, o recuo do Estado intervencionista e a emancipação do cidadão, em que Rawls revive a teoria de Locke, agora chamada de Neocontratualismo.

Ao refazer o chamado Pacto Social, Rawls tentou distingui-lo daquele anteriormente defendido por Locke, trazendo como princípio filosófico a desigualdade inerente ao Estado Neoliberal, isto é, a impossibilidade de acabar com as diferenças entre os homens, por se tratar de requisito material de justiça natural.

Assim, Rawls defendeu dois princípios: o Princípio da Igualdade e o Princípio da Diferença. No primeiro, o pacto deve procurar substanciar a igualdade, mas ainda assim a desigualdade permanecerá, devido às diferenças naturais entre os homens (o que retoma as teses de Hume – século XVIII). No segundo princípio, o pacto busca ajudar o Estado a contornar a desigualdade, pois, já que é impossível erradicá-la, há que se buscar o equilíbrio das deficiências para o próprio bem-estar da sociedade.

Portanto, a possibilidade de desobediência civil ocorre somente frente ao Estado Autoritário, porque este não tem legitimidade com base no novo Pacto Social. Nos demais casos, Rawls defendeu a obediência estrita à lei até que um novo pacto seja refeito, diferenciando-se de Locke na medida em que para este a desobediência já seria possível a partir do momento em que o pacto alterasse direitos concebidos e consolidados no estado de natureza.

FICHÁRIO: Rawls; século XX; Baltimore (EUA); Corrente Filosófica: Empirismo Analítico; Escola: Liberalismo; Obra: *Uma teoria da justiça*; Palavras-chave: Liberalismo, Pacto social, Igualdade e diferença, Desobediência civil.

A teoria da desobediência civil só pode ser parcialmente levada a sério em Rawls. Ela está ligada à dualidade conceitual do autor, entre o princípio da igualdade e da diferença. Para Rawls, pai do neoliberalismo que viria a ser adotado posteriormente pelas potências capitalistas a partir do final do século XX, é função do Estado e do Direito promover a igualdade, mas, ao mesmo tempo, reconhece que sempre existirão diferenças entre os homens (utilitarismo de Hume), seja de cunho intelectual, seja porque a igualdade material não pode ser suprida eficazmente. Neste sentido, entre a igualdade formal – pois efetivamente não existem meios para a igualdade plena (Liberalismo) –, e a necessidade de uma situação política minimamente estável, o pacto social é, uma vez mais, a "grande" solução.

Por este prisma, a possibilidade de desobediência do cidadão está restrita a uma única situação hipotética, quando uma lei ou o comportamento dos governantes ferirem o pacto social. Neste sentido, se uma lei for injusta, conservadora ou mesmo prepotente por parte do Estado, não pode a sociedade civil contestá-la, devendo, em nome da paz, obedecê-la. Ora, é evidente que um sistema de Direito não paira acima das relações de força e poder dos grupos e organismos sociais, o que leva a duvidar da equidade com que um pacto social possa ser construído, mesmo imaginando que as camadas mais ínfimas e menos preponderantes da sociedade fossem chamadas a participar do pacto (o que, aliás, foi a grande utopia de Rousseau – a vontade geral).

Logo, a hipótese do neocontratualismo de Rawls, como desde Locke, é na verdade uma ideologia que atende mais aos interesses do poder de empresas e governos de grandes potências mundiais do que convoca à resistência à dominação e ao arbítrio instalado pelos Estados modernos (inversamente àquilo que no século XIX Henry David Thoreau havia apregoado).

25

VIEHWEG E TÓPICA JURÍDICA

O jusfilósofo **Theodor Viehweg (1907-1988)** nasceu na Alemanha. Desde que, no século XIX, o positivismo jurídico suplantou o jusnaturalismo, seu pensamento fez uma espécie de recuperação histórica em sua tese de livre- docência, *Tópica e jurisprudência*, na Universidade de Munique, tornando-se o precursor da teoria da argumentação jurídica.

Entretanto, quem arguiu primeiramente o conceito de tópica foi Aristóteles, quando denominou uma de suas obras de *Topoi*, ou seja, "pontos de vista utilizáveis e aceitáveis em toda parte, que se empregam a favor ou contra o que é conforme a opinião aceita e que podem conduzir à verdade".

A tópica de Viehweg foi desenvolvida através da análise de como enfrentar situações problemáticas que, aparentemente, permitem várias perguntas e mais de uma resposta. Entretanto, para chegarmos ao Probabilismo Jurídico de Viehweg, vale lembrar dois filósofos:

a) *Sócrates*, cuja forma de pensar denominou *Dialética*, partia da premissa de que da oposição entre Tese (pergunta) e Antítese (resposta que origina novas perguntas) surgia a Síntese (é a conclusão: uma única verdade, uma única resposta).

b) *Aristóteles* confrontava a Tese (pergunta) com a Antítese (resposta que originava novas perguntas) para daí surgir o que ele chamou de *Topoi*, ou seja, a conclusão e a obtenção de mais de uma verdade, diferentemente da posição adotada por Sócrates. Segundo Viehweg, pode ser que, pelo discurso dialético, chegue-se a mais de uma conclusão plausível ou aceitável dentro das argumentações jurídicas.

Portanto, no pensamento dialético de Sócrates, a conclusão é tida como evidente e inquestionável, pois foi estabelecida a verdade. Já na forma de pensar de Aristóteles, a conclusão vem relacionada a uma dúvida, visto que "poderá" ser plausível e aceitável (a decisão fixa uma opinião do julgador). A essência da diferença entre Sócrates (*Dialética*) e Aristóteles (*Topoi*), assim, pauta-se na ética necessária à aceitação de que a "verdade" pode não existir e de que todos os argumentos podem ser igualmente válidos.

Por isso, na visão probabilística de Viehweg, o discurso é o instrumento da justiça no Direito e tornar-se-á um problema, pois não haverá de imediato uma decisão sentencial única, ou seja, poderá chegar-se a várias conclusões. Daí, a importância de sua obra, visto que instaurou o discurso jurídico como algo incapaz de produzir uma única verdade, mas colocando o Direito entre duas - ou mais - verdades e, consequentemente, não considerando tal possibilidade como ausência de ética, fracasso do processo em juízo ou mesmo ineficiência dos operadores do Direito.

Diferentemente do *Topoi de Aristóteles*, visto que neste a ética é quase um sinônimo de resgate social, na Tópica de Viehweg isto não é o papel do Direito. Aliás, ele nos fornece uma outra descrição de discurso, pois para Viehweg os questionamentos não estão submetidos a nenhum dever de defesa ou de fundamentação, mas tão somente a um dever de explicação para convencimento de quem julga.

Viehweg afirma que, para manter um sistema de Direito equilibrado, é necessário o consenso das partes envolvidas (conciliação) e não a decisão unilateral ou o provimento parcial da sentença (indução).

A bem da verdade, a Tópica de Viehweg ressalta que é necessário dispensar as opiniões tomadas pelo dogma (sistema fechado de pensamento e estabelecimento de decisões, tal como o ordenamento jurídico consagrado e a jurisprudência pacificada, em que se cristaliza a lei e se repetem decisões sem reflexão quanto às informações que surgem na dinâmica do processo). Deve-se, assim, propiciar uma reflexão interna no ambiente jurídico capaz de acompanhar a continuidade de sua evolução no tempo através do dinamismo mais democrático proporcionado pela eficiência e capacidade de argumentação, em princípio igualitária para as partes.

O Probabilismo Jurídico, então, serve-se da conotação da incerteza (quando indaga: "assim, o que fazer?") e da inviabilidade do dogma (quando diz: "pode-se" eventualmente chegar a várias conclusões), restando duas importantes indagações, quais sejam: (a) qual das verdades apresentadas deverá ser considerada?; e (b) se o discurso só leva a uma conclusão, já somos "mentalmente induzidos" a acreditar que circunstâncias e detalhes podem ser deixados para trás em razão dessa indução (ou seja, se você aceita um paradigma como verdade, automaticamente descarta outras possibilidades).

Conclui-se, portanto, que somente através do consenso das partes (a verdadeira conciliação, que descarta a indução ou a manipulação de acordo, mas leva em consideração apenas a vontade das partes) é possível chegar à verdadeira argumentação enquanto ferramenta do Direito para buscar a melhor decisão judicial possível.

FICHÁRIO: Viehweg; século XX; Mogúncia (Mainz) Alemanha; Corrente Filosófica: Probabilismo; Escola: Tópica jurídica; Obra: *Tópica e Jurisprudência*; Palavras-chave: *Topoi*, Consenso, Lide, Justiça.

A Tópica não é exatamente uma teoria, mas muito mais um novo campo de investigação jurídica. O mérito desta escola é se propor desviar-se da lógica formal para inserir uma lógica jurídica para além do dogmatismo do sistema de Direito. Desta forma, o que propõe Viehweg é uma dinâmica de convencimento do julgador que abre amplas possibilidades para a eficiência do discurso dos operadores do Direito, e, assim, restabelece o equilíbrio frente ao puro ordenamento jurídico e à normatividade.

Um sistema de Direito aberto – zetético –, como o proposto pela Tópica, destrói a "verdade" e a "objetividade" inerte da norma, e esta adquire adequado *status*: um princípio de Direito, mas não o próprio Direito. Sem verdade jurídica, o *status* do sistema de Direito como uma totalidade que tangencia a própria sociedade se redimensiona em seu papel singular, porém parte de toda a organização social. Logicamente, os operadores do sistema também precisam adquirir novos papéis e se adaptar a novas condições de poder.

Neste sentido, o conceito aristotélico de *topoi* se encaixa perfeitamente, uma vez que as argumentações jurídicas podem ser de tal monta que levem a preposições igualmente válidas e juridicamente aceitáveis.

É que a dialética, neste caso, não é, necessariamente, suficiente para se produzir "a verdade", mas, quiçá, várias verdades. Nestes casos, os juízes não encontram na lógica formal dogmática e positivista a resposta para a *lide*. Qualquer decisão aqui, a favor de uma das partes, ou mesmo o chamado "provimento parcial", descontentará a alguém ou a todos, motivo pelo qual, se não há mais como falar de "verdade", também não se pode, estrito senso, falar em "justiça".

A Tópica aponta agora para uma solução inusitada, não tanto para as partes em litígio, mas mais para os próprios operadores do Direito, citadamente os juízes: sem o poder da verdade, a decisão aponta para o consenso das partes. E isto reformula a postura e o papel autocrático dos agentes jurídicos, pois é preciso saber administrar o dissenso, promover a concórdia e fazer aflorar a razão entre as partes, ou, em outras palavras, remodelar a mentalidade de culpa e punição e trabalhar efetivamente com o fundamento do Direito, que é, antes de tudo, promover a paz social.

26

PERELMAN E A LÓGICA JURÍDICA NÃO FORMAL

Chaïm Perelman (1912-1984), fundador da Retórica moderna, nasceu na Polônia e, em 1925, emigrou para a Bélgica, onde construiu toda a sua carreira. Lecionou Lógica, Moral e Filosofia na Universidade de Bruxelas. Ele inaugura uma filosofia contemporânea, não estática, em que vale a capacidade, o discurso, a persuasão (poder de convencimento) e não o Direito dogmático ou valorativo.

Perelman, em sua *Lógica Jurídica*, não dá tanta atenção a um bem maior de justiça, porque ele considera que "justiça" faz parte de uma realidade independente. Trata-se, portanto, de uma Filosofia do Direito que exige necessariamente a ética e a educação para o exercício pleno da cidadania, acabando por invalidar os sistemas normativos dos Estados existentes. Esta ética e a educação são externas ao sistema do Direito.

Aliás, Perelman tira da questão jurídica: (a) a justiça (não a discute, visto que se trata de valor e deve ser discutida na sociedade como um todo); e (b) a normatividade, que é extremamente mínima (diminuta).

No entender de Perelman, não existe um sistema de verdades absolutas, sendo possível apenas a adesão da sociedade e, consequentemente, há a necessidade do diálogo para o progresso e exercício da cidadania.

A partir desta noção, Perelman privilegia o discurso como fundamento de Equidade (solução da lide), mas não como sinônimo de que vale qualquer discurso jurídico, ou seja, exige-se neste sistema uma visão prévia de educação, respeito e ética. Para ele, o conceito de equidade é não valorativo, pois tudo se resolve na educação e na ética, fora o Direito como instituição.

Perelman, assim, retira a concepção da justiça formal, afirmando que não deve haver predefinições, mas capacidade de se trabalhar no momento de decidir a lide, através da abstração, argumentação, persuasão e não ficar na similitude pura dos dias atuais, ou seja, na repetição *sine qua non* (comodidade jurídica da jurisprudência oficial).

Assim, mostra as divergências ligadas à interpretação do que seja essencialmente similar, e mostra que, para aqueles que se encontram em situações diferentes, o tratamento justo depende da concepção que for feita do interesse geral, o que gera, novamente, a possibilidade de concepções divergentes. Mesmo quando a parte ganha, mas perde algo na sentença, diz que foi injusto.

Pela primeira vez, o jurídico é o "administrador", concebido como subsistema social, parte de uma totalidade maior em que existem agentes sociais que influenciam diretamente ou indiretamente a sentença, não cabendo mais a "superioridade" sentencial absoluta e exclusiva do Judiciário e de seus operadores.

Conclui-se, portanto, que o pensamento de Perelman leva em conta as tomadas de posição diante dos argumentos. Estas não resultam nem de uma intuição evidente, nem de uma decisão arbitrária, mas são as expressões de uma escolha pensada, marcada tanto pela personalidade do julgador quanto pelos seus valores, diante das técnicas de sedução do discurso e da capacidade de diferenciar a sentença. A razão, em cujo nome ele desenvolve suas ideias, e para a qual ele apela para torná-las admissíveis, não é tampouco o reflexo de uma razão divina, mas a expressão de uma personalidade social culturalmente localizada.

Agentes jurídicos: todos que participam socialmente do jurídico. Mesmo à distância, as instituições pertencentes a outros subsistemas sociais interferem na decisão sentencial, chamando para si, inclusive, "certa" responsabilidade pela "restauratividade" do réu. **Exemplo**: ONG, meios de comunicação de massa, entidades populares, Estado, Igreja, além dos próprios operadores do Direito.

FICHÁRIO: Perelman; século XX; Bruxelas – Bélgica (nasceu em Varsóvia – Polônia); Corrente Filosófica: Probabilismo; Escola: Nova Retórica; Obra: *Lógica jurídica*; Palavras-chave: Lógica jurídica, Argumentação, Direito e Palco universal.

A visão jurídica mais condizente com o pensamento de Perelman leva-nos a pensar no conceito de "auditório universal". Posições de valores irreconciliáveis entre os litigantes não podem ser solucionadas pela pretensa "neutralidade" jurídica, ou estrito cumprimento do ordenamento jurídico, e obriga a decisões judiciais que são "ideológicas". Quer dizer, diante de argumentações válidas que demonstram possibilidades de verdades e corretitude diversas, não há como o sistema de Direito resolver, ou pelo menos ajudar a resolver a contenda, sem elaborar juízos de valor e mesmo propor direções novas para comportamentos sociais mais abrangentes e futuros. Neste sentido, não apenas toda a sociedade pode (e deve) ter algum envolvimento com as disputas judiciais, como também o judiciário envolverá todos os organismos e subsistemas sociais em suas decisões.

Claramente, este olhar jurídico destrói a pretensão positivista e normativista de sistema jurídico fechado. Mais do que isso, a visão de "auditório universal" composto por instituições e subsistemas que formam a totalidade social obriga o Direito a ser avaliado como apenas mais um desses subsistemas e organismos, uma parte do todo social, não o próprio social como é comum observar nas posições dogmáticas do Direito e de alguns de seus operadores e instâncias, típico, por exemplo, no caso brasileiro. Neste sentido, a lógica jurídica de Perelman pode ser vista como democratizante dos sistemas de Direito.

Por outro lado, as premissas nas quais se sustenta a proposta jurídica da "nova retórica" pertencem eminentemente a sociedades com alto grau de desenvolvimento material e intelectual, pois exige uma elevada formação educacional, com ênfase em comportamento socioético, tanto por parte dos operadores do direito como dos agentes sociais de forma geral. Depois, é necessário que as instituições políticas estejam consolidadas e que a democracia participativa seja uma realidade, para organizações e entidades sociais de todos os matizes, e que os processos de argumentação jurídica estejam ao alcance de uma parte considerável da sociedade na mesma medida em que exista cultura de interesse público na feitura do dinamismo comportamental social. Não o interesse pela punição em si mesma e o fetiche do mundo jurídico usando do crime para obter a paz social. Ora, nenhuma destas condições se encontra entre a maioria das sociedades de hoje.

A crítica à lógica jurídica-argumentativa de Perelman está mais no fato de ser impossível de se realizar entre nós do que na pretensa ideia de que a discussão ideológica que envolve sociedade e judiciário seja uma forma de apaziguar os conflitos ou sirva, neste sentido, ao Direito positivista do Estado (como afirma Manuel Atienza).

27

DWORKIN E O SISTEMA POSITIVISTA DE INTERPRETAÇÃO JURÍDICA

Ronald Dworkin (1931-2013) é um autor estadunidense que se propôs a aprimorar o Direito Positivo com relação àquilo que continua sendo o "nó górdio" do sistema de Justiça liberal. Ligado ao liberalismo o positivismo jurídico, ou seja, um sistema de justiça que considera a Lei o fundamento da organização social, da ordem e do desenvolvimento de suas forças produtivas, só com dificuldade pode considerar a necessidade de "valores" em seus fundamentos e práticas jurídicas. Assim, os autores, doutrinadores, juristas e profissionais do Direito de maneira geral, precisam confiar que um sistema de justiça liberal possa de fato atender às demandas de forma isonômica e com neutralidade por parte do juiz, levando em consideração as normas. Isto seria a forma como se garante segurança jurídica.

Dworkin afirma que a sociedade vai até o tribunal porque acredita que sua demanda está correta e que o juiz assim o reconhecerá – as partes em litígio acreditam que o juiz irá atender à demanda conforme a lei, e os advogados acreditam inclusive que a jurisprudência garante embasamento suficiente para atender satisfatoriamente às suas demandas. Afirma o autor que mesmo quando os advogados contestam a decisão do juiz o fazem primordialmente em relação aos ditames da lei, o que reforça a formalidade do Direito positivo, mesmo sabendo, afinal, que a interpretação diversa varia de acordo com o caso concreto. Mas este é um papel importante dos advogados, pois é o papel deles que possibilita a correção e o aprimoramento do Direito. Aqui, de certa forma, Dworkin se aproxima da concepção de "auditório universal" de Chäim Perelman, onde a participação de várias instâncias da sociedade "interfere" no sistema de justiça.

O Direito, assim, conforme Dworkin o propõe, pode ser visto como um sistema de interpretação jurídica sem desfavorecimento da sua normatividade, portanto, um sistema positivista de interpretação valorativa. De fato, diz Dworkin, que o sistema de justiça liberal não tem como e nem motivos sérios para não admitir que a decisão sentencial seja permeada pelos "valores": primeiro, porque o juiz é um agente social valorativo em uma posição especial de decisão; segundo, porque em muitos casos o juiz precisa de princípios para a melhor tomada de decisão. Logo, o juiz possui um poder discricionário (Ex.: Mandado de Injunção; Súmula Vinculante) que inclusive lhe é outorgado pela lei (CF/88: Art. 93, IX; CPP/41: Art.155, caput; CPC/2016, Art. 371), que lhe confere a possibilidade da melhor sentença, mas nunca fora da lei e de um sistema de princípios que são próprios da lógica sistêmica do Direito.

Dworkin não defende a inclusão de quaisquer "valores" e de qualquer forma a sustentar o poder discricionário dos juízes, sua liberdade de decisão, principalmente em sede de recurso e apelação. Os "valores" na sua visão são, antes de tudo, princípios (como máximas morais em Kant) como neutralidade, objetividade, universalidade e imparcialidade, e a interpretação, antes de tudo, um ato de racionalidade dirigido para objetivar a lei, ainda que possa ser fundamentalmente a lei constitucional.

Casos complexos são considerados pelos juristas e doutrinadores, e pelos advogados e juízes, grosso modo, por vários motivos a serem sopesados: a) vácuo legal total ou parcial diante de fato não legislado; b) por colisão das diferentes fontes de direito, inclusive entre a jurisprudência e analogia; c) pela sofisticação e especificidade técnica do objeto em juízo. Nestes casos não há como um sistema liberal que envolve o Direito como instituição social não observar a necessidade que o poder discricionário (em relação à lei e jurisprudência existente - não é discriminatório, não é preconceituoso) possa decidir conforme sua melhor interpretação. Mas não sendo de qualquer forma, não sendo sem pressupostos, imposto por princípios e lógica do próprio sistema jurídico, o Direito positivo pode, segundo Dworkin, assumir com seriedade o papel da jurisprudência.

Contudo, Dworkin ressalva, com relação à dimensão ou amplitude da jurisprudência, que "os juízes não são eleitos e, portanto, não devem engajar-se na produção de um direito novo; devem aplicar os padrões inerentes ao direito existente" (Morrison, 2006, p. 507, grifos nossos). O que seriam então os "padrões inerentes ao direito"? Kelsen havia admitido como "norma particular" a construção jurisprudencial do juiz, em contraponto à "norma geral" elaborada pelo legislador (Hans Kelsen, *Teoria Pura do Direito*). Mas Dworkin parece querer "disciplinar" esta ideia bastante "liberal" do pai do Positivismo Jurídico; ele recorre então ao "padrão" do Direito, quer dizer, ao conjunto organizado de sistemas entre a formalidade da lei (elaborada pelo legislador), os princípios do Direito e uma lógica racional própria do Direito.

Por aqui, o que Dworkin parece repetir é, ao fim, a máxima de Kelsen, que não existem lacunas "no Direito", apenas "de Direito" - o sistema de Direito é hermético, suas fontes e sua lógica, incluída aí seus princípios e sua lógica interpretativa, se complementam de forma a não existir demanda, por mais complexa que seja, sem resposta da Justiça.

Fichário: Dworkin; século XX; Rhode Island - EUA; Corrente Filosófica: Positivismo; Escola: Interpretação Jurídica; Obra: O Império do Direito; Palavras-chave: Positivismo; Interpretação; Princípios do Direito; Poder discricionário.

O Sistema Positivista de Interpretação Jurídica de Ronald Dworkin possui três pilares: o Direito é um sistema (cf. Luhman); o Direito tem uma logica jurídica (cf. Perelman); o Direito parte de princípios jurídicos (cf. Kant).

Naturalmente, por ser positivista, o sistema de lógica jurídica encontra nas leis o substrato mais concreto para sua orientação e realização – o sistema do Direito tem sua própria estrutura, seus institutos e seus mecanismos como capazes de organizar a justiça, de forma que as decisões dos juízes estejam adequadamente motivadas e que as alegações em contrário tenham, no sistema liberal, ampla recepção do contraditório através das instâncias recursais. O quanto um sistema de Direito é influenciado pelo dinamismo das instituições e comportamentos da sociedade, depende do interesse, dinamismo e liberalidade dessa mesma sociedade e seus pares. Por outro lado, o limite de porosidade do sistema de Direito está dado por sua racionalidade e objetividade que constitui uma lógica jurídica (buscar fazer justiça e promover a ordem social) capaz de ser utilizada pela sociedade para a solução de controvérsias, a manutenção de direitos e o encaminhamento de periculosidade em graus diversos. Mas em nenhum momento Dworkin, como os demais autores do positivismo jurídico liberal, coloca em discussão, por exemplo, a desigualdade social como a origem desta "desordem" e "periculosidade".

O sistema de Direito com sua lógica jurídica, por sua vez, está orientado por princípios tais como neutralidade, objetividade, universalidade e imparcialidade. A credibilidade da decisão adequada e satisfatória dos juízes depende da verificação da observação destes princípios ou "valores", que, contudo, só pode ser consumado nas motivações das decisões judiciais.

Vale a pena destacar que para o Direito Natural "valores" remetem fundamentalmente à ética e à moral, atos corretos ou incorretos, aceitáveis ou inaceitáveis na média dos comportamentos perpetrados meio à sociabilidade geral em um determinado momento. Neste sentido, não parece ser este o sentido que Dworkin está disposto a aceitar como interferentes em seu sistema jurídico positivista.

A interpretação do juiz diante do caso concreto demandado ao Judiciário é indissolúvel do ato de julgar, sentenciar, resolver a demanda. A sociedade recorre ao Judiciário porque acredita que assim haverá uma decisão "correta" favorável para sua demanda, pois, diz Dworkin, se assim não fosse, porque uma parte recorreria ao Judiciário se soubesse que iria ter sua demanda negada? Pode, eventualmente, acontecer que a parte acredite que deve reparar de alguma forma a cobrança por outro, e está disposto a fazê-lo nos termos daquele que lhe cobra, mas por segurança jurídica prefere que o litígio seja orientado pelo Judiciário diante do juiz. Neste caso, ele pode recorrer ao Judiciário mesmo sendo para pagar, mas pode acontecer inclusive que o juiz motive sua decisão em contrário... Mas o que está em jogo aqui, o que é relevante, é o fato que o juiz produz segurança jurídica.

É a isso que se propõe a teoria de Dworkin, assumir que "valores" não precisam ser excluídos de um sistema positivista de Direito em nome da segurança jurídica, e que o Direito positivo pode e deve assumir, como em casos complexos, a prerrogativa de seu poder discricionário nem que seja em sede de recurso ou apelação, porque não havendo outra resposta a não ser a interpretação motivada do juiz, um sistema jurídico maior protege a sociedade por sua lógica e seus princípios, inclusive pela resiliência dos seus protagonistas jurídicos (Dworkin enfatiza o papel dos advogados).

Figura 27.1 *Ronald Dworkin. Fonte: Wikipedia*

28

HERMENÊUTICA JURÍDICA

De origem grega "ermēneutikē", hermenêutica significa interpretação, ciência e técnica de entendimento dos signos e significados, que os gregos antigos atribuíam à tarefa interpretativa de textos poéticos ou religiosos, como a Ilíada e a Odisséia de Homero.

Curioso que hermenêutica igualmente se confunde na mitologia com Hermes, cuja função era ser porta-voz, mensageiro das vontades e sentenças dos deuses, motivo pelo qual Hermes é o patrono da hermenêutica, comunicação e entendimento humano.

Em uma concepção simplificada pode-se definir hermenêutica como "o conhecimento que proporciona a interpretação e o entendimento do significado das expressões linguísticas textuais", em todas as formas em que se apresentem.

A Hermenêutica Jurídica dedica-se, portanto, "à interpretação e entendimento das expressões e dos textos jurídicos normativos, seu sentido e seu valor", possibilitando que o Direito seja um "Sistema Lógico Jurídico Interpretativo-Argumentativo".

Sentido e Valor atribuem um significado ao texto jurídico. Efetivamente, o Direito não é apenas Norma, não começa nem se esgota na Norma. Mas é pela Norma e através dela que o Ordenamento Jurídico pode executar as funções do Direito, objetivando a paz e a justiça social. Logo, entre o Fato Social e a pertinência jurídica do mesmo se interpõe uma Norma, uma Lei, que, contudo, não é capaz por si só, em si mesma, provocar e repercutir o jurídico. Ora, esta

Norma, neste sentido, precisa ser questionada, interpretada, entendida em sua aproximação e validade para o caso em pauta. É desta interpretação textual, linguística e sistêmica que se retira o significado da Norma, seu sentido e valor.

Quem "interpreta" entende por um lado do prisma, quer dizer, vê o sentido e o valor do texto de acordo com sua linguagem, seus próprios valores, suas próprias experiências. Desta forma, há de se aceitar que o Direito não é uma ciência objetiva, exata e absoluta. Nem o precisa ser: o Direito é também Argumentação. A interpretação hermenêutica visa, preferencialmente, a nutrir, a alimentar os profissionais jurídicos a formularem em uma arena legal suas argumentações denunciativas, acusativas, defensivas, recursais e sentenciais. O resultado o é na forma da Lei e dos Processos Judiciais. Estando a equidade judicial e liberdade de argumentação garantida, a Justiça o é na medida de consignar a paz social e a mitigação da desigualdade material.

Mas, se o Direito, como Sistema Lógico Jurídico, empresta da Hermenêutica Jurídica elementos de significação, interpretação e entendimento, também o faz de forma Lógica, isto é, em um sistema onde "duas ou mais entidades se relacionam de forma tal que o resultado é condicionado indissoluvelmente por essa relação", ou seja, a "preposição resultante", afirmativa, negativa ou indefinida, depende da relação estabelecida entre as entidades – partes, atores – estreitamente relacionadas. De tal forma, pode-se pensar que a validade da preposição lógica reside na coerência e na "autonomia" da própria preposição resultante, ou, dito de outra forma, quando a relação se autonomiza, adquire uma importância que suplanta as entidades, as partes e os termos em que a relação foi colocada. Um pensamento dialético é assim: a relação é superior às entidades gerando um resultado que não se confunde com elas e nem com a sua simples somatória (**2**+**3**=5, mas **2**x**3**=6). A Sentença Judicial deve ser assim!

28.1. TIPOS DE PREPOSIÇÕES, SILOGISMO E ANALOGIA

<u>Preposição Lógica Jurídica tipo Condicionada ou Causal:</u> "Se chover não vou ao cinema".

<u>Preposição Lógica Jurídica tipo Incondicionada ou Imputável:</u> "Se não chover pode ser que vá ao cinema".

No caso do Direito a lógica obedece à doutrina e jurisprudência douta, própria da atividade do Jurista e do Juiz, bem como da orientação legislativa do Código Material e do Código Processual. Daí que a Lógica Jurídica Interpretativo-Argumentativa segue regras mais ou menos fixadas e pacificadas, sem, contudo, precisar ser dogmatizada pela passividade e pacificação doutrinária geral.

Ainda se vê que, como Sistema, ao Direito concorrem outras Fontes e Princípios que precisam ser usados de forma razoável e coerente, de forma que a Hermenêutica tem como objetivo exatamente proporcionar essa Razoabilidade, Coerência e Harmonia, integrando as várias Fontes do Direito e aplicabilidade de seus Princípios. Assim, dentro da lógica jurídica interpretativo-argumentativa se aproxima fortemente de preposições do tipo Incondicionada ou Imputável.

Como Fontes do Direito temos: Lei, Jurisprudência, Doutrina, Costumes.

Como Princípios do Direito temos: Razoabilidade, Proporcionalidade, Isonomia, Taxatividade, Boa Fé, Dignidade Humana, entre outros.

É muito comum que no Direito os seus profissionais utilizem da lógica em seus argumentos e pareceres. Esta elaboração lógica chama-se de Silogismo Jurídico. Entrementes, de forma dogmática, a lógica dos profissionais do Direito tende a partir da premissa "maior" - a Lei -, para o que se considera a premissa "menor" - o Fato Social -, e, então, concluírem e decidirem na adequação da Norma ao Fato (ou subsunção). Daí que o risco de se "direcionar" o sentido da Lei (premissa maior) é grande, e irá comprometer decisivamente as conclusões e decisões em relação ao fenômeno social fático.

Por exemplo: A pessoa que matar alguém deve ser punida (Art. 121 do CP - Lei).

> José matou alguém (Fato).
> Logo, José deve ser punido (Conclusão).

Obviamente, esse tipo de silogismo possui uma lógica Condicionada ou Causal. Na causalidade toda a consequência tem uma causa definida e se conhecidas as causas sabemos a consequência. Efeito mimético de causa e efeito.

Mas, no mundo jurídico, o sentido da ação humana define os propósitos e altera a aplicabilidade da Lei (premissa maior) ao Fato (premissa menor), bem com o contexto e as circunstâncias em que determinada conduta se realizou. Por isso que a causalidade pura se desvia para o mundo das possibilidades de avaliação e variação sentencial, ou se se quiser, do mundo do "ser" - aquilo que é -, para o mundo do "dever-ser" - o que pode ser. O silogismo permanece ao alcance dos profissionais do direito, mas a lógica deixa de ser condicionada ou causal e passa a ser Incondicionada ou Imputável (Kelsen chamou de Imputabilidade o dever-ser jurídico).

Agora: Pelas provas do processo, a pessoa que for considerada como responsável por matar alguém, deve ser punida.

> José, pelas provas, diante das circunstâncias teve a intenção e matou alguém.
> Logo, José deve ser punido conforme a lei.

Veja-se que no primeiro caso, a Lei aparece como premissa maior e primeira. No segundo caso, o silogismo possui uma lógica onde a Lei é coadjuvante da decisão final, se, e apenas se, for o caso de se aplicar uma punição (poderia ser o caso de absolvição).

Quanto à Analogia, igualmente os profissionais do direito a usam como outra ferramenta preciosa na Lógica Jurídica Interpretativo-Argumentativa. Pela analogia se compara casos e suas causas e circunstâncias, a semelhança entre as motivações e sentidos das ações humanas – chama-se Analogia *Legis*. Ou em termos de matéria, mérito e voto e aplicação semelhante das leis aos casos – chama-se de Analogia *Júris*. O que procura com a analogia é, pela verossimilhança ("semelhança verdadeira"), que as interpretações e decisões em determinados casos *sub judice* emprestem-se como ferramentas de harmonia e coerência lógica ao Direito.

28.2. TIPOS DE INTERPRETAÇÃO QUANTO AOS EFEITOS E ALCANCE

Para falarmos de Tipos de Interpretação Jurídica, diz-nos a Hermenêutica uma variedade substancial, a qual os doutrinadores e juristas têm produzido várias classificações. Não devemos, contudo, confundir Tipos de Interpretação com Escolas de Interpretação que em muito se assemelham às escolas jurisprudenciais (Exegese, Analítica, Pandectista, Egológica). Obviamente existe uma correspondência entre Tipos de Interpretação e suas respectivas Escolas.

Falaremos, para começar, dos Tipos de Interpretação e algumas Técnicas Interpretativas.

Começamos, quanto aos Tipos, aqueles do ponto de vista de seus Efeitos e Alcance: 1. Tipo Especificador ou Declaratório; 2. Tipo Restritivo; 3. Tipo Extensivo ou Ampliado; 4. Tipo Modificativo; 5. Tipo ab-rogante.

A interpretação tipo 1, Especificadora, é aquela cujo "o alcance da lei é exatamente o indicado em seus termos" (Kümpel), ou seja, a afirmação sobre o que é, pode ou não ser em relação à lei, não oferece discussões, não possibilita aplicabilidade além ou aquém da mesma.

> P.ex.: O Art. 102 do CC quando diz que os bens públicos não estão sujeitos a usucapião, tem uma interpretação declarativa na medida em que o alcance é exatamente aquele declarado.
>
> P.ex.: O Art. 5º, inciso LXX da CF, quando estabelece que o mandado de segurança coletivo pode ser impetrado por partido político com representação no Congresso Nacional e organizações e entidades representativas da sociedade (alíneas *a* e *b*).
>
> P. ex.: O Art. 312 do CP – Apropriar-se o funcionário público de dinheiro, valor ou qualquer outro bem móvel, público ou particular, de que tem a posse em razão do cargo, ou desviá-lo, em proveito próprio ou alheio: Pena – reclusão, de dois a doze anos, e multa. § 1º – Aplica-se a mesma pena, se o funcionário público, embora não tendo a posse do dinheiro, valor ou bem, o subtrai, ou concorre para que seja subtraído, em proveito próprio ou alheio, valendo-se de facilidade que lhe proporciona a qualidade de funcionário.
>
> Obs.: Em termos de doutrina do CP, pode-se arguir que interpretações do tipo declarativo se enquadram no "garantismo penal".

A interpretação tipo 2. Restritiva, é aquela cujo "o alcance da lei é menos amplo do que indicado em seus termos" (Kümpel), ou seja, a afirmação sobre o que é, pode ou não ser em relação à lei, oferece interpretações tão somente aquém da mesma, cuja aplicabilidade tem alcance limitador e restrito (abordagem *Stricto Sensu*). De forma geral, todas as leis infraconstitucionais são do tipo restritivo quando inibem o alcance da CF, quando estipulam objetiva e especificamente, por exemplo, garantias da CF.

> P.ex: A retirada de indivíduos de um lugar público, como no caso de impedir certos indivíduos de frequentarem ruas e praças da cidade em nome do combate ao tráfico de entorpecentes (cracolândia), é interpretação restritivo, pois fere o artigo 5º, inciso XV da CF, que diz que é livre a locomoção em território nacional.
>
> P.ex.: No CC, o Art. 1.337, parágrafo único, estabelece multa a ser ministrada pelo condomínio, àquele condômino que reiteradamente "apresenta comportamento antissocial", restritiva se na interpretação for entendido por condômino apenas o proprietário da unidade autônoma (não o locatário).

Obs.: Não se deve confundir Especificadora ou Declaratória com Restritiva. Aquela declara, afirma o quê e o como, o que pode ou não. Aqui a interpretação é apenas no sentido estrito dos termos da lei, ou seja, o que a lei diz. Esta, restritiva, restringe, limita, 'encolhe' as possibilidades de sua aplicação após discussão valorativa pertinente. Ela não diz, apenas possibilita que se faça uso dela em uma relação adequada com os fatos, mas de forma objetiva e limitada, o que a lei quis dizer ou garantir.

P.ex.: No CP, o Art. 155 – Subtrair, para si ou para outrem, coisa alheia móvel: Pena – reclusão, de um a quatro anos, e multa.

Obs.: Em termos de doutrina do CP, pode-se arguir que interpretações do tipo restritivo se enquadram na doutrina do "direito máximo".

A interpretação tipo 3. Extensiva, é aquela cujo "o alcance da lei é mais amplo do que indicam os seus termos" (Kümpel), ou seja, a afirmação sobre o que é, pode ou não ser em relação à lei, oferece interpretações além da mesma, cuja aplicabilidade tem alcance irrestrito e amplificado (abordagem *Lato Sensu*). Toda vez, por exemplo, que se usa a CF para abrigar direitos da condição humana, direitos difusos e garantias de individualidade civil, ou quando por extensão e analogia se garantem direitos, mesmo não expressos ainda em lei complementar, a lei é interpretada de forma ampla e extensiva.

P.ex.: O Art. 9º da CF dispõe o direito a greve de todos os trabalhadores não distinguindo se são da iniciativa privada ou funcionários públicos. O parágrafo primeiro diz que a lei complementar deverá estabelecer os parâmetros para os serviços essenciais, envolvendo assim o funcionalismo público. Mas não existe lei regulamentando a greve de funcionários públicos. Assim, a lei foi interpretada de forma extensiva e por analogia pelo STF, que legitimou a greve desses servidores em regime igual à CLT.

P.ex.: O mesmo exemplo do CC, Art. 1.337, parágrafo único, pode ser interpretado de forma ampla, como condômino, o locatário, usufrutuário, comodatário ou quem quer que tenha, por extensão, a posse direta da coisa, além do proprietário.

Obs.: Não se deve confundir a inaplicabilidade da lei, por diversos fatores, sua derrogação e ab-rogação, com a interpretação extensiva.

P.ex.: Art. 59 c.c art. 66 do CP: Art. 59 – O juiz, atendendo à culpabilidade, aos antecedentes, à conduta social, à personalidade do agente, aos motivos, às circunstâncias e consequências do crime, bem como ao comportamento da vítima, estabelecerá, conforme seja necessário e suficiente para reprovação e prevenção do crime; Art. 66 – A pena poderá ser ainda atenuada em razão de circunstância relevante, anterior ou posterior ao crime, embora não prevista expressamente em lei. (Redação dada pela Lei nº 7.209, de 11.7.1984).

Obs.: Em termos de doutrina do CP, pode-se arguir que interpretações do tipo extensivo estão melhor para a doutrina "abolicionista".

A interpretação tipo 4. Modificativa, é aquela cujo "o legislador não pode prever casos e consequências não conhecidos nem previstos ao tempo da feitura da lei" (Kümpel), ou seja, a modificação interpretativa visa restaurar e integrar socialmente o sentido e o valor fundamentais da norma. A interpretação modificativa procura, antes de tudo, resgatar o princípio da igualdade de interesses.

P. ex.: Os embargos declaratórios contra decisão interlocutória podem ser considerados do ponto de vista de uma interpretação modificadora. No caso de erro processual, onde o juiz não percebeu que o prazo de resposta do réu prescreveu, a arguição do autor (p.e. MP) será considerada de forma irreversível, não cabendo mais ao réu escolha ou decisão solicitada a se manifestar anteriormente. Nesta situação, pode-se dizer que a interpretação do juiz foi modificadora da sentença interlocutória, pois não existe recurso possível ao réu que o juiz possa prolatar.

P. ex.: A Lei de Anistia, nº 6.683, de 28 de agosto de 1979, pode ser interpretada de forma modificativa, levando em consideração que ao tempo de sua promulgação não existia a CF de 1988, que em seu artigo V, inciso XLIII, diz que crime de tortura não pode ser anistiado, não prescreve e não é afiançável uma vez hediondo. Neste sentido, em uma interpretação modificativa, pode-se ajuizar que é licito solicitar que o Estado revogue a anistia para torturadores, apesar da referida Lei. Veja-se que neste caso não se fala de ab-rogação, pois não se pretende excluir por completo a referida Lei do Ordenamento Jurídico pátrio, mas apenas exigir o ressarcimento moral e pecuniário devido no reconhecimento de que o Estado foi agente de tortura, mantendo-se válida a referida Lei.

Obs.: De forma genérica, também se pode dizer que todos os artigos que são compostos pelo verbete 'pode' são passíveis de ser objeto de interpretação modificativa. Há que lembrar, neste ínterim, que Hans Kelsen cunhou o Direito como o 'dever ser', aquilo que pode ser e não exatamente aquilo que é. Por isso, não seria despropositado afirmar que o Direito é um sistema lógico-interpretativo por excelência.

Obs.: A modificação interpretativa se distingue da interpretação restritiva ou extensiva na medida em que vai além ou aquém da disposição normativa, não por erro lógico ou gramatical, mas por necessidade de adequação à realidade social hodierna.

Obs.: Mais uma vez se percebe que em termos de doutrina do CP, interpretações modificativas são compatíveis com a doutrina "abolicionista". Entretanto, em uma concepção, ela pode modificar dispositivo legal em favor de autor e em detrimento de réu.

A interpretação tipo 5. Ab-rogante, é aquela em que "inexiste a possibilidade de conciliação diante da conclusão de contradição insanável no texto legal ou entre textos antagônicos" (Kümpel), ou seja, o trabalho interpretativo conclui pela revogação tácita da lei em virtude do preceito hermenêutico de se objetivar a integração e harmonia do sistema jurídico, mas também de se produzir justiça.

P.ex.: O CP pátrio estabelecia em seus artigos 213 e 214, estupro como violência sexual não consentida contra 'mulher', e atentado violento ao pudor, respectivamente. A lei reformadora Nº 2015/2009, alterou o artigo 213 para estupro contra 'alguém', ampliando assim a abrangência da lei, e revogou o Art. 214, eliminando a figura de 'atentado violento ao pudor', incluindo no Art. 217, o estupro de vulnerável (menor de até 14 anos). Mas de verdade, ao tentar penalizar mais os atos de estupro, acabou incluindo, por dedução do Art. 213 alterado, que todo o 'ato libidinoso' consentido ou não, isolado ou não, pode ser entendido como estupro, o que leva a distorções gritantes em desavença com a realidade. Tais exageros legislativos podem, contudo, serem evitados por interpretação ab-rogante do juiz, considerando, por exemplo, que um beijo lascivo não seja considerado crime de estupro, eminentemente excessivo neste caso.

Obs.: No caso de conflito de normas devem-se seguir os seguintes critérios: a) harmonizar os textos; b) normas de hierarquia distinta, prevalece a superior; c) a norma principal prevalece sobre a acessória; d) norma cogente prevalece sobre a dispositiva; d) norma posterior prevalece sobre a anterior.

28.3. TÉCNICAS DE INTERPRETAÇÃO HERMENÊUTICA

Àqueles tipos de Interpretação Jurídica podem-se vincular algumas Técnicas Interpretativas. No exemplo usado acima, o do Art. 1.337, parágrafo único, do CC, a lei fala em termos de comportamento 'antissocial', o objeto, de punição, a 'multa', e do agente, 'condômino'. Neste exemplo pode-se perguntar

1. O que significa 'antissocial'; 2. Quem é o responsável pelo estabelecimento da 'multa'; 3. O que se entende por 'condômino'.

A resposta à questão 1 é derivada de técnica interpretativa Social, vez que explicitado o vocábulo 'antissocial', pouco ou nada objetivamente nos diz a norma sobre o significado do termo, mas pelo coletivo, por um processo de inserção social, é possível ater-nos a uma acepção universal do termo e uma valoração do que o legislador quis dizer na norma.

O mesmo se pode anuir da questão 2, cuja resposta usa técnica interpretativa Social, ainda que neste caso o responsável pela punição sequer esteja mencionado, mas por força de convenção social e norma, sabe-se *à priori*, de forma implícita, que o ente punitivo é o síndico.

Quanto à questão 3, o que se entende por condômino, haverá de ter resposta interpretativa Restritiva ou Extensiva. Se for Restritiva a interpretação de 'condômino', como visto, será tão somente o proprietário – por isso também uma interpretação de alcance restritivo é Stricto Sensu –, e a interpretação designa como agente *apenas* o proprietário. Em uma abordagem Lato Sensu, portanto, Extensiva/ Ampliada, os agentes podem ser *vários*, o proprietário, o locatário, o comodato, o usufrutuário, entre outros. Portanto, aqui, a técnica interpretativa adequada é a Teleológica (sistêmica e abrangente, levando em consideração os *fins sociais* e o *bem comum*).

Devemos prestar atenção que na interpretação do tipo Especificara ou Declaratória, a técnica interpretativa é Gramatical, pois se a condição dessa interpretação é uma declaração objetiva cujo o resultado é o significado uníssono do sentido dos termos da lei, isso significa que os termos em si mesmos são capazes de traduzir sem discussão o primado da lei. Ora, sabemos que termos e expressões gramaticais têm significados diferentes em contextos diferentes, e que o sentido muitas vezes está no conjunto da frase e norma como um todo. Logo, a técnica gramatical pertinente a uma interpretação Especificadora/Declaratória sempre será vista com ressalvas do ponto de vista da Inesgotabilidade do sentido e Inafastabilidade do todo, fundamentos de uma hermenêutica total.

A técnica interpretativa Lógica é aquela que procura buscar o sentido e alcance da norma dentro de seu contexto. No exemplo citado de crime de estupro – Interpretação Ab-rogante –, em uma acepção Objetiva que um beijo não pode ser considerado em todas as condições como estupro, a interpretação está dentro do seu próprio contexto: crimes sexuais; e alcance: atentado ao pudor.

TIPO	TÉCNICA	ABORDAGEM	ACEPÇÃO
Especificadora/ Declarativa	Gramatical	*Stricto Sensu*	Objetiva
Restritiva	Social	*Stricto Sensu*	Objetiva
Extensiva/ Ampliada	Teleológica	*Lato Sensu*	Subjetiva
Modificativa	Teleológica	*Lato Sensu*	Subjetiva
Ab-rogante	Lógica	*Stricto Sensu*	Objetiva

Figura 26.1 *Técnicas de Interpretação*

28.4. ESCOLAS DE INTERPRETAÇÃO

Dando continuidade aos estudos sobre Hermenêutica Jurídica, faz-se mister estudar, então, as Escolas de Interpretação. Existe uma relação íntima entre *Interpretação* e *Jurisprudência*, podendo-se afirmar que aquela não é mais do que a ferramenta no nível dos 'valores' desta, ou seja, a magistratura utiliza de forma interpretativa mais ou menos a norma para solucionar os casos *sub judice*.

Como estudado em capítulo anterior, a Jurisprudência pode ser de dois tipos e as Interpretações podem ser alocadas nessa classificação: Jurisprudência de Conceitos e Jurisprudência de Interesses.

> I - Para a Jurisprudência de Conceitos temos os seguintes tipos de Interpretação: Tipo 1 - Especificadora/Declaratória; Tipo 2 - Restritiva; Tipo 3 - Extensiva/Ampliada.

A Jurisprudência de Conceitos é aquela onde prevalece, antes de tudo, a Norma. O foco normativo é que dá a direção doutrinária neste caso, e o esforço interpretativo se dá na adequação do caso à norma, ou da submissão do fato social ao texto legal. Ora, todas as interpretações dogmáticas ou exegéticas são conceituais por definição, conceitos herméticos por princípio, com foco em lei. Mesmo a interpretação do tipo extensiva ou ampliada se submete à norma, à interpretação objetiva da lei em seus termos, ampliando o seu entendimento conforme o caso.

Neste sentido, a "Escola de Interpretação" que corresponde à Jurisprudência de Conceitos é chamada de (A) Escola Exegética ou Dogmática. Temos a origem deste tipo de código no direito de origem latina, desde o Código de Sólon em Atenas (séc. VI a. C.), fortalecido no *Codex* de Justiniano (Roma, séc.

VI) e revitalizado e reeditado no Código de Napoleão de 1804 (como exemplo, Napoleão mandava prender o juiz que não obedecesse literalmente ao texto da lei). A "Escola de Jurisprudência" aqui é a (a) Exegética ou Napoleônica.

> II - Para a Jurisprudência de Interesses temos os seguintes tipos de Interpretação: Tipo 4 - Modificativa e Tipo 5 - Ab-rogante.

A Jurisprudência de Interesses é aquela onde prevalece, antes de tudo, a Sociedade e os Fatos Sociais. O foco é, portanto, os fenômenos genéricos e perturbadores da regulação social, com forte impacto nos valores e cultura do povo (Teoria Tridimensional do Direito – Miguel Reale), e o esforço interpretativo se dá na adequação da norma ao caso, ou da submissão da mesma ao fato social. O que se pretende aqui é uma abrangência interpretativa que se dedique primordialmente às necessidades de harmonia e paz sociais a partir dos acontecimentos e fenômenos concretos que se observam em sociedade.

Neste sentido, pode-se dizer que tal tipo de Jurisprudência e seus dois tipos interpretativos têm uma abordagem chamada de (B) Escola Histórico-Evolutiva, haja vista que a sociedade como um corpo está em permanente mutação, tanto em seus valores morais como em sua legislação positiva. A experiência ocidental jurídica para esta aproximação sociedade-direito tem origem no direito consuetudinário normando e eslavo, germânico, cuja penetração no direito latino data inicialmente das incursões do Império Romano nos territórios saxões da Normandia e da Europa Oriental. Notável contribuição moderna para esta vertente jurídica se deve a Savigny (séc. XVIII/XIX), que deu nome a uma Escola de Jurisprudência, a (d) Histórica.

Dentro da Jurisprudência de Interesses, ainda se pode alocar uma terceira escola interpretativa, a denominada (C) Escola de Livre Pesquisa. Esta visa suprir, através de regras novas, as omissões e as lacunas do texto legal. Não existe nenhum tipo de constrangimento ao juiz, tido como autoridade a integrar o sistema jurídico e proporcionar a maior equidistância e razoabilidade. Neste caso, a autoridade judicial desloca-se do legislativo para o judiciário. Usa-se de forma geral todos os princípios do direito sem prevalência ou obrigatoriedade de sua recorrência sentencial.

Aqui, pode-se falar mais propriamente de Interpretação Ab-rogante, no sentido em que a consideração maior é com os princípios de direito – equidistância, proporcionalidade, acessibilidade, razoabilidade e ergonomia –, e suas fontes, para além da norma – doutrina, costumes, valores e jurisprudência.

Considera-se a possibilidade de 'absolver' a rogação da lei, mesmo a mais declaratória, desde que exista contradição insubstituível e lacunas incontornáveis, em nome da harmonia e justiça social.

Quando falamos em valores e princípios de tal tez, de tal monta, parece claro que em uma Livre Pesquisa jurídica, um olhar mais subjetivo, mais 'íntimo', uma abordagem mais psicológica, se fará presente no espírito do magistrado. Também, deste modo, essa 'pesquisa' abordará aspectos do fato social provocador do judiciário considerando sempre o 'sujeito dentro de suas circunstâncias' (Ortega&Gasset). O doutrinador cunhou esse sentimento, esse percurso profundo da ação humana, dizendo que o direito é uma 'Flecha Existencial', e em nome dessa doutrina denominamos aqui uma outra escola jurisprudencial, a (e) Egológica (Egologia-Carlos Cossio).

Tipos Jurisprudência	Escolas Jurisprudência	Escolas Interpretação	Tipos Interpretação
I - Conceitos	a) Exegese	a) Exegese/Dogmática	1) Declaratória
			2)Restritiva
			3)Extensiva
	b) Pandectista	"	"
	c) Analítica	"	
II - Interesses	d) Histórica	b) Histórica/ Evolutiva	4) Modificativa
	e) Egológica	c) Livre Pesquisa	5) Ab-rogante

Figura 26.2 *Escolas de Interpretação*

Obs.: Não se deve confundir (B) Escola Histórica (interpretação) com (b) Escola Pandectista (jurisprudência) (Alemã – Puchtas). Ainda que a Escola Pandectista (Jurisprudência Alemã) tenha os costumes e uma tradição de *analogia juris* quase compulsória, a autonomia interpretativa do magistrado tem foco em norma e lei, portanto Jurisprudência de Conceitos. Na Escola Histórica o que prevalece, o foco, é no Fato Social reincidente e com potencial de recusa severa por parte da sociedade. Obs.: Não se deve confundir (B) Escola Histórica com (c) Escola Analítica (Inglesa – Austin). Pelos mesmos motivos, a diferença é de foco, esta em norma (Conceitos) e aquela em fatos sociais importantes (Interesses). A diferença, contudo, da Escola Jurisprudencial Analítica para a Escola Pandectista é que na Analítica o código é pequeno, principalmente porque não se inscreve em códigos preceitos morais e orientação de comportamento ético, que ficam a cargo, fundamentalmente, do processo educativo.

Anexos

I – CONCEPÇÕES POLÍTICAS NA ANTIGUIDADE GRECO-ROMANA

1ª Concepção (Grécia – séc. V a.C.)	2ª Concepção (Grécia – séc. IV a.C.)	3ª Concepção (Grécia – séc. III a.C.)
• Governo forte; Centralização Platão: Obra: "A República" – Governo de sábios-filósofos – Foco no Estado e Igualdade • Coletivo → indivíduo • Racionalidade política (medir meios em relação aos fins)	• Governo participativo; Soberania popular Aristóteles: Obra: "Política" – Democracia – Educação Pública – Povo participa – Foco na Sociedade Natural • Coletivo → indivíduo • Racionalidade política (medir meios em relação aos fins)	• Individualismo como responsabilidade ético-política Epicuro: Obra: "Carta sobre a Felicidade (a Meneceu)" – Anarquismo Libertário – Foco na Sociedade de Amigos e Liberdade • Indivíduo → coletivo • Felicidade individual como fim da "política"
Roma até séc. II a.C.	**4ª Concepção (Idade Média – séc. III a XIII)**	
• Democracia com base nas leis Cícero: Obra: "Das Leis" – Monarquia parlamentar • Senado + leis + imperador	• Estado Teológico (Deus) Sto. Agostinho: Obra: "A Cidade de Deus" – Patrística – receber o pai – Pecado + juízo final Sto. Tomás de Aquino: Obra: "Suma Teológica" – Escolástica – entender a Deus – Livre-arbítrio + juízo final	
	• Fundamentalismo religioso; (Política se submete à Igreja) • Inquérito e Inquisição	

II – CORRENTES ÉTICO-FILOSÓFICAS – PERÍODO CLÁSSICO

Moral Transcendente	Moral Social-religiosa	Moral Individualista
Platão (Idealismo): Aprimoramento do Espírito, Virtude é primazia da razão, Filosofia é fundamental para nutrir a razão, Justiça do além, Reencarnação	Aristóteles (Indutivismo): Busca da Felicidade no Bem-comum, Educação para cidadania, Opção pelo bem (coletivo), Ética e Dianoética, Justo Total acima de Particular	Epicuro (Materialismo): Felicidade é fugir da dor e buscar o prazer na vida, Dor e Prazer são sensações materiais (sensacionismo), só existe esta vida que é composta por átomos (atomismo – nada depois da morte), o mundo dos deuses não se comunica com os homens (semiateísmo)
Sto. Agostinho (Idealismo): Salvar Alma, Virtude é aceitar supremacia da Cidade de Deus sobre a dos Homens, Patrística obriga a boas ações, Juízo Final, Pecado, Inferno x Ressurreição (obter perdão)	Sto. Tomás de Aquino (Idealismo): Alma, Virtude é ter livre-arbítrio com responsabilidade, Equidistância Cidade de Deus com dos Homens, Escolástica leva às boas ações, Juízo Final, Pecado, Inferno x Ressurreição (obter absolvição)	
Comportamento ético com base no DEUS e foco no julgar do Além – Direito repressivo, medo da condenação de "entidade" transcendente	Comportamento ético com base no OUTRO e foco na felicidade coletiva – Direito restaurativo, preocupação com ser justo com os homens (e salvar a alma)	Comportamento ético com base no EU e foco na felicidade individual – fuga da "punição", ser justo é devotar-se com humildade e prudência à vida (cultivar a amizade), extrema responsabilidade com nossos atos, pois só a tua consciência te salva ou condena

GLOSSÁRIO

A

ABSTRAÇÃO: *Capacidade humana de criar ideias a partir da experiência vivida.*

***AD HOC*:** *Extraordinário; aquilo que não é comum; o que se destaca por ser incomum e único.*

AFORISMO: *Sentença ou pensamento filosófico conciso que guarda uma regra ou máxima concernente à vida prática*

AGNOSIA: *Não poder conhecer plenamente a realidade das coisas; Agnóstico: aquele que professa nada conhecer reconhecendo a impossibilidade de tudo saber; Sócrates: "Tudo o que sei é que nada sei".*

ALETHEIA: *Verdade; Grego: o que é incontestável, o que revela adequadamente aquilo que existe.*

ALTERIDADE: *Diferença, diversidade cultural e étnica.*

ALTRUÍSMO: *Dedicação espontânea e sem condições prévias; solidariedade, doação sem interesse material.*

ANACRONISMO: *O que não está adequado, aquilo que destoa de forma negativa; eventos ou pessoas que estão fora de seu contexto ou tempo.*

ANALÍTICO: *Método que privilegia a razão para obter a verdade decompondo o objeto de estudo em partes menores; segmentação e análise das partes; análise que vai do geral ao particular; Descartes: "Para compreendermos perfeitamente uma questão, devemos abstraí-la de todo o conceito supérfluo, reduzi-la à maior simplicidade e dividi-la em partes tão pequenas quanto seja possível, enumerando-as".*

ANIMISMO: *Onde a alma é o princípio da vida; a alma nutre a vida e pode preexistir e subsistir ao corpo; ideia de que todas as coisas naturais possuem uma essência imaterial que as anima.*

ANOÉTICO: *Aquilo que não apresenta racionalidade ou lógica; pensamento grotesco, superficial, retórico por falta de filosofia.*

ANOMIA: *O que está fora da normalidade; confusão.*

ANTILOGISMO: *Pensamento sem lógica ou sem razão, mas que pode se expressar linguisticamente.*

ANTINOMIA: *Preposições igualmente lógicas, racionais e válidas, que chegam a resultados contraditórios ou conclusões opostas; Aristóteles: conceito de Topoi.*

ANTÍTESE: *Afirmação, explicação ou sentença em oposição a uma outra afirmação, explicação ou sentença, a tese; tese e antítese são partes em confronto cujo resultado é a Síntese (ver "dialética").*

APERCEPÇÃO: *Consciência das percepções e sentimentos humanos.*

APRIORISMO: *Concepção, verdade ou sentimento tido como inquestionável por definição ou com relação à essência de algo; 'a priori': não depende da experiência.*

***ARCHE*:** *Grego: Princípio, ponto de partida, a primeira coisa, elementos básicos.*

ARETE: *Grego: Virtude; sabedoria; conhecimento que se destaca pela excelência.*

ARQUÉTIPO: *Desenho ou arquitetura básica que representa uma ideia ou conceito na mente humana; Foucault: "Onde os próprios conhecimentos enraízam a sua possibilidade".*

ASCETISMO: *Contemplação, dedicação à vida espiritual; procura pela beleza além e por trás das coisas observáveis.*

ATARAXIA: *Grego: Ausência de perturbação; tranquilidade espiritual; ausência de inquietações da mente.*

ATOMISMO: *Escola que apregoa que tudo que existe, das coisas mais simples às mais complexas, como o homem, é composto por um conjunto de pequenos corpúsculos, os átomos; Epicuro: "Entre os corpos, uns são compostos, outros são os elementos que servem para fazer os compostos. Estes últimos são os átomos indivisíveis e imutáveis, já que nada pode converter-se em nada e é necessário que subexistam realidades quando os compostos se desagregam".*

AUTOCRACIA: *Governo centralizado que não admite a participação direta popular.*

AUTÔMATO: *Mecanismo ou pessoa que repete infinitamente a mesma operação; parte de sistema que funciona por orientações externas; operações programadas; indivíduo sem consciência ou cuja razão foi manipulada.*

AXIOMA: *Demonstração, premissa considerada evidente e verdadeira.*

C

CETICISMO: *Doutrina segundo a qual é impossível atingir o conhecimento absoluto e metafísico sobre a realidade e sobre a divindade; incredulidade.*

CINISMO: *Doutrina que despreza as comodidades, riquezas e apegos a coisas e pessoas, defendendo uma vida simples e natural; desapego a convenções sociais e ao pudor; forma de sarcasmo às convenções e valores sociais; precursora do anarquismo moderno; Antístenes: "Os corvos devoram os mortos como os bajuladores consomem aos vivos".*

COGITO: *Preposição ou pensamento fundamental, próprio daquele que reflete a existência humana; reflexão, conhecimento, conceito fundamentais que no todo caracteriza o pensamento de determinado filósofo.*

COISIFICAÇÃO: *Expressão bastante usada pelos pensadores marxistas, a significar a transformação do humano em coisa; a mercadoria é trabalho humano coisificado.*

CONSCIÊNCIA: *Capacidade humana de conhecer e reconhecer a posição e o papel ético e desejável; saber, dar-se ao conhecimento, a si mesmo, o que é e do que se trata sua relação com os outros e a natureza.*

CONSTITUIÇÃO: *Organização política do fenômeno jurídico; princípios, valores, direitos e garantias dos indivíduos e do governo formalizadas no código maior, no intuito de garantir a preservação e o desenvolvimento dos agentes sociais.*

CONSUBSTANCIAÇÃO: *União de dois ou mais corpos na mesma substância; corpo e sangue de Cristo no pão e no vinho.*

CONTRATUALISMO: *Corrente filosófica e política que enxerga o surgimento da sociedade política e Estado a partir do contrato social; Rousseau: "As leis são sempre úteis aos que têm posses e nocivas aos que nada têm".*

COSMOGONIA: *Doutrinas que se ocupam em explicar a origem do Universo.*

COSMOLOGIA: *Ramo da astrologia que estuda a estrutura e evolução do Universo.*

CRENÇA: *Acreditar sem dados empíricos; conhecimento baseado em princípios e valores não observados no mundo natural e não explicados pela razão; contrário da filosofia onde predomina a razão; próprio das ciências religiosas.*

CRITICISMO: *Doutrina cujo princípio é efetuar a crítica, praticar a dúvida e apresentar explicações* *mais concretas, condizentes, lógicas e racionais aos fenômenos naturais e humanos; Kant: "A inumanidade que se causa a um outro, destrói a humanidade em mim".*

CULTURALISMO: *Doutrina que estuda a cultura de uma sociedade, colocando como primazia das explicações filosóficas as relações empíricas entre os homens, seus valores, seus hábitos, suas tradições, sua vida comum.*

D

DEDUÇÃO: *Método de conhecimento científico exposto por Descartes que estuda o objeto fragmentando-o; do geral para o particular; contrário de Indução.*

DEÍSMO: *Doutrina que apregoa o uso da razão como instrumento para entender e chegar a Deus, sem necessidade de igrejas e religiões organizadas; precursora do ateísmo moderno; Pufendorf:" A grandeza e força do nosso espírito é a fonte que nos percebe sentir, que nos faz discernir o culto da divindade e dos deveres da sociedade humana".*

DEONTOLOGIA: *Conjunto de procedimentos codificados que orientam os comportamentos éticos; para Jeremy Bentham, os comportamentos éticos não derivam de valores ou das leis, mas da utilidade em trazer felicidade e evitar a dor aos homens; o comportamento ético seria a forma calculada para fugir da reprovação e punição (ver Utilitarismo).*

DETERMINISMO: *Doutrina que realça as causas de um acontecimento ou de uma coisa; Causalidade: para todo efeito (resultado) existe uma causa; efeitos semelhantes têm causas comuns (ver Positivismo).*

DEVIR: *Futuro, o que está por vir; refere-se ao entendimento da vida como um fluxo contínuo sem prévias determinações.*

DIACRÔNICO: *Estudo (diacrônico) e compreensão dos fatos ou conjunto de fenômenos ao longo do tempo; cronologia do fato.*

DIALÉTICA: *Oposição de contraditórios que produz uma verdade (síntese) maior e diferente do que a somatória das partes; obtém-se a partir da oposição entre "tese" e "antítese".*

***DIANOÉTICA*:** *Grego: Conhecimento puro; diferente de ética, que contém valor e significado virtuoso; é possível existir conhecimento e não usá-lo com ética; Aristóteles:" O ignorante afirma, o sábio duvida, o sensato reflete".*

DICOTOMIA: *Quando um conceito é dividido em dois outros, estes opositores e complementares ao mesmo tempo.*

***DIKE*:** *Grego: justiça; deusa grega que ajuda os homens a fazer justiça; filha de Themis, normalmente conhecida esta última como a madona do Direito.*

DOGMATISMO: *Doutrinas que apregoam a imutabilidade das coisas e dos acontecimentos humanos, valorizando as explicações e as convenções passadas como absolutas e inalteráveis; conservadorismo.*

DOUTRINA: *Interpretação do jurista sobre a aplicação da Norma; doutrina majoritária é aquela, dentre várias, que é mais aceite.*

E

ECLÉTICO: *O indivíduo ou o pensamento que reúne várias teorias, conhecimentos e conceitos; sistêmico; holismo.*

EGOCENTRISMO: *Doutrina em que prevalece o individualismo; culto à personalidade; muitas vezes sinônimo de egoísmo.*

EGOLOGIA: *Escola preconizada por Carlos Cóssio, filósofo do direito argentino, que foi aluno de Hans Kelsen e que combateu o normativismo deste último; Cóssio: "Por que os Franceses não guardaram com tanto zelo a Constituição Francesa como as obras do Louvre (Grande Guerra)? Porque a Constituição está na alma dos franceses. A lei está na alma do povo ou não estará em lugar algum".*

EIDÉTICA: *Essência dos objetos e das coisas que só a filosofia pode capturar, diferentemente da dimensão estritamente empírica ou factual; substância por detrás da aparência (ver Fenomenologia).*

EMPÍRICO: *Aquilo que é observável e experimentável, material e factual; observável; estudado e explicado pelas ciências em geral.*

EPISTEME: *Conhecimento científico, racional e lógico em oposição às explicações retóricas, irracionais, ilógicas e superficiais.*

EQUIDADE: *Igualdade; isonomia; usado pelas escolas retóricas-argumentativas do direito em substituição ao termo "justiça".*

ESCOLÁSTICA: *Escola atribuída a Sto. Tomás de Aquino que preconiza o estudo e o conhecimento como fonte de sabedoria divina; pela razão e estudo chega-se à naturalidade e necessidade da existência de Deus; a verdade se revela através do estudo e do livre-arbítrio.*

ESTÉTICA: *Percepção daquilo que é belo e bom em relação ao feio e ao ruim.*

ESTOICISMO: *Doutrina que defende a sabedoria e a justiça como existentes na natureza, devendo o homem se integrar a ela e ao cosmos; reunião de conhecimentos para a constituição da sabedoria (ver Holismo); o estóico é um homem forte e corajoso (os romanos); Cícero: "O homem nunca deve humilhar-se a ponto de se esquecer de que é homem".*

ETHOS: *Grego: ética, valores, bons hábitos, harmonia.*

ÉTICA: *Comportamento orientado pela moral; dignidade, corretitude, comportamento desejável do ponto de vista da coletividade.*

EUGENIA: *Limpeza racial; purificação racial; última instância de preconceito racial; procura fanática de resolver os problemas e a fragilidade humana a partir da eliminação de todos que são diferentes ou apresentam diferenças (ver Racismo).*

EXISTENCIALISMO: *Doutrina que diz que a existência precede a essência; toda escolha significa uma não escolha diante das situações-problema; nunca saberemos antecipadamente o resultado de nossas escolhas; sem conhecimento e liberdade não pode existir escolha, logo, punição; a liberdade é uma não liberdade, porque não existe como abdicar de escolher, já que o humano não escolhe não escolher, pois não escolher é uma escolha (paradoxo); Nietzsche: "se não existe consciência não existe escolha: logo, não há como se punir a não escolha (a não consciência); no entanto, existindo, a consciência é do momento da escolha e não plenamente do resultado (apenas projetado): logo, punimos a escolha que está fadada ao erro, logo, não há como se punir o erro que provém da irrecusável escolha: punimos a ignorância e a liberdade!".*

F

FENOMENOLOGIA: *Escola que prioriza os fatos, os fenômenos como realmente estes são, levando-se em consideração a multiplicidade de causalidades, motivações e circunstâncias; Ortega & Gasset: o Ser e sua circunstância; Husserl: essa multiplicidade esconde a essência que está por detrás e no fundo do fenômeno; Heiddeger: fazer para ser (o ser-no-mundo).*

FILOSOFIA: *Ciência que procura questionar as verdades e a aparência das coisas, usando a racionalidade e a lógica como fundamentos da crítica ao que é aparente e sacrilizado; Deleuze: "Filosofar é elaborar conceitos".*

FILOLOGIA: *Ciência que estuda as sociedades e civilizações através de todos os tipos de textos e documentos escritos deixados por elas.*

G

GENEALOGIA: *Ciência que investiga os acontecimentos históricos com o objetivo de identificar as relações de poder que deram origem a determinadas ideias, valores, crenças e discursos.*

GNOSIOLOGIA: *O mesmo que Teoria do Conhecimento; busca identificar a origem, a natureza e os limites do conhecimento produzido a cada época.*

GOVERNAMENTALIDADE: *Ação dos governos e governantes preocupados com a exploração e dominação das potencialidades humanas, extraindo e administrando para benefício do Estado as energias criativas e produtivas humanas (atualidade).*

H

HEDONISMO: *Doutrina que apregoa o prazer como o bem supremo; Cirineus: dedicação ao prazer dos sentidos; Epicurismo: prazer é ausência de dor, prudência; Utilitarismo: prazer individual que, contudo, deve se estender ao maior número possível de pessoas (mínimo existencial).*

HERMENÊUTICA: *Ciência voltada para a interpretação e sentido dos escritos e textos.*

HETERONOMIA: *Ausência de autonomia; sujeição à vontade de outro ou de uma lei.*

HEURÍSTICA: *Ciência voltada para a descoberta dos fatos e explicação de determinados problemas, utilizando-se instrumentos estatísticos e de cálculo (matemática).*

HIPOTÉTICO: *O que o ser humano coloca antecipadamente por hipótese; não real, a ser construído, a ser conquistado.*

HISTORICISMO: *Doutrina que privilegia a história de uma sociedade, seus fatos políticos, econômicos, religiosos e culturais, como explicativos dos fenômenos sociais.*

HOLISMO: *Doutrina que prega a integração de conhecimentos científicos e sabedoria milenar; união de ciência e natureza; conhecimento integral dos fenômenos; visão sistêmica e teleológica (total) onde existe ações e reações que dependem umas das outras.*

HUMANISMO: *Doutrina que prega a prevalência do homem sobre todas as coisas e acontecimentos; base dos direitos humanos, dos direitos naturais da condição humana, dos direitos e garantias constitucionais; a vida humana é o princípio primeiro; Kant: "A inumanidade que se causa a um outro, destrói a humanidade em mim".*

I

ICONOCLASTIA: *Vocação filosófica para negar os ícones; negação, por princípio, das verdades inquestionáveis; postura que nega os dogmas; contra os ídolos.*

IDEALISMO: *Doutrina que privilegia as ideias sobre as coisas; as coisas e os fenômenos, tanto naturais como humanos, podem ser compreendidos em si mesmos pela razão; prevalência dos aspectos não empíricos da existência humana, como razão, pensamento, alma, espírito, mente, sentimentos; contrário de Materialismo: as coisas são o que pensamos delas; Descartes: "Penso logo existo".*

IDEOLOGIA: *Pensamento característico e muito arraigado que profetiza uma determinada forma de viver em sociedade; Marilena Chauí: "A classe dominante tem ideologia e, através do poder adquirido, apregoa sua ideologia particular como se fosse geral (hegemonia); contrário de Utopia (Karl Manheim)".*

ILUMINISMO: *Século XVIII, Revolução Industrial, Revolução Francesa; período revolucionário em que o humanismo debate e defende os direitos e a dignidade humana diante da prevalência da ciência e da técnica; doutrina usada algumas vezes contra os exageros do Estado, do sistema Capitalista e do Liberalismo; doutrina criticada algumas vezes por trabalhar com conceitos universais sobre o homem em sua reprodução existencial.*

IMANENTE: *Aquilo que está contido no interior de um ente; que faz parte de sua natureza; que cria, determina, a sua própria essência.*

IMPERATIVO: *O que se impõe por si mesmo; aquilo que exerce naturalmente coerção ou obrigação; o que se impõe (imperativo) e não pode* *ser contestado (categórico) Kant "Imperativo Categórico: o espírito humano é ético".*

INATO: *Inerente; que nasce junto; que pertence desde o nascimento; intrínseco.*

INCOGNOSCÍVEL: *Aquilo que não pode ser entendido e explicado pela razão.*

INDUÇÃO: *Método de conhecimento científico exposto por Francis Bacon que estuda o objeto a partir de particularidades e semelhanças com outros objetos; do particular para o geral; contrário de Dedução.*

INSTRUMENTALISMO: *Nos casos em que existe ação deliberada de transformar algo ou o humano em artifício ou ferramenta para benefício de outrem.*

INTELIGÍVEL: *O que pode ser entendido e exposto pelo intelecto; compreensível.*

INTERSUBJETIVIDADE: *Relação subjetiva entre dois ou mais indivíduos que visam concretizar um projeto comum; pressupõe autonomia, vontade e consciência individual; possibilidade de pacto ou acordo sem inter referência impositiva de um terceiro; independência da jurisdição do Estado.*

IRASCÍVEL: *Nervoso; irritabilidade; paixão desmedida; Platão: "As três partes da alma são: Logística (razão), Irascível (paixão) e Apetitível (vícios)".*

J

JURISDIÇÃO: *O poder/dever do soberano ou Estado fazer (a lei) e fazer acontecer (obrigar a cumprir).*

JURISPRUDÊNCIA: *Várias decisões de casos semelhantes no mesmo sentido como princípio de argumentação, com base na autonomia de o juiz poder decidir em relação à Lei, utilizando demais fontes do direito.*

JUSNATURALISMO: *Doutrina filosófica que defende o direito natural dos homens em oposição ao direito positivo (posto); direito natural estóico: os direitos naturais e positivos estão na própria natureza (Cícero); direito natural inato ou da condição humana: os homens, por sua natureza humana, já nascem com direitos (Grócio); direito natural empírico social: adquirido em sociedade (ver Contratualismo); direito natural utilitário: tanto o direito natural e o posto são oriundos de convenções (Epicuro).*

L

LAICISMO: *Laico – Doutrina que refuta o divino e a religião como pressuposto das explicações e ações humanas; antropocentrismo.*

LEGALISMO: *Doutrina que considera preferencialmente a lei em suas concepções e explicações; o mesmo que normativismo.*

LIBERALISMO: *Corrente filosófica que defende direitos naturais e a não intervenção do Estado na vida social.*

LIBIDO: *Energia psíquica primordial que, controlada pela razão, capacita o homem a criar, produzir, planejar e inventar; Freud: "A inteligência é o único meio que possuímos para dominar os nossos instintos".*

LOGICISMO: *Lógica – Doutrina que privilegia causas e efeitos do tipo "SE"; também inferência ou relação que complementa duas premissas (ver Silogismo).*

LOGOS: *Grego: razão, opinião, noção, juízo; conjunto harmônico de leis e conexões que explicam o funcionamento do universo.*

M

MAIÊUTICA: *Método socrático que por meio de encadeamento de perguntas induz o interlocutor na descoberta de suas próprias verdades e das coisas em geral; dialética socrática.*

MANIQUEÍSMO: *Doutrina que defende o princípio da dualidade entre o bem e o mal, o mal como todas as coisas materiais e o bem como práticas espirituais ascéticas; a separação universal entre o reino das sombras e o reino da luz; admitir que os bons são sempre bons e os maus são sempre maus.*

MARXISMO: *Doutrina conhecida pelo materialismo histórico dialético, onde a história se desenvolve através de oposições de classes sociais (dialético), dominação e exploração do homem pelo homem já desde a produção (estrutura material social), e daí derivam as demais formas e instituições como a lei, o direito e o Estado (superestrutura social); socialismo científico; Marx: "A história da sociedade até aos nossos dias é a história da luta de classes".*

MATERIALISMO: *Doutrina filosófica que afirma que a vida concreta determina o pensamento; inverso de Idealismo; inverso de Descartes: "existo logo penso".*

METAFÍSICA: *Corrente filosófica que trabalha com categorias imensuráveis, não experimentáveis, tais como, alma, espírito, consciência e sentimentos.*

METÁFORA: *Ferramenta linguística que pretende explicar um fato ou uma coisa comparando-o a outro fato ou coisa que não é real ou verdadeira, mas ajuda na compreensão; figura de linguagem hermenêutica usada na argumentação.*

MÉTODO: *Sequência de procedimentos que possibilita a análise e compreensão de uma coisa ou fato humano, cujo rigor possibilita a verdade científica no tempo (a qualquer momento) e espaço (em qualquer lugar), desde que a sequência usada não seja alterada com prejuízo do resultado.*

MITO: *Contação de estória com base em fatos reais ou hipotéticos que ajuda na compreensão da realidade humana cujo conteúdo é sempre valorativo, contém uma mensagem moral.*

MORAL: *Conjunto de valores transformados em máximas e imperativos que ajudam os agrupamentos humanos a permanecerem coesos por princípios; orienta os comportamentos tidos como éticos.*

N

NEOLOGIA: *Criação ou emprego de palavras ou concepções novas.*

NEXO: *Ligação entre duas ou mais coisas que concorrem para um mesmo resultado; vínculo, união; superveniência causal: quando uma sequência de eventos concorrem para um resultado.*

NIILISMO: *Doutrina filosófica que dedica-se a demonstrar o sem sentido das coisas e das ações humanas; fracasso da racionalidade e inteligência, bom senso e autonomia humana; não é pessimismo porque acredita que neste 'sem sentido' existe a possibilidade de criação de algo novo e melhor; Nietzsche: "É necessário ter o caos cá dentro para gerar uma estrela".*

NIRVANA: *Nas religiões indianas, estado ou situação de beatitude, paz e conhecimento supremos, onde nada incomoda o espírito porque este tudo abdica em nome da harmonia com a natureza e o cosmos; felicidade suprema.*

NOMOS: *Divisão territorial no Egito e nas demais sociedades antigas; província, distrito, região.*

NORMALIDADE: *Aquilo que é esperado e praticado majoritariamente pelo grupo social; o comportamento que é desejado pela maioria dos indivíduos; na sociologia coisas indesejáveis podem ter se tornado normais, uma vez que a sociedade aprendeu a conviver com elas ao longo do tempo, por exemplo quando se usa a lei para coibir um comportamento indesejável mas incontornável; Durkheim: "Um fato social não pode, pois, ser chamado de normal para uma espécie social determinada senão em relação a uma fase, igualmente determinada, de seu desenvolvimento".*

O

OBJETIVISMO: *Doutrina que se apega àquilo que é objetivo, observável, experimentável, lógico, afastando as pré-noções, os pré-conceitos, as explicações além da física; contrário do subjetivismo*

ONÍRICO: *Aquilo que se refere aos sonhos; surreal; devaneio.*

ÔNTICO: *Contrário ao ontológico, o ôntico refere-se àqueles aspectos e características que são únicas em cada ser; os entes são múltiplos em sua realidade concreta devido a propriedades únicas de cada um; Cícero: "Todos os homens são iguais na capacidade de aprender (seres ontológicos), mas são diferentes naquilo que aprendem (seres ônticos)".*

ONTOGNOSEALOGIA: *Ciência que estuda o próprio conhecimento através da integração das disciplinas especiais da filosofia (deontologia, epistemologia, culturalogia, lógica).*

ONTOLÓGICO: *A investigação teórica do Ser a partir dele mesmo, a partir daquilo que é fundamental em todos os seres; o que não pode ser separado do Ser; oposto de Ôntico; Heiddeger: "Todo homem nasce como muitos homens e morre de forma única".*

ÓRFICO: *Órfão – o que está só ou se sente sozinho; o que não tem companheiro ou semelhante; o que não tem semelhança.*

OTIMISMO: *Doutrina ou pensamento que afirma a necessidade e a possibilidade de encarar os fatos e a existência humana como um propósito definido, um sentido bom para as coisas e para o homem; o conhecimento e as ciências dão aos homens o sentido da vida e a felicidade.*

P

PAIDEIA: *Grego: educação; educar para a liberdade e nobreza; constituição educacional do jovem para a cidadania.*

PANLOGISMO: *Lógica universal; conhecimento inteligível da realidade comum das coisas em virtude de ser a racionalidade que objetivamente define a realidade; Hegel: "A existência do homem tem o seu centro na cabeça, ou seja, na razão, sob cuja inspiração ele constrói o mundo da realidade".*

PARADIGMA: *A verdade única tida como a que define e limita as ações humanas rumo ao sucesso; parâmetros.*

PARADOXO: *Quando duas afirmações ou conclusões se chocam ou excluem mutuamente, partindo de um mesmo princípio; contradição; Wittgenstein: "Dizer que a fé abandona a razão é um paradoxo: dizer é pensar!".*

***PATHOS*:** *Paixão, exacerbamento, excessividade; também passividade e sofrimento pela ação que modifica, que está a par da imperfeição.*

PATRÍSTICA: *Escola inaugurada por Sto. Agostinho que afirma a necessidade de seguir os ensinamentos e rituais litúrgicos da igreja para compreender que Deus existe, o que é sumariamente entendido a partir da leitura dos textos bíblicos.*

PESSIMISMO: *Doutrina que profetiza a impossibilidade do homem, pela razão ou pela fé, conhecer a realidade objetiva e a verdade sobre as coisas e os fatos; diferente de Niilismo, que apregoa o sem sentido da vida, exatamente porque acredita ter encontrado a verdade; Schopenhauer: "Quanto menos inteligente um homem é, menos misteriosa lhe parece a existência".*

***POIESIS*:** *Grego: ato criativo; expressão aristotélica para designar a ação humana com vistas à busca da felicidade social, encontrando formas para resolver as diferenças e injustiças colocadas pelo direito natural das coisas (ver Práxis).*

***POLIS*:** *Grego: cidade-estado; na Grécia antiga cada cidade tinha seu próprio governante, seu próprio exército, sua moeda e suas leis particulares; polis-política.*

PÓS-MODERNO: *Depois da Segunda Guerra Mundial; para designar o período em que vivemos, após as grandes transformações econômicas e tecnológicas, principalmente da tecnologia da informação, que ocorreram a partir da década de 60 do século passado; pós-industrial; sociedade da informação.*

POSITIVISMO: *Corrente filosófica e jurídica normativista que acredita na imutabilidade* *dos fenômenos sociais, na permanência de propriedades intrínsecas e permanentes dos fenômenos sociais; justaposição das metodologias da natureza para os fenômenos sociais; a ordem (caráter imutável da sociedade) deve prevalecer sobre o progresso (caráter dinâmico da sociedade); Comte: "O progresso não é mais do que o desenvolvimento da ordem".*

POSTULADO: *Fato admitido sem necessidade de comprovação; ponto de partida de uma argumentação que pode ser considerado indiscutível.*

PRAGMATISMO: *Doutrina que dá ênfase às consequências práticas dos conceitos e conhecimentos; ênfase na utilidade do conhecimento do ponto de vista de aplicabilidade (ver Utilitarismo).*

***PRAXIS*:** *Grego: no processo prático de sua ação política em sociedade (poiesis), o homem transforma qualitativamente a realidade e, no mesmo processo, modifica-se a si mesmo (praxis); conceito muito usado pelo marxismo.*

PROPEDÊUTICA: *Conjunto de conhecimentos ou ciências que são básicas, fundamentais à construção de um conhecimento ou disciplina mais específica; fundamentos para o aprimoramento do humano.*

PSIQUE: *Grego: alma, espírito, mente; a alma universal do mundo conforme o pensamento platônico.*

Q

QUINTESSÊNCIA: *O quinto elemento que forma o universo, segundo Aristóteles, o éter (além da terra, água, fogo e ar); essência mais específica; o mais refinado; o mais puro, o mais verdadeiro.*

***QUO*:** *O momento; um determinado momento; status quo: neste momento; a quo: no momento da ação (antes).*

***QUORUM*:** *Mínimo de indivíduos exigido para realização de reunião ou assembleia, definido entre as partes ou por regimento ou lei; também a quantidade de pessoas presentes em determinado evento.*

R

RAÇA: *Divisão de grupos humanos em relação a sua cultura; tradicionalmente, mas arbitrariamente, leva-se em consideração os aspectos mais observáveis de distinção dos grupos humanos (cor da pele, formato e caracteres faciais, tipo de cabelo etc), no entanto, existem grupos humanos com características fisiológicas bastante iguais com culturas bastante diferentes, e vice-versa, culturas bastantes idênticas em grupos fisiologicamente bastante diferentes; a mistura genética derivada das imigrações humanas seculares não possibilita distinguir os humanos de forma significativa.*

RACIONALISMO: *As doutrinas que dão ênfase à razão como instrumento preferencial para gerar conhecimento e mesmo adquirirmos a verdade sobre a natureza e os fatos humanos; pela razão se chega à compreensão da existência de todas as coisas, inclusive a divina; Averróis: "Quatro coisas não podem ser escondidas por muito tempo: a ciência, a estupidez, a riqueza e a pobreza".*

RACISMO: *Doutrina que apregoa a inferioridade de algumas raças ou etnias e a superioridade de outras; desprezo pela diferença; ódio pela condição com que certos grupos se apresentam ou pelas minorias (mulheres, negros, judeus, homossexuais, doentes mentais, deficientes físicos etc).*

REALISMO: *Doutrinação que considera apenas importante aquilo que acontece, os fatos e as coisas como eles e elas se apresentam de forma imediata aos sentidos humanos; a percepção sensitiva e cognitiva do ser humano é suficiente para identificar a realidade como ela é e não é necessário maiores interpretações dos fatos; os fatos e os fenômenos se revelam tal como eles se apresentam.*

RELATIVISMO: *Doutrina que afirma não ser possível definir conceitos universais e abrangentes que possam dar conta da multiplicidade de fenômenos naturais e sociais, econômicos, políticos e jurídicos, devido às culturas, enten-*

dimentos e circunstâncias em que ocorrem; oposto, tradicionalmente, de Universalismo, ou máximas universais, conceitos universais, explicações universais, leis universais; Protágoras: "O homem é a medida de todas as coisas, das coisas que são, enquanto são, das coisas que não são, enquanto não são".

REPRESENTAÇÃO: *Capacidade de aludir, relatar, explicar pelo uso da razão, uma coisa ou um acontecimento, presente ou futuro; jurídico: exposição oral ou escrita de motivos, queixas ou razões; boletim de ocorrência, petição inicial.*

RESERVA LEGAL: *Qualidade do processo legislativo da lei penal estritamente clara, taxativa e objetiva.*

RETÓRICA: *Capacidade de discursar sem, contudo, haver a preocupação com aprofundamento dos fatos e questões; discurso superficial.*

RITO: *Conjunto de práticas cerimoniais; processo simbólico capaz de estabelecer costumes; no direito chama-se de rito a um modelo que congrega um conjunto de práticas processuais – Sumaríssimo, Sumário e Ordinário.*

S

SIGNO: *Sinal; parte mais simples de linguagem; símbolo a partir do qual se elabora termos, expressões e textos complexos.*

SILOGISMO: *Lógica; duas preposições que constituem inferência, uma sobre a outra, de forma a formarem uma conclusão lógica (todos os homens são mortais, todos os gregos são homens, logo, todos os gregos são mortais).*

SIMULACRO: *Representação; Simulação; cópia malfeita.*

SINCRETISMO: *Fusão de costumes, valores e tradições de diferentes culturas; mistura.*

SINE QUA NON: *Condição essencial que constitui algo; o que é necessário para que alguma coisa exista ou aconteça; indispensável.*

SINERGIA: *Coesão de um ou mais elementos em prol de um objetivo comum, onde conseguem dividir e compartilhar de forma mais eficiente esforços; espera-se que o resultado de processos sinergéticos seja mais vantajosos que se os elementos trabalhassem de forma isolada.*

SINERGISMO: *Doutrina teológica segundo a qual o homem, apesar do pecado original, possui o livre-arbítrio para se governar e obter a graça divina; Sto. Tomás de Aquino (Tomismo): "O homem é dotado de livre-arbítrio, do contrário os conselhos, as exortações, os preceitos, as proibições, as recompensas e os castigos seriam em vão".*

SÍNTESE: *Resultado do processo dialético, onde o debate entre duas posições antagônicas resulta em uma terceira sentença mais elaborada e perto da verdade.*

SOFISMA: *Discurso ou argumentação retórica de pouca profundida científica; discurso ou afirmação que não é real e verdadeira; mentira.*

SUBJETIVISMO: *Foco filosófico na autonomia do indivíduo.*

SUBSUNÇÃO: *Capacidade de a lei recepcionar adequadamente o fato social; processo hermenêutico que interpreta a norma e procura sua adequação ao fato social.*

SUPEREGO: *Cultura e valores morais externos ao indivíduo que funcionam como inibidoras no aparelho psíquico; forças morais que agem sobre o ID (essência humana libidinosa): do choque entre ID e Superego o homem cria o EGO e dirige a energia psíquica frustrada para a ação, a criatividade e trabalho; Freud: "O Ego é um pobre coitado, espremido entre três escravidões: o desejo insaciável do ID, a severidade repressiva do superego e os perigos do mundo exterior".*

T

TABU: *Crença em que determinado valor, costume, comportamento não deve ser questionado ou mudado porque causaria dano e seria gravoso* *ao homem, contudo, não encontra comprovação científica; dogma.*

TALIÃO: *Atribuição a um indivíduo de pena igual ao delito ou dano causado a outro; Pena de Talião refere-se à determinação bíblica "vida por vida, olho por olho, dente por dente, mão por mão, pé por pé, queimadura por queimadura, ferida por ferida, golpe por golpe"; pena excessiva.*

TECNICISMO: *Doutrina segundo a qual a tecnologia redimirá os problemas e os males da humanidade; excessiva crença na ciência e sistemas mecânicos ou informatizados.*

TECNOCIÊNCIA: *Conjunto de tecnologias que servem de ferramentas para a ciência.*

TEÍSMO: *Doutrina das religiões monoteístas segundo a qual existe apenas um Deus, transcendente e soberano do universo, que tem intercâmbio com o homem.*

TÓPICA: *A arte de inventar a lógica na mente; lugares psíquicos específicos.*

***TOPOI*:** *O contradito, a argumentação de premissas em oposição pode gerar, no processo dialético, mais de uma verdade plausível e aceitável (Aristóteles).*

***TOPOS*:** *Grego: o lugar ao qual o indivíduo pertence por nascimento e por dever político.*

TOTALITARISMO: *Sistema onde o Governo mantém total controle sobre os direitos pessoais e garantias individuais; mais do que uma ditadura o totalitarismo abrange todas as classes sociais e todos os lugares e momentos onde os indivíduos estejam.*

U

UNIVERSALISMO: *Doutrina segundo a qual existem máximas morais e normas que são comuns e necessárias em todas as situações, independente de circunstâncias; contrário de Relativismo.*

UNÍVOCO: *O que concorda com tudo; o que não sugere posição contrária; o pensamento de vários que é igual.*

UTILITARISMO: *Corrente filosófica cujo foco é a utilidade das normas e da moral na sociedade; o que não for útil será descartado; por extensão, só será possível executar parte das necessidades existenciais humanas.*

Z

ZETÉTICO: *Filosofia que, por desconfiar de dogmas, verdades absolutas e afirmações peremptórias, mantém-se em constante estado de incerteza, investigação e inquisição intelectual; na filosofia do direito contrária ao dogmatismo e normativismo.*

REFERÊNCIAS

ADOMEIT, Klaus. *Filosofia do direito e do estado*. Porto Alegre: Sergio Antonio Fabris, 2001. v. 1 e 2.

ATIENZA, Manuel. *As razões do direito*: teorias da argumentação jurídica. São Paulo: Landy, 2002.

BILLIER, Jean-Cassien; MARYOLI, Aglaé. *História da filosofia do direito*. Barueri: Manole, 2005.

BITTAR, Eduardo C. B.; ALMEIDA, Guilherme Assis de. *Curso de filosofia do direito*. 4. ed. São Paulo: Atlas, 2005.

CHAUÍ, Marilena. *Introdução à história da filosofia*. 2. ed. Rev. e ampl. São Paulo: Cia. das Letras, 2002. v. 1 e 2.

COULANGES, Fustel de. *A cidade antiga*: estudo sobre o culto, o direito e as instituições da Grécia e Roma. São Paulo: Revista dos Tribunais, 2003.

DE CICCO, Cláudio. *História do pensamento jurídico e da filosofia do direito*. 3. ed. São Paulo: Saraiva, 2006.

JAEGER, Werner. *Paidea*: a formação do homem grego. 6. ed. São Paulo: Martins Fontes, 2013.

KÜMPEL, Vitor Frederico. *Introdução ao Estudo do Direito*: lei de introdução ao código civil e hermenêutica jurídica. 2. ed. Rio de Janeiro: Método, 2009.

LEITE, Flamarion Tavares. *Manual de filosofia geral e jurídica*: das origens a Kant. Rio de Janeiro: Forense, 2006.

MASCARO, Alysson Leandro. *Filosofia do Direito*. 6. ed. São Paulo: Editora Atlas, 2018.

MAXIMILIANO, Carlos. *Hermenêutica e aplicação do direito*. 20. ed. Rio de Janeiro, 2011.

MORRIS, Clarence (Org.). *Os grandes filósofos do direito*. São Paulo: Martins Fontes, 2002.

MORRISON, Wayne. Filosofia do Direito: dos gregos ao pós-modernismo. São Paulo: Martins Fontes, 2006.

SCHIOPPA, Antonio Padoa. *História do Direito na Europa: da Idade Média à Idade Contemporânea*. São Paulo: Martins Fontes, 2014.

SOARES, Orlando. Curso *de Filosofia Geral e Filosofia do Direito*. 4.ed. Rio de Janeiro: Editora Forense, 2003.

EDITORA JusPODIVM
www.editorajuspodivm.com.br